Don Bosco

99 Wörter Theologie konkret

Maria Elisabeth Aigner
Anna Findl-Ludescher
Veronika Prüller-Jagenteufel

Grundbegriffe

der Pastoraltheologie

Don Bosco

Bibliografische Information Der Deutschen Bibliothek

Die Deutsche Bibliothek verzeichnet diese Publikation in der
Deutschen Nationalbibliografie; detaillierte bibliografische
Daten sind im Internet über http://dnb.ddb.de abrufbar.

1. Auflage 2005 / ISBN 3-7698-1509-2
© 2005 Don Bosco Verlag, München
Umschlag: Alexandra Paulus
Layout: Margret Russer
Satz: undercover, Augsburg
Produktion: Don Bosco Grafischer Betrieb, Ensdorf

Gedruckt auf umweltfreundlichem Papier.

Inhalt

Vorwort der Herausgeberinnen der Reihe »99 Wörter Theologie konkret«

DIE THEOLOGISCHE KOMMISSION des Katholischen Deutschen Frauenbundes hat sich mit der Herausgabe der Reihe »99 Wörter Theologie konkret« zur Aufgabe gemacht, die theologischen Disziplinen, die zu einer universitären Ausbildung gehören, darzustellen für Frauen und Männer,

- die an Theologie interessiert sind,
- die schnell eine theologisch gut begründete Auskunft brauchen,
- die für ihre haupt- oder ehrenamtliche Arbeit nach verständlichen Formulierungen theologischer Sachverhalte suchen,
- die ihr theologisches Studium auffrischen oder ergänzen wollen.

Wir Herausgeberinnen haben nach einem Reihentitel gesucht, der nichts Unmögliches verspricht. Wir bieten zusammen mit den Teilherausgeberinnen und Autorinnen, denen wir für ihre engagierte und kluge Arbeit herzlich danken, theologisches Grundwissen der jeweiligen Disziplin an und erwarten keine Spezialkenntnisse. Wir versuchen, Ihre Fragen als Benutzerinnen und Benutzer der Reihe vorauszusehen. Aus der eigenen Praxis rechnen wir jedoch auch mit der Möglichkeit, dass genau jenes Stichwort fehlen kann, das aktuell für Sie drängend ist. Deshalb sind wir bei der Zahl der Vorläufigkeit – der 99 – stehen geblieben. Denn Sie finden als Suchende vieles, aber nicht alles. So ärgerlich das im Einzelfall sein mag – diese Leerstelle steht für den Platz zum Luftholen und zum Weiterdenken, ist Raum zum Atemholen, ist Ort zum Ausschauen nach dem »Neuen«, das letztlich allein Gott, dessen Geschichte mit uns Menschen die Theologie zu buchstabieren versucht, geben kann.

Die Theologie bleibt in ihrer Entwicklung nicht stehen, weil sie auf den Erfahrungen der Menschen mit Gott in ihrer Zeit gründet. Dieser Erfahrungsschatz ändert sich, erweitert sich, bekommt neue Akzente, kann in Teilen in Vergessenheit geraten – und so auch die Theologie. Mit dieser Leerstelle der 99 Wörter möchten wir Sie anregen, sich am Theologietreiben zu beteiligen.

Unser Dank gilt dem Don Bosco Verlag für die Aufnahme der Reihe in sein Programm.

München, 25. November 2002
am Fest der Hl. Katharina von Alexandrien

Margit Eckholt, Vorsitzende der Theologischen Kommission
zusammen mit
Regina Ammicht Quinn
Marianne Heimbach-Steins
Aurelia Spendel OP

Vorwort zu den 99 Grundbegriffen der Pastoraltheologie

PASTORALTHEOLOGIE – was ist das? Allgemein gesprochen nimmt sie die Praxis und somit das Handeln des Volkes Gottes in den Blick. Beides ist in der gegenwärtigen gesellschaftlichen und kirchlichen Situation sehr komplex und unüberschaubar geworden, und so beschäftigt sich Pastoraltheologie mit sehr vielen Themen und ist gar nicht so leicht auf den Begriff zu bringen – auch nicht auf 99 Stichworte.

Pastoraltheologie ist Nachdenken über die gegenwärtige und zukünftige Praxis des Volkes Gottes. Wer dieses Volk nicht nur in den offiziellen Kirchenmitgliedern erkennt, sondern es (so wie es das Zweite Vatikanische Konzil formuliert hat) in allen sieht, die Gott zum Heil berufen hat, kann kaum ein Thema, das das konkrete Leben von Menschen betrifft, aus der Pastoraltheologie ausgrenzen. Ähnlich ist es mit der Bestimmung der pastoraltheologischen Arbeit als Deuten der Zeichen der Zeit im Licht des Evangeliums: Auch hier kommt prinzipiell alles in den Blick, was unsere persönliche wie gesellschaftliche Situation prägt.

Bei dem Versuch, „nur" 99 Stichworte auszuwählen, ist uns neuerlich bewusst geworden, wie wenig eingrenzbar unser Fach ist. Die Auswahl macht deutlich, was uns als Pastoraltheologinnen wichtig ist: Wir suchen eine Balance von klassischen Bereichen und Themen kirchlicher Praxis einerseits und andererseits Stichworten, die direkter mit den Hoffnungen und Freuden, Sorgen und Ängsten der Menschen heutzutage in Verbindung stehen. Bewusst haben wir uns dabei auch für Themen entschieden, die im Kontext unseres Faches eher unüblich sind. In unserem Verständnis ist Pastoraltheologie aufgerufen, immer neu wahrzunehmen und zu schauen, neue Blicke aus neuen Perspektiven und in neue Richtungen zu werfen, um offen zu bleiben für die überraschenden Zuwendungen Gottes mitten im Leben.

Was Pastoraltheologie für uns ist, kommt auch in der Art und Weise zum Ausdruck, wie wir die verschiedenen Themen angegangen sind. Uns ist wichtig, von Erfahrungen auszugehen, diese möglichst für sich sprechen zu lassen und die Frage, was denn nun zu tun sei, auch einmal hintan zu stellen. Wiewohl uns die Hilfestellung für konkretes seelsorgliches und pastorales Handeln ein Anliegen ist, möchten wir eine Pastoraltheologie entwerfen, die mehr schaut und zuhört als mahnt und fordert. Wie dabei jeweils dieser Ausgleich zwischen Betrachtung und Handlungsorientierung im Einzelnen gefunden wird, ist je nach Thema und Autorin dann wieder unterschiedlich. Gemeinsam ist uns aber das Bemühen darum, Frauen und ihre Erfahrungen bzw. ihre Praxis ins Zentrum zu stellen.

Wie wir die ausgewählten Themen behandeln, ist auch von unseren persönlichen Erfahrungen geprägt. Unser Kontext ist u.a. das Land Österreich, aus dem wir stammen und in dem wir leben und arbeiten und das kirchlich wie gesellschaftlich seine Eigenheiten hat. Dass wir als Österreicherinnen schreiben, zeigt sich z.B. in der Sprache, die ihre besondere Färbung hat und eigene Bezeichnungen aufweist, die in anderen Gebieten des deutschen Sprachraumes ungewohnt klingen mögen.

Wenn wir an Kirche denken, stellt sich zuerst das Bild der römisch-katholischen Kirche ein, zu der wir gehören. Unsere Pastoraltheologie ist für diese Kirche entworfen, auch wenn uns ein ökumenisches Zusammenwachsen aller Kirchen wichtig ist. Die Überlegungen, die wir anstellen, zielen auf die kirchliche und gesellschaftliche Situation „hierzulande". Dabei bemühen wir uns, über Österreich hinaus auch Deutschland und die Schweiz im Blick zu haben, jedoch kaum die in vielerlei Hinsicht anders gelagerten Probleme anderer Länder und Weltgegenden. Theologie entsteht in konkreten Lebens- und Arbeitszusammenhängen, sie ist notwendig kontextuell.

Der Prozess der Entstehung dieses Buches hat uns erleben lassen, wie ertragreich und lustvoll gemeinsames Theologie-Treiben sein kann. Erneut wurde uns deutlich, dass Theologie dort, wo sie ist, was sie sein soll, in einem kommunikativen Prozess entsteht. Schön wäre es, wenn etwas von dieser Lebendigkeit und Lust des Miteinander-Denkens zwischen den Zeilen auch für unsere Leser/innen spürbar würde. Unterschiede zwischen uns in Ausdrucksweise oder Schwerpunktsetzungen haben wir nicht geglättet, um eine möglichst große inhaltliche Übereinstimmung aber ehrlich gerungen. Das Endprodukt hat – so hoffen wir – genügend inneren Zusammenhalt, um ein ganzes Bild zu ergeben, und genügend Unebenheiten, um nicht langweilig zu werden. Im besten Fall macht es neugierig auf Weiteres aus der Pastoraltheologie, diesem Fach, das in keine Schachteln passt.

Zur Entdeckungsreise durch das weite Feld der Pastoraltheologie sollen im Folgenden nicht nur die 99 Überschriften verleiten – auch die nach jedem Stichwort angegebenen Verweise können als Durchgänge oder Verbindungslinien genutzt werden, aus denen beim Schmökern ein Netz von Bezügen zueinander entstehen kann. Wer bestimmte Begriffe vermisst, kann in der dafür erstellten „Stichwortsuchliste" nachsehen, wo wir das eine oder andere Thema zugeordnet und mit verarbeitet haben. Dennoch wird sich sicher nicht alles finden lassen, was möglich, nötig und interessant gewesen wäre. Dass die Zahl 99 für Unvollkommenheit steht, nehmen wir auch für unseren Entwurf einer Pastoraltheologie in Stichworten in Anspruch. Wenn die Lektüre dieser Seiten nicht nur Wissenslücken füllt, sondern Lust macht, selbst über eigene und fremde Praxis und Erfahrungen im Volke Gottes nachzudenken, dann ist vielleicht der Funke einer sinnvollen und relevanten Theologie übergesprungen – und das ist mehr, als in der Macht schreibender Theologinnen steht.

Graz-Innsbruck-Wien, im November 2004

Maria Elisabeth Aigner, Anna Findl-Ludescher,
Veronika Prüller-Jagenteufel

Alltag

Wᴇɴɴ ᴢᴜ Wᴇɪʜɴᴀᴄʜᴛᴇɴ die Kirchen voller sind als sonst oder wenn anlässlich eines Todesfalls der Beistand der Kirche gesucht wird, zeigt sich darin, dass viele Menschen Religion bzw. einen Bezug zur Transzendenz dann aktivieren, wenn ihr „normales" Leben aus den Fugen gerät: eben in Krisenzeiten oder zum Fest. Entsprechend der Trennung zwischen „sakral" und „profan" bzw. „heilig" und „weltlich" wird das alltägliche Leben dem weltlichen Bereich zugeordnet. Viele Menschen fühlen sich Gott in ihrem Alltag nicht so nahe wie in außergewöhnlichen Zeiten ihres Lebens.

Dabei ist es ein altes Anliegen der christlichen Spiritualität, den Alltag zu heiligen, Gottes Gegenwart in den alltäglichen Abläufen ebenso zu erkennen und zu erfahren wie in den Höhen und Tiefen des Lebensweges. Ignatius von Loyola hat für diesen Versuch einer Verbindung zwischen Glaube und Leben das Motto formuliert: „Gott finden in allen Dingen". Alles, was im Alltag vorkommt, kann lobend, bittend oder klagend mit Gott in Beziehung gebracht und so ein Weg zu Gott selbst werden.

Nötig ist dafür, den Alltag bewusst wahrzunehmen und zu gestalten. So kann das Alltägliche nicht nur als Routine und langweilig gleichförmig, sondern als bergend, vertraut und lebensvoll sichtbar und erfahrbar werden. In diese Richtung gehen die meisten Ratschläge für Alltagsrituale und Alltagsreligiosität. Oft steht das Bedürfnis dahinter, dem Alltag Sinn und Bedeutung zu geben. Religion bzw. Spiritualität wird dabei zur Kraft, die Menschen hilft, ihren Alltag zu bewältigen. Problematisch wird dieser Zugang, wenn dabei nur mehr die Überhöhung und Stabilisierung des Gegebenen gesucht wird und kein Raum mehr bleibt für das überraschende, überwältigende Moment der Gottesbegegnung, die das Übliche und Gewohnte unterbricht. Es bedarf auch der Offenheit für Neues und der Bereitschaft, sich aus den Gewohnheiten des Alltags herausführen zu lassen. So steht christliche Lebenspraxis in der unauflösbaren Spannung, sowohl aus außergewöhnlichen Gotteserfahrungen zu schöpfen, die Alltägliches in Frage stellen können, als auch das tägliche, „normale" Leben als Weg der Gottesbegegnung zu gestalten. Leben aus dem Glauben bewährt sich gerade auch im Alltag, beim Umgang mit den Menschen des nahen Lebensumfeldes, beim Einkaufen, beim Arbeiten etc. Seelsorge kann insofern beschrieben werden als Förderung einer gläubigen Alltagskompetenz bzw. als Hilfestellung für die Gestaltung des Alltags aus dem Glauben heraus.

Die Theologin Ina Praetorius hat in diesem Zusammenhang von der nötigen Enttrivialisierung des Alltags, zumal des Alltagshandelns von Frauen gesprochen. Die täglich nötige Versorgungsarbeit, die vornehmlich von Frauen in Familien und Betreuungseinrichtungen geleistet wird, sollte auch in der Pastoral(theologie) nicht länger unsichtbar, unbedacht und nachrangig sein. In diesen scheinbar trivialen Handlungen spiegelt sich das ganze Leben, und die Erfahrungen des Alltags sind hervorragende Ausgangspunkte für theologisches Nachdenken.

Zu fragen ist, ob diejenigen, die pastoral tätig sind, den Alltag der Menschen, mit denen sie Kirche bilden, überhaupt kennen. Sich für ihren Alltag zu interessieren und ihn zumindest punktuell zu teilen, ist die Voraussetzung für eine Pastoral, die die konkreten Lebenswelten der Menschen ernst nimmt und auf die Fragen eingehen kann, die sich dort stellen. Gefragt werden kann zudem, was den Alltag der pastoral Tätigen selbst prägt, z. B. wo Gott in diesem Alltag vorkommt oder von welchem Gott die Alltagspraxis erzählt. *Veronika Prüller-Jagenteufel*

◯ | *Verweise*

Erfahrung; Gesellschaftliche Trends; Nachfolge; Seelsorge; Zeit

Alt werden / Altenseelsorger/in

DER PROZESS des Alterns ist in den letzten Jahren in der gesellschaftlichen Öffentlichkeit sowie im Bereich der Wissenschaften zunehmend ein Thema worden. Das hat u. a. seine Gründe darin, dass immer mehr Menschen immer älter werden. Durch den Fortschritt der Medizin, den hohen Lebensstandard und das Ausbleiben von Kriegen oder sonstiger humanitärer Katastrophen steigt die Lebenserwartung kontinuierlich, wobei Frauen im Schnitt um einige Jahre älter werden als Männer. Zur gleichen Zeit geht die Geburtenrate zurück; das Alter bzw. das konkrete Altwerden mit all seinen Auswirkungen in individueller Hinsicht wie auch in Bezug auf das Zusammenleben wird verstärkt zum Gegenstand öffentlicher Diskussionen.

Alter beinhaltet immer eine körperliche, psychische, soziale und religiöse Dimension. Das Thema des Älterwerdens gestaltet sich für Frauen anders als für Männer. Frauen haben oft durch die Geburt von Kindern oder die Pflege von Angehörigen mehr biografische Brüche erfahren als Männer. Was die finanziellen und materiellen Ressourcen angeht, sind Männer im Schnitt besser abgesichert. Nicht selten fallen Frauen im Alter in finanzieller und in psychosozialer Hinsicht in eine Armutsfalle. Ihre höhere Lebenserwartung bringt es mit sich, dass sie häufiger als Männer den Tod des Partners und damit sowohl materielle Einschränkungen als auch Einsamkeit und Isolation erleben.

Alt werden ist eine Erfahrung, die vor allem körperlich, aber auch seelisch erlebt wird. In einer Kultur, die junge, dynamische, leistungsstarke und mobile Menschen zum Ideal erhebt, wird das Alter öffentlich-gesellschaftlich mit Ausgrenzung und Abwertung in Zusammenhang gebracht. Dem Alterungsprozess ist in seiner Einmaligkeit und Vielschichtigkeit wieder seine Würde zu verleihen. Alt werden und alt sein hat in erster Linie mit subjektiver Erfahrung zu tun, die vor allem über den Körper wahrnehmbar ist. Abnutzung, Schwäche, Reduktion der Leistungs- und Fortpflanzungsfähigkeit sind Zeichen dafür, dass Menschen sich im Alterungsprozess befinden. Die zunehmenden physischen oder auch psychodynamischen Begrenzungen bedeuten jedoch nicht, dass alte Menschen nicht z. B. in spiritueller Hinsicht noch dazulernen können. Eine Vertiefung der menschlichen Reife – ein stärkeres Gewahrwerden in Bezug auf das Geheimnis, das in der begrenzten Lebenszeit und somit Endlichkeit menschlichen Daseins liegt – kann im Zuge des Altwerdens zentrale Bedeutung erlangen. Alte Menschen können, sofern es ihnen geschenkt ist, Gelassenheit und Weisheit leben und erleben, und sie können gerade in spirituell-religiöser Hinsicht Lehrmeister/innen für andere werden.

In der seelsorglichen Begleitung alter Menschen ist es notwendig, dem Erinnern und Erzählen von Lebensgeschichten Zeit und Raum zu geben. Die individuellen Prozesse des Altwerdens sowie die damit in Zusammenhang stehenden strukturellen und gesellschaftspolitischen Gegebenheiten sind in der Betreuung und Begleitung von Menschen, die reich an Lebenserfahrung sind, unabdingbar. Gerade wo durch Krankheit und Demenz ein hoher Grad an Abhängigkeit gegeben ist, sind Altenseelsorgerinnen und -seelsorger gefordert, ihre Tätigkeit kontinuierlich professionell zu reflektieren. Alte Menschen dürfen mit dem Wunsch, ihr Leben zu bilanzieren, nicht allein gelassen werden. Sie haben das Recht auf ein liebevolles Gegenüber, das sie in ihren Hoffnungen und Nöten, Zweifeln und Ängsten und bei auftauchenden Schuldgefühlen unterstützt und begleitet. Dabei spielt das gegenseitige Hin- und Herfließen von Geben und Nehmen eine ausnehmend wichtige Rolle, die von jenen, die alte Männer und Frauen versorgen, pflegen und betreuen, kontinuierlich im Blick behalten werden muss. *Maria Elisabeth Aigner*

( ) | *Verweise*

Generationen; Heil/Heilung; Helfen; Spiritualität; Tod/Sterben

Amt / Ämter

WAS „AMT" in der Kirche bedeutet, wer es ausüben kann und an welchen theologischen Modellen sich die konkrete Ausgestaltung orientiert, beschäftigt nicht nur die Dogmatik, sondern auch die Pastoraltheologie, die die Praxis der Kirche im Blick hat und also fragt: Welches Amtsverständnis und welche Ämter braucht die Kirche in ihrem konkreten Leben und Tun, um ihrer Sendung gerecht zu werden?

Was das Amtsverständnis betrifft, sind derzeit zwei Denkrichtungen bedeutsam: ein sakramentales Verständnis, in dem das Amt der Gemeinde gegenübergestellt ist und das die Vollmacht zur Sakramentenspendung betont, und ein funktionales Verständnis, das das Amt in der Gemeinde verortet und die Leitungsaufgabe betont. Im Neuen Testament ist noch keine klare Regelung der Ämter erkennbar. Betont wird hier die Aufsicht über die Gemeinde und nicht eine Vermittlung zwischen Gott und Menschen wie beim Priestertum anderer Religionen.

In der Kirche ist die Ablehnung von Frauen im Priesteramt vor allem mit einem kultisch-priesterlichen Amtsverständnis verknüpft, denn in dieser Sicht repräsentiert der Priester Christus in erster Linie als den Spender des Heils. Priester kann deshalb nur ein Mann sein, denn Frauen stehen in diesem Denken für das Empfangen, nicht für das aktive Spenden, sie symbolisieren den Gehorsam, nicht das Führen. Wird aber nicht von einem solchen Symbolismus her gedacht, sondern von den konkreten Aufgaben und Funktionen, die eine Gemeinde braucht, um als Gemeinde Christi leben zu können, kommen Frauen wie Männer als mögliche Amtsträger/innen in den Blick.

Neben den Funktionen von Leitung und Koordination steht als Aufgabe des Amtes dann vor allem der Dienst an der Einheit der Kirche im Zentrum. Das Amt soll sowohl der Einheit in der Gemeinde, zwischen dieser Gemeinde und der Kirche als Ganzer dienen, als auch der Einheit der hier und jetzt lebenden Kirche mit der Kirche quer durch die Zeiten. Das Amt bringt die Ordnung und Eingliederung in ein größeres Ganzes zum Ausdruck im Unterschied zum unmittelbar wirkenden Geist in den Charismen der Vielen. Dabei sind Charisma und Amt immer aufeinander bezogen. Kirche verdankt sich nicht sich selbst, sie kommt nicht durch den Willen ihrer Mitglieder zustande, sondern wird von Gott berufen, getragen und zusammengehalten. Die in der Kirche eingerichteten Ämter bringen diese „Grundamtlichkeit der Kirche" (Karl Rahner) zum Ausdruck. Amtsträger/innen in diesem Sinne sind dann nicht nur die geweihten Bischöfe, Priester und Diakone, sondern alle, die einen auf Dauer eingerichteten Dienst in der Kirche offiziell übertragen bekommen. So können auch Lai(inn)en im pastoralen Dienst und Religionslehrer/innen mit missio canonica als Amtsträger/innen angesehen werden.

Bei der pastoralen Ausgestaltung dieser Ämter kann man sich z.B. an den vier Grundvollzügen von Kirche orientieren (Liturgie, Zeugnis/Verkündigung, Gemeinschaft, Dienst/soziale Verantwortung), die allen in der Kirche bzw. der Gemeinde als Ganzer aufgetragen sind: Amtsträger/innen haben die Aufgabe, zu erleichtern und zu fördern, dass viele diesen Auftrag annehmen. Oder es kann auf die Lehre von den drei Ämtern Christi zurückgegriffen werden: Prophet/Lehrer, Priester und Hirte/König. Durch die Taufe erhält jeder Christ/jede Christin Anteil an diesem dreifachen Amt Christi: Amtsträger/innen sollen wie Hebammen diese Teilhabe in den Gemeinden zum Leben bringen.

Immer geht es dabei – wie bei allen Fragen nach dem Aufbau der Kirche – darum, dass Kirche die Sendung bzw. den Auftrag hat, dem Reich Gottes zu dienen und Zeichen und Werkzeug der Einheit der Menschen untereinander und mit Gott zu sein (vgl. LG 1). Darin liegt der sakramentale Charakter der Kirche, darin besteht ihr Grundamt als Kirche. Jedes Amt in der Kirche ist danach zu bemessen, ob es dieser Sendung dient.

Veronika Prüller-Jagenteufel

() | *Verweise*

Diakonat/Diakonin/Diakon; Grundvollzüge der Kirche; Lai(inn)en/Kleriker; Pastorale Berufe; Priestertum

Arbeit / Muße

ARBEIT ALS SOLCHE ist dem biblischen Verständnis nach und durch die Theologiegeschichte hindurch immer mit Ambivalenz befrachtet. Sie hat einerseits Schöpfungscharakter und ist von daher mit Sinn, Selbstausdruck und Selbstfindung bzw. Selbstverwirklichung verbunden. Andererseits ist sie mühevoll und kräfteraubend und kann auch mit Druck und Zwang in Verbindung gebracht werden. Ihre Würde erhält die Arbeit dadurch, dass sie von Menschen – Frauen und Männern – gemacht wird und zur Gottesebenbildlichkeit gehört. Menschliches Leben besteht nicht nur aus Arbeit, sondern auch aus Spiel, Muße und spirituellem Verweilen.

Mit Arbeit im gängigen Sinn wird in erster Linie Erwerbsarbeit assoziiert. Erwerbsarbeit ist mit Einkommen und dadurch – zumindest hierzulande – meist mit existenzieller Sicherheit verbunden und wird deshalb mit Macht und Ansehen in Zusammenhang gebracht. Menschliche Arbeit ist aber nicht nur Erwerbsarbeit. Ehrenamtliche Arbeit oder die sorgende und versorgende Tätigkeit, wie sie im Zusammenleben mit Kindern, alten Menschen und Pflegebedürftigen geschieht, sind soziale Leistungen, die ebenso mit dem Einsatz von menschlicher Kraft und Energie in Verbindung stehen und einen Dienst an den Nächsten darstellen. Gesellschaftlich betrachtet sind es nach wie vor vorwiegend Frauen, die diesen Dienst an anderen leisten. Sowohl die Erwerbsarbeit als auch die verschiedenen Formen unentgeltlicher Arbeit können ohne regelmäßig wiederkehrende Phasen der Ruhe und Erholung abhängig machen und zum so genannten „Burnout", dem „Ausgebranntsein" führen.

Arbeit und Muße scheinen so gesehen wie Gegensätze, die sich jedoch gegenseitig bedingen. Wer sich der Muße hingibt, hat anscheinend keine Arbeit und keine Sorgen. In der Bibel gilt der Sabbat als jener Tag, der als Vollendung der Schöpfung heilig zu halten ist und an dem die Arbeit um eines zweckfreien Tuns willen ruht. Paradoxerweise ähneln sich Arbeit und Muße im Hinblick auf jene Qualitäten, welche die Menschen mit dem Leben verbinden, aber genau dort, wo es um das Heilige und Zweckungebundene geht. Denn sowohl schöpferisches Tätigsein als auch die Hingabe an Ruhe und Muße bedürfen einer aufmerksamen Präsenz, die in erster Linie den Kontakt zur eigenen Seele suchen muss. Arbeit kann mühevoll und kräfteraubend sein und im Wissen und in der Hoffnung darum, dass sie einem Ganzen dient, trotzdem „leicht von der Hand gehen". Ebenso kann sie aber auch den Blick auf dieses Ganze verschleiern und zur Flucht verlocken – gleich den unzähligen und uns schier überflutenden Freizeitangeboten. Die Fülle an Freizeitaktivitäten, denen sich die Menschen quer durch Sport, Kultur und Wellness hingeben sollen, bringt nicht selten neben der Hektik in der Arbeitswelt auch fern von dieser noch Druck und Stress. Unabhängig davon gilt es jene Menschen in den Blick zu nehmen, die von Arbeitslosigkeit betroffen sind und sich dadurch persönlich und existenziell in der Krise befinden.

Das Zurücktreten und die entschiedene Distanzierung von der speziellen Sogkraft der Berufs-, Arbeits- und Freizeitwelten fällt schwer, weil sie Menschen womöglich mit Langeweile, Unruhe oder Einsamkeit konfrontieren. Trotzdem ist der Weg weg vom krank machenden Trubel hin zur Verbundenheit mit sich und der Welt – sei es in der Arbeit oder in den Stunden der Muße – wohl kaum billiger zu haben. Es gilt das rechte Lot zu finden, wenn es um Leistung, Anstrengung und Sich-Verausgaben auf der einen Seite und Stille, Ruhe und Muße auf der anderen Seite geht. Das Einüben in die Regelmäßigkeit dieses Pendelschlages schafft jedoch Kontakt mit dem eigenen Inneren, der eigenen Vergänglichkeit und mit Gott.   *Maria Elisabeth Aigner*

( ) | *Verweise*

Betriebsseelsorge; Diakonie; Genießen/Glück/Wellness; Helfen; Subjektsein/Subjektwerdung; Zeit

Autorität / Mentoring

DIE MANGELNDE öffentlich-gesellschaftliche sowie kirchliche Resonanz in Bezug auf das, was Frauen erleben und erfahren, wird in der Feministischen Theologie als Zeichen der Unterdrückung gewertet. Damit einher geht das Gefühl der Macht- und Hoffnungslosigkeit. Frauen beginnen deshalb zunehmend nach positiver weiblicher Autorität Ausschau zu halten und einen symbolischen Bezugsrahmen zu schaffen, der sie auf diesem Weg stärkt.

Auf die Frage, wie sich Frauen in ihrem Frausein mit der Welt verbunden und ihr zugehörig fühlen, wird als Antwort oft das Vertrauensverhältnis zu einer anderen Frau genannt. Mit der Welt so in Kontakt zu treten, dass Autorität spürbar wird, bedeutet sich mit ihren Gegebenheiten auseinander zu setzen, ohne dabei die Beziehungsebene außer Acht zu lassen. Autorität stammt vom lateinischen „augere", was so viel wie „mehren", „wachsen lassen" heißt. Sie bedeutet, dass wir uns Inhalten nicht losgelöst vom Beziehungsaspekt zuwenden können und beschreibt zugleich, dass in diesen Beziehungen Verschiedenheit existiert.

Um weibliche Autorität im Sinne des „Mehrens" wachsen lassen zu können, braucht es Förderbeziehungen unter Frauen. Dort, wo diese Förderbeziehungen explizit gepflegt und strukturell gestützt werden, spricht man von „Mentoring". Besonders in pastoralen Kontexten heißt Mentoring für Frauen, zu reflektieren, welche kirchlichen, gesellschaftlichen und privaten Implikationen eine christliche Rollenidentität mit sich bringt. Wie Frauen sich in hierarchisch strukturierten und von Männern dominierten Feldern bewegen und wie sie sich darin selber erfahren und erleben, stellt einen wesentlichen Teil der Analyse dar.

Mentoring heißt immer Förderung durch individuelle biografieorientierte Begleitung einerseits und strategische und strukturelle Unterstützung andererseits. Dazu gehören Reflexionen in Bezug auf die Trennung von Sachebene und persönlicher Ebene ebenso wie die Trennung von Individuum und Institution. Mentoring für Frauen heißt des Weiteren, den eigenen Bedürfnissen nach Anerkennung nachzugehen und jene strukturellen Mechanismen zu analysieren, die Abwertung und damit persönliche Verletzung implizieren. Damit in Zusammenhang steht die gemeinsame Suche nach Bewältigungsstrategien, wenn es um Abgrenzungen, Prioritätensetzungen und erweiterte Handlungsspielräume in Stresssituationen geht. Entscheidend dabei ist, dass nicht nur bestimmte Verhaltensweisen eingeübt werden, sondern auch eine innere biografisch verortete Haltung gefunden wird, die es ermöglicht, den Herausforderungen männlich geprägter Strukturen selbstbewusst als Frau gegenüberzutreten. Dazu zählt auch die Souveränität des eigenen Weges, die individuelle Prägung und Gestaltung der eigenen Handlungsschritte wahrzunehmen und anzuerkennen. Zu lernen ist, den eigenen Gefühlen zu trauen, innere Widerstände ernst zu nehmen und ihnen nachzugehen sowie Anpassungsstrategien entgegenzuwirken. Es gilt, als Frau gängige Diskriminierungen nicht als unabänderliche Ohnmachtserfahrungen zu betrachten, sondern im Kontrast dazu die eigenen Stärken, Kompetenzen und Bedürfnisse zu leben und zum Ausgangspunkt von Entscheidungen und Handlungsschritten zu machen.

Förderbeziehungen sind dann Autoritätsbeziehungen, wenn in dieser Förderung tatsächlich etwas wachsen darf und gemehrt werden kann. Diese Mehrung heißt, innerhalb der Beziehungen von Frauen auch Differenzen und Pluralität zuzulassen und Kooperation und Vernetzung trotz Konkurrenzsituationen zu suchen. Dabei ermöglicht das gegenseitige Voneinander-Lernen nicht nur individuelles Wachstum, sondern hat auch gesellschaftspolitische Bedeutung.

Maria Elisabeth Aigner

() | *Verweise*

Beziehung / Bezogensein; Geschlecht / Frauen / Männer; Macht; Subjektsein / Subjektwerdung

Begräbnis

DAS BESTATTEN der Toten und die damit verbundenen Riten spielen in jeder Religion eine besondere Rolle. Dieses letzte, endgültige Abschiednehmen und Scheiden von dieser Welt bedarf einer würdevollen Form, die angehörige Menschen darin unterstützt, ihrem Schmerz und ihrer Trauer über den Verlust einen guten Platz zu geben.

In den Anfängen des Christentums waren die Bräuche und Gepflogenheiten, die in Zusammenhang mit dem Sterben und Tod eines Menschen standen, vor allem vom Glauben an die Auferstehung bestimmt. Später wich dieser Aspekt zunehmend dem Glauben an das Fegefeuer und wurde ersetzt durch den Gedanken, dass die Toten vor das letzte Gericht zu treten hätten und einer harten jenseitigen Läuterungszeit gegenüberstünden. So wurden vor allem die Furcht vor dem Gericht sowie die entsprechende Notwendigkeit zur Buße und Sühne maßgebend und demzufolge beim Begräbnis die Fürbitte für die Toten vorherrschend. Das Zweite Vatikanische Konzil hat jedoch wieder den Gedanken der Auferstehung in den Vordergrund gerückt, was sich auch in den liturgischen Texten und Anweisungen widerspiegelt. Feiermöglichkeiten zwischen Tod und Begräbnis wie z.B. Stundengebet, Totenwache und Gebet im Trauerhaus bzw. der Friedhofskapelle bekommen einen größeren Stellenwert. Zudem wird auf die Möglichkeit der verschiedenen Stationen beim Begräbnisablauf verwiesen: Trauerhaus oder Friedhofskapelle, Kirche, Grab – in unterschiedlicher Abfolge bzw. auch ohne die Station der Kirche. Als Zeichen des Abschieds sind Zeichenhandlungen wie das Werfen von Erde und Blumen auf den Sarg, die Errichtung eines Kreuzes oder das Kreuzzeichen über dem Grab möglich; auch eine Bestattungsformel vor dem Einsenken des Sarges ist vorgesehen.

Diese liturgisch klar definierten rituellen Handlungen haben einen unschätzbaren Wert, weil Todesfälle zumeist Verunsicherung oder Sinnfragen auslösen und die Konfrontation mit dem eigenen Sterben bedeuten. Riten können in ihrer klaren Form in der Situation von Unsicherheit Halt geben: bei Ratlosigkeit und

Verzweiflung, in der Grenzenlosigkeit des Schmerzes bzw. inmitten überbordender Gefühle wie Trauer, Zorn und Wut.

Dem Begräbnis können neben Priestern ebenso Diakone und andere beauftragte Frauen und Männer vorstehen. Wesentlich ist dabei, dass diejenigen, die ein Begräbnis leiten, hohe Präsenz und Achtsamkeit in ihrem rituellen Tun und in der Wahl ihrer Worte an die Angehörigen an den Tag legen. Einem Begräbnis beizuwohnen bedeutet, Menschen zu begegnen, die womöglich innerlich zutiefst erschüttert und verunsichert sind. Es bedarf von daher äußerster Sensibilität, wenn es darum geht, diesen letzten Weg, den die Betroffenen mit dem Toten gehen, zu gestalten und zu verantworten. Dabei ist auch die vorherige Kontaktaufnahme mit den engsten Angehörigen wichtig, bei der vorwiegend Dasein, Zuhören und einfühlsames Verstehen notwendig sind. *Maria Elisabeth Aigner*

() Verweise

Rituale; Sakramente/Sakramentalität; Trauer; Tod/Sterben; Zweites Vatikanisches Konzil

Beherbergen / Gastfreundschaft

MENSCHEN ALS GÄSTE bei sich aufzunehmen, die Geborgenheit im eigenen Haus mit ihnen zu teilen und ihnen im Miteinander-Mahl-Halten Gemeinschaft anzubieten, ist eine uralte, biblisch bezeugte Weise praktischer Frömmigkeit: Im Gast wird Gott aufgenommen. Nach Mt 25 begegnet im aufgenommenen oder abgewiesenen Gast in überraschender Weise Christus, der Weltenrichter selbst. Dabei gründet Gastfreundschaft darin, dass es Gott selbst ist, der/die uns in seiner/ihrer verlässlichen Gegenwart birgt.

Gastfreundschaft ist aber nicht nur eine christliche Tugend, sondern kann auch als pastorales Prinzip verstanden werden. Eine gastfreundliche Kirche oder eine Seelsorge des Beherbergens ist eine, die versucht, den Menschen offen zu begegnen. Hier werden nicht potenzielle Kirchenmitglieder geworben, sondern es wird einfach Begegnung angeboten. Dabei sind die Türen weit geöffnet, nicht nur zum Eintreten, sondern auch für die, die wieder weiterziehen wollen. Gastfreundschaft ist das Gegenteil von Vereinnahmung. Und sie hat ihre Grenzen: Ein Gast ist immer auch ein/e Fremde/r; nach drei Tagen darf man nach alter Sitte in der Gastlichkeit nachlassen, denn wer bleiben will, ist nicht mehr Gast.

Beherbergen als seelsorgliche Grundhaltung versucht, der Lebenshaltung und den Selbstverständlichkeiten heutiger Menschen entgegen zu kommen. Mobil zu sein, nicht nur was Ortswechsel, sondern auch was Lebensorientierungen betrifft, gehört für viele dazu. Diesen modernen Nomaden versucht eine gastfreundliche Seelsorge Herberge zu bieten. Wenn jemand dann sozusagen dauerhaft den Wohnsitz ganz ins Christentum verlegt, ist das sehr schön, aber nicht das Erfolgskriterium für diese Seelsorge. Ihr „genügt" die gelungene Begegnung hier und jetzt. Sie verzichtet auf jede Art der Kontrolle, sondern lebt aus dem Vertrauen auf die vielfältige Wirksamkeit der Gnade Gottes. Sie nimmt dabei in Kauf, dass die Gäste auch fremd bleiben.

Paradoxerweise lebt gerade diese Form der Seelsorge davon, dass es Menschen gibt, die sich zumindest für eine bestimmte Zeit an das Engagement binden und so eine verlässliche Präsenz gewährleisten. Sie braucht also Menschen, die bereit sind, selbst auf das Vagabundieren zu verzichten, sich festzulegen und ihre Zusagen einzuhalten. Eine gastfreundliche Kirche braucht vertrauenswürdige Gastgeber/innen.

Beherbergen ist als pastorales Tun heute zudem noch konkreter gefragt: In unseren Gesellschaften suchen immer mehr Migrant(inn)en Aufnahme. Sie stellen eine spezifische Herausforderung für christliche Gemeinden dar – sei es, dass sie als zugezogene Christ(inn)en in die Gemeinde aufzunehmen sind, sei es, dass sie als Menschen anderer Religion die Dialogfähigkeit auf die Probe stellen. Als Menschen auf dem Wege sind sie jedenfalls gastfreundlich aufzunehmen, und Christ(inn)en hierzulande sind aufgefordert, mit ihnen zu teilen und ihnen Gemeinschaft anzubieten.

Eine zweite, konkrete Form, Bedürftigen Herberge zu gewähren, sind die vielfach aus christlicher Initiative entstandenen Hospize für Sterbende. In einer Gesellschaft, die mit dem Tod auch die Sterbenden aus dem Blickfeld drängt, stellen solche Hospize eine anschauliche christliche Praxis der Gastfreundschaft dar: Hier wird der Gast sehr deutlich zum Symbol des Unverfügbaren, zum Repräsentanten Gottes selbst, denn niemand anderer ist Herr über Leben und Tod. An den Sterbenden ist zudem ablesbar, dass dieses Leben für uns Menschen selbst nur eine flüchtige Herberge ist und wir zur endgültigen Heimat erst unterwegs sind. *Veronika Prüller-Jagenteufel*

Verweise

Gemeinde / Koinonia; Gesellschaftliche Trends; Neue Formen der Seelsorge; Randgruppen

Behinderung / Menschen mit Behinderung

L A U T   W E L T G E S U N D H E I T S O R G A N I S A T I O N versteht man unter Behinderung die Folgen einer Schädigung anatomischer, physiologischer oder psychischer Funktionen. Demnach wird auch unterschieden zwischen körperlicher, geistiger und seelischer bzw. psychischer Behinderung. Menschen fühlen sich in der Regel durch eine Behinderung dann beeinträchtigt, wenn sie in der Bewältigung ihrer alltäglichen Lebenssituation eingeschränkt sind. In einem theologisch-ethischen Sinn kommt allen Menschen eine grundsätzliche Gleichheit und Würde zu. In dem Sinne, dass jedes menschliche Sein und Handeln unabgeschlossen oder unvollkommen ist, gibt es in jedem Leben Behinderung.

Kultur- und gesellschaftspolitisch gesehen stellt Behinderung im Leben von Menschen – sei es, dass sie selber oder indirekt durch andere davon betroffen sind – noch immer ein Rand- bzw. Tabuthema dar. Die Grenzen zwischen „Normalität" und „Behindertsein" sind aber durch und durch verschwommen – insofern als beispielsweise im öffentlich-gesellschaftlichen Raum die „Normalisierung des Körpers" gerade bei Frauen (aber nicht mehr ausschließlich bei ihnen) durch Diäten, Fitnesstraining und operative Schönheitskorrekturen auch auf diejenigen gerichtet ist, die nicht als „behindert" gelten.

Eine physische, psychische oder geistige Störung geht in erster Linie die betroffenen Menschen selbst an, aber auch alle anderen: jene, die mit ihnen leben und sie pflegen, und jene, die sich der Begegnung mit dem „Anderssein" von Menschen nicht aussetzen bzw. diese bewusst meiden. Behinderungen und jene Menschen, die davon betroffen sind, aus dem eigenen Leben auszugrenzen heißt auch, Bedürftigkeit, Abhängigkeit und Begrenzung aus der Realität auszublenden. Patriarchale Strukturen begünstigen gesellschaftlicherseits nach wie vor eine hierarchische Arbeitsteilung zwischen Männern und Frauen. Dadurch werden die psychosozialen Konsequenzen von Behinderung hauptsächlich Frauen aufgebürdet. In der überwiegenden

Mehrzahl sind es Frauen, die privat oder in einem beruflich-professionellen Zusammenhang Behindertenarbeit leisten.

Eine Pastoraltheologie, der es im Hinblick auf eine kirchliche sozial-diakonische Dimension besonders um das Heil von Menschen und um deren Befreiung zu einem Dasein in Würde geht, hat das Thema der Behinderung und dessen soziale und gesellschaftspolitische Implikationen aus dem Randbereich in das Zentrum zu rücken. Sie hat sich dafür einzusetzen, dass kirchlich-diakonisches Handeln die Gefahren und Ambivalenzen von Aufopferung, Selbstlosigkeit, Bevormundung und Symbiose erkennt und dafür eintritt, dass Menschen mit Behinderung die Definitionsmacht über sich selbst erlangen und besitzen können. Theologie und Kirche stehen in Bezug auf das Thema Behinderung vor der Aufgabe, Räume zu finden, in denen Menschen sich als eigenständige Subjekte mit ihren unterschiedlichen Behinderungen und ihrem Anderssein einbringen können. Ihre je spezifischen Ausdrucksweisen – bei geistig behinderten Menschen eben auch jene, die nicht intellektuell geprägt sind – und ihre Erfahrungen müssen in ihrer Autorität anerkannt werden. Autonomie und Freiheit wird so ein Thema aller Menschen, die in einem bestimmten Lebenskontext bzw. in bestimmten Beziehungskonstellationen stehen, sei es familiär oder öffentlich-institutionell. Diakonische Nächstenliebe heißt gerade auf die Perspektive von Behindertsein hin, dass niemand ausgeschlossen ist aus der Gegenseitigkeit von Geben und Nehmen – weder behinderte Menschen, die Hilfe beanspruchen, noch jene, die ihnen helfen. *Maria Elisabeth Aigner*

() | *Verweise*

Beziehung/Bezogensein; Diakonie; Helfen

Beten

BETEN IST ein menschlicher Grundvollzug, der sich durch alle Zeiten hindurch in allen Religionen findet. Spontan wird Beten meist so definiert, dass ein Mensch in Kontakt tritt bzw. das Gespräch sucht mit Gott. Bei genauerem Hinschauen ist jedoch ein dreifaches In-Kontakt-Treten feststellbar: Der Mensch nimmt Verbindung auf 1. mit sich selbst, 2. mit der Welt und 3. mit Gott.

In Kontakt mit sich selbst zu sein gilt allgemein als Grundvoraussetzung für gelingende Beziehung – auch beim Beten. Die/Der Betende nimmt im Verlauf des Betens wahr, wie die eigene Stimmung ist, was sie/ihn umtreibt, welche Wünsche sich melden etc. Nur wenn jemand um die eigene Befindlichkeit weiß, gelingt es, von sich selbst abzusehen, offen zu sein für andere und anderes. Ein Mensch steht im Gebet nie alleine vor Gott. Sie/Er bringt die ganze Lebenswelt mit. Die konkreten Lebensumstände, das Verbundensein mit anderen Menschen und mit der ganzen Schöpfung, das Verflochtensein in verschiedenste Strukturen ist wesentlicher Faktor im Leben und so auch im Beten jedes Menschen. (Im Fürbittgebet kommt diese Dimension vielleicht am stärksten zum Ausdruck.) Der Wunsch, in Kontakt zu kommen mit Gott, ist Motor jeden Gebets. Menschen haben Sehnsucht nach Gott, Sehnsucht, in seiner/ihrer Nähe zu sein. Dass auch Gott Beziehung mit uns Menschen will, Interesse hat an uns, ist eine Gewissheit des christlichen Glaubens.

Gebetet wird auf sehr unterschiedliche Art und Weise. Die zentralen Hauptformen sind 1. das Einstimmen in überlieferte Gebete, 2. frei formulierte Gebete und 3. das schweigende Gebet. Das Vaterunser und der Rosenkranz sind typische Beispiele für überlieferte Gebete. Vielfach wird bei Gottesdiensten so gebetet, bei Wallfahrten, in Gebetsgruppen und auch in den Familien (z. B. Tischgebete). Das Mitbeten sehr vertrauter Gebete ermöglicht oder erleichtert vielfach das Einschwingen ins Gebet, es trägt vor allem auch über Phasen der Müdigkeit und des Abgelenktseins hinweg. Es ermöglicht die Verbindung von individuellem Beten und gemeinschaftlichem Tun.

Das frei formulierte Gebet wird häufig in Gebetsgruppen gepflegt. Der oder die Betende bringt frei die jeweiligen Anliegen (Lob, Bitte, Klage, Dank) vor Gott. Aber auch wenn Menschen allein sind, beten sie häufig frei, z. B. in kurzen Stoßgebeten oder Gesprächen mit Gott.

Schweigendes Beten meint nicht einfach, leise zu beten, sondern es meint das Bemühen, ohne Worte, möglichst auch ohne Gedanken, still vor Gott da zu sein. Diese Gebetsweise wird in den verschiedenen Meditationsschulen praktiziert. Das Grundprinzip ist jeweils ähnlich: Die oder der Betende nimmt sich eine bestimmte Zeit, innerhalb derer sie oder er versucht, sich dem göttlichen Geheimnis zu öffnen. Zu diesem Zweck wird meist eine bestimmte Körperhaltung eingenommen, in der man während dieser Zeit verweilt. Diese äußere Ruhe hilft, zur inneren Ruhe zu kommen, immer mehr die eigenen Gedanken, Klagen und Wünsche ruhig werden zu lassen und innerlich schweigend vor Gott da zu sein. Das mantra-artige Wiederholen kurzer Gebetsformeln (meist im Atemrhythmus) kann hier auch dazugezählt werden, so z. B. das Jesusgebet: „Herr Jesus Christus, erbarme dich meiner."

Bei allem Bemühen, verschiedene Formen und Kategorien des Betens auszumachen, ist eine gewisse Offenheit zu wahren. So verschieden die Menschen sind, so verschieden ist auch deren Beten. Die Jüngerinnen und Jünger bitten Jesus: „Lehre uns beten." Diese Frage und diese Sehnsucht motivieren bis heute, treiben Menschen an, verschiedene Formen für sich zu erproben. Mancher Weg mag fremd und ungewöhnlich erscheinen. Hilfreiches Kriterium zur vorsichtigen Beurteilung ist die Frage nach der oben angeführten dreifachen Verbundenheit: mit sich selbst, mit der Schöpfung, mit Gott. *Anna Findl-Ludescher*

() | *Verweise*

Frauenkirche / Frauensynode; Heil / Heilung; Liturgie; Solidarität; Spiritualität; Wallfahren

Betriebsseelsorge

Als „Betriebsseelsorge" wird in der Kirche jene Seelsorge bezeichnet, die die Arbeiter und Arbeiterinnen in den Blick nimmt. Noch vor gut drei Jahrzehnten wurde die Betriebsseelsorge im Kontext größerer Arbeitsorganisationen in den meisten Diözesen als ein wesentlicher Ort seelsorglich-diakonischen Handelns installiert und so versucht, der tief sitzenden Kluft zwischen Kirche und Arbeiter(innen)schaft entgegenzuwirken. Dass die Betriebsseelsorge in den vergangenen Jahren aus dem kirchlichen und theologischen Bewusstsein wieder stärker entschwunden ist, ist nicht nur in theologischer Hinsicht unverantwortbar, sondern hat auch weit reichende Auswirkungen in gesellschaftspolitischer Hinsicht. Kirche wird ohne konkretes öffentlichkeitswirksames Engagement weder von den betroffenen Arbeitnehmer(inne)n selbst noch von denjenigen, die in den Betrieben bzw. in Wirtschaft und Politik Verantwortung tragen, registriert, geschweige denn wahrgenommen.

Betriebsseelsorge zeichnet sich dadurch aus, dass sie sich an einer klaren Option für die Benachteiligten und sozial Schwachen orientiert. Dabei repräsentiert sie eine Kirche, die sich mit der Arbeitnehmer(innen)schaft solidarisch erklärt und in einem prophetischen Sinne ungerechte Strukturen benennt und öffentlich anmahnt. Sie tut dies auf der Basis der kirchlichen Soziallehre, in welcher sowohl theologische Reflexionen über die Bedeutung der Arbeit als auch die damit in Zusammenhang stehenden sozialwissenschaftlichen Analysen zum Thema gemacht werden. Sie tut es zugleich kreativ und innovativ aus der Praxis – dem konkreten seelsorglichen Alltag – heraus, indem sie sich von den lebensweltlichen Erfahrungen der in den Betrieben tätigen Männer und Frauen zum Einsatz provozieren und ermutigen lässt.

Betriebsseelsorger/innen nehmen in ihrem Tun die durch die Erwerbsarbeit und das Wirtschaftsleben auftauchenden individuellen und strukturellen Probleme in den Blick und thematisieren das Verhältnis von Arbeit und Leben. Die Beachtung der Relation zwischen Lohnarbeit bzw. Erwerbslosigkeit, ehrenamtlicher Tätigkeit und Hausarbeit bringt dabei unweigerlich das Thema der veränderten und sich noch immer im Wandel befindlichen Geschlechterverhältnisse mit sich. Eine Betriebsseelsorge, der es im jüdisch-christlichen Sinn um einen Gott geht, die/der sich gegen Ungerechtigkeit wendet und auf der Seite der Benachteiligten steht, muss im Kontext von Arbeit und Erwerbstätigkeit die Unterschiede zwischen Mann und Frau in besonderer Weise mitreflektieren. Unabhängig davon, dass die Gleichstellung von Männern und Frauen im Bereich der Lohnarbeit heute noch immer ein selbstverständliches und unaufgebbares Ziel sein muss, ist mitzubedenken, wie gleichzeitig erreicht werden kann, dass Männer sich vermehrt um Hausarbeit, Erziehung und Pflegetätigkeiten kümmern. Damit Frauen gleichberechtigt am Erwerbsleben teilhaben können, muss auch garantiert sein, dass diesen nach einer Kinderpause Wiedereinstiegsmöglichkeiten geboten werden. Das Zusammenspiel all dieser Faktoren geht Männer wie Frauen an und ist seitens der Betriebsseelsorge nicht nur in einem individuellen, sondern auch in einem politisch-strukturellen Sinn zu thematisieren. Ihre Aufgabe ist es, für die Würde der Arbeit und der arbeitenden Menschen einzutreten, und zwar nicht nur in sozialrechtlicher, sondern auch theologischer Hinsicht. *Maria Elisabeth Aigner*

( ) | *Verweise*

Arbeit / Muße; Diakonie; Ehrenamt; Geld; Geschlecht / Frauen / Männer

Beziehung / Bezogensein

IM SOMMER 2002 veröffentlichten feministische Ethikerinnen eine Erklärung zur Bioethik mit dem Titel: „Für eine Weltsicht der Bezogenheit". Sie plädieren darin u. a. dafür, in Fragen wie etwa der künstlichen Befruchtung nicht vom autonomen Individuum auszugehen, sondern von den Beziehungsgeflechten der Menschen.

Solchen Überlegungen liegt ein Menschenbild zugrunde, das einer biblischen oder christlichen Sicht des Menschseins sehr nahe kommt und nicht nur für ethische Fragen relevant ist, sondern ebenso Auswirkungen auf Spiritualität und Pastoral hat. Denn aus christlicher Perspektive ist ein Mensch nicht zuerst ein Einzelwesen, das sich erst nachträglich mit anderen solchen Einzelwesen zu Gemeinschaften zusammentut. Menschsein bedeutet, von Anbeginn an unverwechselbar zu sein, mit eigener Würde und Individualität, aber zugleich auch ein Wesen, das in und aus Beziehungen lebt, allein gar nicht existieren kann, sondern immer schon mit anderen verbunden ist. Diese grundlegende Bezogenheit des Menschseins entspringt theologisch gedacht bereits dort, wo Gottes Anruf einen Menschen ins Leben ruft. Wir entstehen nicht aus uns selbst, sondern existieren aus der Beziehung, die Gott uns entgegenbringt. Schon Gott selbst ist ja in christlicher Vorstellung kein einsamer Monolith, sondern in sich überfließender Beziehungsreichtum, dynamische Gegenseitigkeit: Trinität.

Parallel zur Wiederentdeckung einer beziehungsorientierten Philosophie und Theologie wurde im 20. Jahrhundert auch in der Seelsorge Beziehung zu einer wichtigen Grundkategorie. Demnach ist die Grundfigur seelsorglichen Handelns, mit Menschen in für sie förderliche Beziehungen zu treten sowie Beziehung und Gemeinschaft unter Menschen zu stiften und zu fördern. Seelsorge ist Beziehungsarbeit. Ihr wichtigstes „Werkzeug" ist die Person der Seelsorgerin/des Seelsorgers.

Um Seelsorge als eine solche Kunst der Beziehung und Begegnung zu betreiben, braucht es zunächst einmal eine engagierte Neugier auf andere. Ihnen Beziehung anzubieten bedeutet dann, sie nicht manipulieren oder belehren zu wollen, sondern sich als Begleiter/in sowie als greifbares Gegenüber zur Verfügung zu stellen. Beziehung einzugehen beinhaltet auch, sich selbst zu relativieren; nur dann kann der/dem anderen in der Beziehung Eigenständigkeit ermöglicht und ihre/seine Entwicklung gefördert werden. Dazu ist die Bereitschaft nötig, sich selbst, aber auch die eigene Lebensauffassung dem Anderssein der/des anderen auszusetzen und sich selbst dabei in Frage stellen zu lassen. Die Kunst liegt darin, so auf die andere oder den anderen hinzuhören, dass sie/er zum Sprechen kommt – „einander ins Sprechen hören", hat das die Theologin Nelle Morton genannt, die diese Haltung vor allem in Frauengruppen beobachtet hat. Von Seelsorger/innen fordert das allerdings die Bereitschaft, sich wirklich in Anspruch nehmen zu lassen.

Eine Weltsicht der Bezogenheit zur Grundlage des eigenen Handelns zu nehmen und bewusst aus dieser Bezogenheit mit anderen zu leben, ist schließlich eine der wesentlichen Haltungen christlicher Spiritualität: Wir leben, weil Gott uns in die Beziehung mit ihr/ihm ruft, und wir sind aufgerufen, nicht für uns selbst und um uns kreisend zu leben (die klassische Beschreibung dessen, was Sünde ist), sondern von Gott her auf die/den anderen hin zu leben. So kann die Beziehungsfülle Gottes spürbar werden, die uns verheißen ist.

Auch für Kirche und Gemeinden gilt, dass sie nicht besorgt um sich selbst kreisen müssen, sondern berufen sind, in Beziehung zu sein und sich dabei in Frage stellen sowie in Anspruch nehmen zu lassen. *Veronika Prüller-Jagenteufel*

◯ **Verweise**

Gewalt gegen Frauen; Gottesbilder; Lust; Macht, Seelsorge; Subjektsein / Subjektwerdung; Volk Gottes

Bibelpastoral

BLICKT MAN ZURÜCK in die letzten Jahrhunderte der katholischen Kirche und betrachtet, wie dort Seelsorge verstanden und „gemacht" wurde, dann ist festzustellen, dass das Lesen der Bibel und die Beschäftigung mit ihr dabei keine große Rolle gespielt haben.

Ein wesentlicher Grund dafür, weshalb Katholik(inn)en hierin keine große Tradition haben, liegt in der Abgrenzung gegenüber der protestantischen Kirche. Protestantische Christ(inn)en haben der Beschäftigung mit der Heiligen Schrift immer einen sehr hohen Stellenwert beigemessen.

Im Laufe des 20. Jahrhunderts ist Bewegung in diese festgefahrene Abgrenzung gekommen. Vor allem seit den 1960er-Jahren kam es zu einem regelrechten Aufschwung der Bibelpastoral in der katholischen Kirche. Mit viel Begeisterung, neuen Erkenntnissen und kreativen Methoden erlebt die Beschäftigung mit der Bibel einen richtiggehenden Boom. Die Arbeit bzw. der Umgang mit der Bibel ist seither zu einem ganz wesentlichen Bestandteil der Seelsorge geworden, mehr noch: Heute gilt der Grundsatz, jedes pastorale Handeln solle an die Bibel rückgebunden sein. Dieser Aufschwung der Bibelpastoral kann aber nicht darüber hinwegtäuschen, dass für einen großen Teil der katholischen Christinnen und Christen die Bibel, und da vor allem das Alte Testament, noch immer ein unbekanntes, fremdes und zum Teil auch Angst machendes Buch ist.

Bezüglich der Methoden der Bibelpastoral herrscht große Vielfalt. Zentrales Anliegen, das beinahe allen Methoden zugrunde liegt, ist die eigenständige Auseinandersetzung mit einem biblischen Text und der Austausch darüber in einer Gruppe. Wesentlich inspiriert wurde und wird die Bibelarbeit in Europa durch die Praxis von Christ(inn)en aus Lateinamerika und Afrika. „Bibel-Teilen" lautet dort die Bezeichnung für eine existenzielle, gemeinschaftliche Bibelarbeit, und auch in Europa wurde diese Bezeichnung vielfach übernommen. Die Menschen, die hier zusammenkommen, lesen gemeinsam einen ausgewählten Text. Anschließend geht es darum, diesen Text – auch mit Hilfe von Expert(inn)enwissen – zunächst besser zu verstehen, und dann beginnt ein Dialog zwischen den je konkreten Lebenserfahrungen der anwesenden Menschen und den biblischen Aussagen. Die Bibel interpretiert das Leben und das Leben interpretiert die Bibel. Diese Art von Bibelarbeit ist für viele Gläubige zur Nahrung und Lebensquelle über viele Jahre hinweg geworden.

Neben diesen „klassischen" Bibel-Teilen-Gruppen stehen aber auch andere Arten der Bibelarbeit. Es gibt Angebote mit den unterschiedlichsten Ausrichtungen: Manche bringen die Bibel zusammen mit psychologischen Deutungsmustern, andere bearbeiten literarische Texte (auch Märchen) gemeinsam mit biblischen Texten, wieder andere stellen ganz bewusst Bezüge zwischen biblischen Perikopen und konkreten gesellschaftspolitischen Vorgängen her. Es gibt auch eine spezifisch feministische Art der Bibelarbeit: Frauen lesen die Bibel mit zwei verschiedenen Brillen. Die eine Brille steht für den Verdacht, dass hauptsächlich Männer-Erfahrung niedergeschrieben wurde und dass die Bibel zur Unterdrückung von Frauen beigetragen hat und immer noch beiträgt. Die zweite Brille steht für die Zuversicht, dass die Bibel gleichzeitig eine Quelle der Befreiung sein kann. In der Begegnung mit dem Gott Israels und mit Jesus von Nazareth, in den Schicksalen einzelner biblischer Frauengestalten, in Psalmen, in Gleichnissen etc. finden sich aufrichtende und ermächtigende Glaubensimpulse. *Anna Findl-Ludescher*

() | *Verweise*

Bibliodrama; Gemeinde / Koinonia; Predigt; Reich Gottes; Seelsorge

Bibliodrama

BEIM LESEN eines biblischen Textes bemühen wir uns, das Geschriebene – den Inhalt – zu erfassen und zu verstehen. Wir können ihn besser verstehen, wenn wir ihn analysieren, bestimmte Fragen stellen, Hintergrundinformationen über die Geschichte seines Entstehens einholen und darüber gemeinsam in ein Gespräch treten. Zugleich merken wir aber bei fast allen Texten, dass es auch etwas gibt, das „zwischen den Zeilen" steht, etwas, zu dem wir beim reinen Lesen des Textes nur schwer Zugang finden. Die antiken Rabbiner und Rabbinerinnen sprachen davon, dass die Bibel im schwarzen und weißen Feuer geschrieben sei, wobei das schwarze Feuer die schwarze Tinte bzw. die gedruckten Buchstaben sind, das weiße Feuer hingegen den Raum zwischen den Buchstaben und Zeilen und jenen um sie herum darstellt.

Bibliodrama ist eine Art und Weise, mit biblischen Geschichten zu arbeiten, die Zugang zu diesem „weißen Feuer" sucht. Es geht dabei um eine lebendige Bewegung, in der spielerisch-kreativ mit Bibeltexten gearbeitet wird. Bezeichnend für die Bibliodramabewegung ist, dass es vielfältige Schulen und Richtungen gibt. Bei aller möglichen Unterschiedlichkeit und Vielfalt der Ansätze sind jedem Bibliodramaprozess drei Phasen gemein: die Körperarbeit, die diversen Formen kreativen Arbeitens bzw. des szenischen Spiels und schließlich die Reflexion.

In einem Bibliodramaprozess finden sich in der Regel ca. 8 bis 16 Teilnehmer und Teilnehmerinnen zusammen, um sich gemeinsam mit einem Leiter/einer Leiterin oder einem Leitungsteam in eine Bewegung zu begeben, in der der Text, jede/r Einzelne und die Gruppe als Ganze in Interaktion treten. Was dabei „herauskommt", kann nicht geplant werden und hängt von eben diesen Faktoren und deren Bezug zueinander ab. Keinesfalls ist der Prozess „machbar"; die einzelnen Bezugspunkte sind aufeinander verwiesen und bedürfen einer sensibel wahrnehmenden und achtsamen Leitung, die zwar so nahe am Geschehen ist, dass sie die notwendigen Interventionsschritte setzen kann, zugleich aber auch draußen steht und so den Überblick darüber behält, wo und wie sich die Einzelnen, die Gruppe und der Text miteinander verbunden oder unverbunden gerade auf dem Weg befinden. Der Zugang zu einem biblischen Text im Bibliodrama ist immer ein „ganzheitlicher". Durch Körperarbeit, Rollenspiel, szenische Arbeit oder meditative Impulse wird eine Verbindung zwischen Textinhalt und eigenem biografischen Erleben geschaffen.

Bibliodrama lässt sich schwer beschreiben. Es braucht das eigene Erleben, in einem Prozess mit der inspirierenden Kraft der Texte in Berührung zu kommen und in den Zwischen-Räumen sowie im gegenseitigen Miteinander mitunter überraschend neue Sichtweisen und Handlungsperspektiven zu erfahren. Wer in die unterschiedlichen Qualitäten und Eigenschaften von Rollen eintaucht und sich in ein unvorhersehbares Spiel begibt, öffnet neuen Bildern und Reflexionshorizonten Raum, die auch nach einem Prozess noch Wirkung zeigen können.

Die Bibliodramabewegung lässt sich keiner theologischen oder psychologischen Schule zuordnen. Diese Form der Arbeit mit biblischen Texten hat aber immer mit Exegese und gelebter Theologie zu tun. Als mystisch-spirituelle oder politisch-diakonische Erfahrung liegt in ihr ein Veränderungspotenzial, das durch eine ganzheitliche Wahrnehmung der Wirklichkeit entsteht. Die Tatsache, dass jede und jeder auf dieser gemeinsamen Suche nach dem weißen Feuer gleich wichtig ist, dass dem Denken wie dem Fühlen gleichermaßen Raum gegeben wird und althergebrachte tradierte Formen des Textzugangs aufgebrochen werden, macht das Bibliodrama nicht nur zu einem seelsorglich, sondern auch gesellschaftspolitisch und patriarchatskritisch bedeutsamen Ort. *Maria Elisabeth Aigner*

() *Verweise*

Bibelpastoral; Pastoralpsychologie; Predigt; Spiritualität

Buße / Beichte

BUSSE IST EIN PROZESS, der mit der Einsicht in eigene Schuld beginnt und über Bereuen und Bekennen zu Vergebung und Versöhnung führt. Das hervorragende Sakrament der Buße ist die Beichte.

Weil Schuld das Leben behindert, ist die Möglichkeit der Buße befreiend: Sie birgt die Chance, mit sich selbst und anderen ehrlich zu sein im Vertrauen auf Vergebung, und sie kann dazu führen, die durch die Schuld gestörte Beziehung – zu sich selbst, zu anderen, zur Welt, zu Gott – neu aufzunehmen. Jedenfalls könnte sie das sein. Ihre ritualisierte Form, die Beichte, wurde allerdings oft eher als Macht- und Kontrollinstrument der kirchlichen Obrigkeit erfahren denn als befreiend und erlösend. Wahrscheinlich liegt darin auch der Grund, dass gerade dieses Sakrament vom Verschwinden bedroht ist. Die Menschen geben der Kirche keine Macht mehr über ihr alltägliches Verhalten.

In der kirchlichen Praxis spielt die Beichte ihre größte Rolle noch in der Vorbereitung auf Erstkommunion und Firmung. Dabei ist sie in der Gefahr, bloß als lästiges Durchgangsstadium zum eigentlichen Sakrament wahrgenommen zu werden. Für die Tischmütter/-väter bzw. Firmbegleiter/innen ergibt sich oft eine Spannung: Sie sollen die Kinder und Jugendlichen zum Sakrament der Buße hinführen, finden aber selbst oft wenig Zugang dazu und wenig Sinn darin. Nach den Formen von Schuldbewältigung, die sie für sich selbst als sinn- und lebensvoll erfahren, werden sie selten gefragt.

Manches hat sich verlagert: Vieles von dem, was in guten Beichtgesprächen möglich ist, geschieht heute in geistlicher Begleitung bzw. seelsorglichen Einzelgesprächen. Eine andere Form sind die Bußgottesdienste, die vor allem im Advent und in der Fastenzeit gefeiert werden.

Wesentlich geht es bei der Buße um die durch die Schuld gebrochene, von Gott her dennoch durchgehaltene und in der Versöhnung neu aufgenommene Beziehung. Das wird symbolisch deutlich in der aktuellen Begegnung zwischen den beiden am Beichtgespräch Beteiligten. Vergebung kann immer nur ein anderer/eine andere zusprechen, man kann sie sich nicht selbst zusagen. Wer das Bekenntnis der Schuld einer/eines anderen hört, es aushält und annimmt, zeigt damit, dass Gott auch im Versagen und Scheitern mit Liebe bei uns bleibt. Sie/Er vertritt dabei auch die Menschen, an denen die/der andere schuldig geworden ist. In deren Namen ermutigt sie/er zu Wiedergutmachung, zur Wiederaufnahme der Beziehung in der Hoffnung auf ihre Heilung.

Erstkommunion und Firmung, Hochzeiten und Priesterweihen werden nicht nur in der Kirche gefeiert. Aber wer ist schon je nach der sakramentalen Feier der Versöhnung mit Freund(inn)en fröhlich essen, trinken und tanzen gegangen? Könnte auch das ein Fest wert sein? Buße kann *gefeiert* und nicht nur in Sack und Asche begangen werden, weil die Einsicht in und das Bekenntnis von Schuld nur die eine Seite der Buße darstellen. Die andere ist die gewährte Vergebung bzw. das Vertrauen auf diese Vergebung, die das Bekennen erst möglich macht, sowie die Bereitschaft zur Wiedergutmachung. Buße bedeutet, dass Beziehung wieder aufgenommen und wieder als gegenseitige Zuwendung lebbar wird. Das gilt zwischenmenschlich und im Verhältnis zu Gott, sind doch Schuld und Sünde (Zer)Störungen der Beziehungen untereinander und (darin) mit Gott. Die Feier der Buße bringt nicht nur Schuld und Reue zum Ausdruck, sondern viel mehr noch die Freude darüber, dass Vergebung geschieht und Beziehungen wieder eine Chance bekommen.

In einer Zeit, in der es nicht leichter geworden ist, gute und gerechte Beziehungen zu leben – privat, gesellschaftlich und weltweit –, bleibt die Erfahrung von Schuld nicht aus. Wer dann die zugesagte Lossprechung hört, wer also hört: »Du bist nicht gebunden an das, was dein Leben behindert!« – warum sollte die oder der nicht wirklich ein großes Fest feiern?

Veronika Prüller-Jagenteufel

() | *Verweise*

Beziehung/Bezogensein; Sakramente/Sakramentalität; Schuld; Seelsorgegespräch

Caritas

D<small>IE</small> C<small>ARITAS</small> versteht sich in gegenwärtigen gesellschaftlichen Zusammenhängen als Anwältin der in Not geratenen, leidenden und benachteiligten Menschen. „Caritas" (lateinisch) heißt so viel wie „lieb, teuer" und ist die Übersetzung des neutestamentlichen griechischen Begriffes „agape". In einem christlichen Sinn ist damit die Liebe der Menschen zum/zur Nächsten, der oder die leidet, gemeint. Dieser Liebe und Zuwendung geht immer die unbedingte Liebe und Zuwendung Gottes zu den Menschen voraus. Caritas bedeutet diakonisch-helfendes Handeln, was die Freiheit derjenigen, die Hilfe bedürfen, als notwendige Voraussetzung verlangt. Im Sinne von Jesu Handeln an Leidenden und Bedrängten, das nicht einsetzt ohne eine konkrete Antwort auf die Frage: „Was willst du, dass ich dir tue?", ist caritatives christliches Handeln geprägt vom Respekt gegenüber den Hilfe Suchenden und deren Autonomie. Es reflektiert die Abhängigkeitsmechanismen, die durch Nähe und Unterstützung ausgelöst werden können und immer die Helfenden und Hilfe Suchenden zugleich betreffen. Caritas und die damit verbundene Nächstenliebe ist des Weiteren immer mit Verkündigung verbunden. Jesus selbst nimmt das Wort „Gott" nicht in den Mund ohne heilsames, vergebendes Handeln. Er bezeugt das anbrechende Reich Gottes, indem er agiert: körperlich-sinnlich mit großer Nähe, eindeutig, klar und begrenzt.

Die Caritas als Organisation ist heutzutage ein hoch differenzierter und organisierter Dienstleistungsbetrieb, der seine praxisleitenden Theorien aus der Sozialethik und der katholischen Soziallehre bezieht. Ihr zentrales Anliegen ist politische Gerechtigkeit und soziale Barmherzigkeit. Aus dem aktiven Gemeindeleben hat sich die Caritas zwar zum größten Teil abgelöst, trotzdem wird sie gerade von kirchendistanzierteren Menschen gesellschaftlicherseits als einer der authentischsten und glaubwürdigsten Orte gelebter Kirche anerkannt und wertgeschätzt.

Im Bereich der Pastoraltheologie hat sich im Hinblick auf die Reflexion der Caritas als Organisation und deren caritativen Handelns die Caritaswissenschaft als eigenständige Disziplin etabliert. Caritaswissenschaftliche Lehre und Forschung beschäftigt sich theologisch-kritisch mit dem caritativen Dienst der Kirche. Dabei nimmt sie sowohl die Organisation mit ihrem spezifisch kirchlichen und gesellschaftspolitischen Profil als auch die Beziehungskonstellationen zwischen leidenden bzw. suchenden Menschen und jenen, die helfen, in den Blick. Beides ist für die Caritaswissenschaft in einem theologischen Sinn von Interesse und Bedeutung, gerade wenn es um den Zusammenhang von Diakonia (Nächstendienst) und Martyria (Verkündigungsdienst) geht. Die Tatsache, dass sie es mit Menschen und deren Lebens-bewältigungsstrategien sowie mit Helfer(innen)systemen zu tun hat, macht eine Kooperation mit den verschiedenen Humanwis-senschaften (Medizin, Psychologie und Psychotherapie, Sozi-ologie und Sozialpädagogik) sowie mit den verschiedensten Ansätzen von Systemtheorien und Organisationsentwicklungs-konzepten unabdingbar. Als praktisch-theologische Disziplin kommt die Caritaswissenschaft aber nicht aus ohne die Bibli-sche, Systematische und Historische Theologie. Ihre Kunst ist es, sowohl die Not leidenden, bedürftigen Menschen als auch die spezifisch in ihrer Professionalität und in ihrem Glauben gefor-derten Helferinnen und Helfer als gemeinsam wandelndes Volk Gottes im Blick zu behalten. Dabei ist sie gefordert, unermüdlich nach den gesellschaftlichen und kirchlich vorfindbaren Bedin-gungen zu fragen, denen sich dieses Volk Gottes in seiner Suche nach gelebter sozial-caritativer Gemeinsamkeit aussetzt, und zu analysieren, welche Handlungsschritte die nächsten sind, damit eine solche Gemeinsamkeit gelingen kann.   *Maria Elisabeth Aigner*

() | *Verweise*

Diakonie; Helfen; Volk Gottes

Charismen

Verwendet man in der Alltagssprache die Worte „Charismen" oder „charismatisch", so geschieht dies meist im Zusammenhang mit Personenbeschreibungen. Man spricht von einem „charismatischen Politiker" oder von einer „besonders charismatischen Schauspielerin". Mit diesen Formulierungen wird eine Person beschrieben, die eine außerordentliche Wirkung ausübt auf andere, die auf faszinierende Weise mit anderen Menschen sprechen bzw. auf sie zugehen kann. Diese umgangssprachliche Verwendung des Wortes „charismatisch" lenkt uns auf falsche Bahnen, wenn wir den Begriff „Charisma" im religiösen Sinn besser verstehen wollen.

Bei einem theologischen Verständnis von „Charismen" geht es in erster Linie nicht um spektakuläre, herausragende Begabungen, sondern um Begabungen, die grundsätzlich alle Menschen haben, die einen mehr im Bereich des praktischen Tuns, andere im Bereich des Redens oder Zuhörens, wieder andere im Bereich der Beziehungsgestaltung, der Erziehung usw. Alle Menschen haben ihre je eigenen Begabungen. Kann man einfach den Begriff „Begabungen" gleichsetzen mit „Charismen"?

Beim Versuch, der Bedeutung des Wortes „Charisma" auf die Spur zu kommen, öffnet sich ein Graben zwischen zwei stark auseinander gehenden Deutungen: Die eine Deutung meint mit Charismen alle menschlichen Begabungen, die mit der Geburt gegeben sind und sich im Laufe des Lebens weiter entfalten. Die andere Deutung meint mit Charismen ganz außergewöhnliche, herausragende Geistesgaben, die nur ganz besonderen Menschen – meist Heiligen – verliehen sind. Wir bewegen uns also zwischen einem Verständnis von Charisma, das alltäglich, beinahe nichtssagend ist, und einem anderen Verständnis, das so spektakulär und fern des Alltags ist, dass es im Leben von „normalen Menschen" kaum Platz hat.

Um aus diesem Zwiespalt herauszukommen, hilft ein anderer Weg des Verstehens: Es gilt, Begabungen nicht einfach nur als beliebige Erbanlagen zu sehen, sondern sie im Glauben zu deuten als Geschenke des Geistes. Werden Begabungen als Geschenke erlebt und gedeutet, dann prägt diese Deutung die Art des

Umgangs. Das Wissen um das „Geschenkt-Bekommen" kann Menschen großzügig machen im Umgang mit dieser Gabe, sodass sie andere großzügig daran teilhaben lassen. Das biblische Gleichnis von den Talenten bringt diese Dynamik zum Ausdruck: Begabungen, die als Geschenke des Geistes gedeutet werden, können aus dieser Erfahrung heraus fruchtbringend eingesetzt werden.

Die Deutung der Charismen als Geschenke hat noch eine weitere wichtige Seite: Menschen können den Heiligen Geist auch um Geschenke bitten! In einer spezifischen Notsituation kann und soll um das Geschenk einer besonderen Gnadengabe gebeten werden.

Begabungen, die nicht als zufällig angesehen, sondern als Geschenk, als Herausforderung, vielleicht auch als Zumutung des Geistes gedeutet werden – nicht nur für diejenige Person, die die konkrete Gabe hat, sondern auch für diejenigen um sie herum –, solche Begabungen sind Charismen, sind Gnadengaben des Heiligen Geistes.

Im 1. Brief an die Gemeinde in Korinth im Kapitel 12 spricht Paulus von diesen Gnadengaben. Es fällt auf, dass er bewusst jede Hierarchie innerhalb der Charismen vermeidet: Die einen haben Glaubenskraft, die anderen können Wunder vollbringen, die einen können gut unterrichten, die anderen Krankheiten heilen. Es gibt kein „Wichtiger" oder „Weniger wichtig" innerhalb der Charismen, es sind nicht die einen für Frauen und andere für Männer. Alles bewirkt ein und derselbe Geist, er teilt die Gaben zu, wie er will. „Jedem aber wird die Offenbarung des Geistes geschenkt, damit sie anderen nützt." (1 Kor 12,7)

Anna Findl-Ludescher

○) | *Verweise*

Amt/Ämter; Ehrenamt; Gemeinde/Koinonia; Nachfolge; Spiritualität; Volk Gottes

Diakonat / Diakonin / Diakon

DEN DIAKONAT als eigenständiges kirchliches Amt hat erst das Zweite Vatikanische Konzil wieder eingeführt. Davor war er über Jahrhunderte einfach eine Art Vorstufe zum Priestertum, und bis heute wird jeder angehende Priester vor der Priesterweihe auch zum Diakon geweiht. Seit dem Konzil gibt es den so genannten Ständigen Diakonat, der auch für verheiratete römisch-katholische Männer offen steht.

Mit dieser Wiedereinführung wurde auf ein Amt der frühen Kirche zurückgegriffen, das damals allerdings Männer wie Frauen ausübten: So gilt der Märtyrer Stephanus als einer der ersten Diakone (Apg 6,1-7) und Paulus bezeichnet eine Frau namens Phöbe als „Diakon" (Röm 16,1). Die Aufgaben der Diakone und Diakoninnen lagen in den ersten Jahrhunderten insbesondere in der Sorge um die Armen und Kranken sowie zum Teil in der Mitwirkung an der Sakramentenspendung. Später ging dieses Amt im Priestertum auf.

Bei seiner Wiederherstellung durch das Zweite Vatikanische Konzil blieb eine genaue theologische Bestimmung des Diakonats aber ungeklärt. Die Aufgabenbeschreibungen lesen sich recht allgemein. Sie werden von den Aufgaben und Kompetenzen des Priesters abgegrenzt, der Unterschied zu aktiven Laien wird weniger deutlich. Mittlerweile gibt es Ständige Diakone in vielen Diözesen. Zumeist wird der Diakonat nebenamtlich ausgeübt, manche Diakone sind aber auch im kirchlichen Dienst angestellt.

Was ihre offizielle Sicht sowie ihr eigenes Selbstverständnis betrifft, sind zwei Grundtypen zu beobachten: Die einen sind relativ unspezifische Helfer des Priesters – oder seine Vertreter in priesterlosen Gemeinden. Sie arbeiten in der Seelsorge, predigen, wirken in der Liturgie mit, haben eventuell die Beauftragung zu Taufe, Eheassistenz und Begräbnis. Die anderen sehen die Aufgabe des Diakonats in der amtlichen Wahrnehmung der sozialen bzw. diakonalen Verantwortung der Kirche. Sie sind kirchliche Sozialarbeiter; der Schwerpunkt ihrer Arbeit liegt in der Caritas oder der Notfallseelsorge, in Stadtviertelarbeit, Betreuung von Wohnungslosen etc. Wo sie in den Gemeinden

Funktionen übernehmen, machen sie es sich zum Anliegen, das Leben der Armen sichtbar zu machen, diesen Teil der Gemeinde zu repräsentieren und an die soziale Dimension des Glaubens zu erinnern. Es ist allerdings eine Minderheit der Diakone, die ihr Amt so verstehen und ausüben (können).

Pastoraltheologisch wird eher in dieser zweiten Form des Diakonats die Zukunft dieses Amtes gesehen, das nur so Eigenständigkeit gewinnen kann, anstatt eine Art „Minipriester" zu bleiben. Die Tatsache, dass viele Männer, die Diakone werden, gerne Priester geworden wären, wenn sie das als Verheiratete könnten, macht eine eigene Profilierung des Diakonenamtes nicht leichter.

Seit der Wiederherstellung des Ständigen Diakonats wird gefordert, dieses Amt auch für Frauen zu öffnen. Anders als beim Priestertum ist eine weibliche Variante dieses Amtes historisch belegbar. Lehramtlich wird allerdings immer wieder betont, dass das Bischofs-, das Priester- und das Diakonenamt theologisch als drei Ausfaltungen eines einzigen Amtes zu sehen sind. Eine Öffnung des Diakonats für Frauen würde entweder bedeuten, dass ihnen auch die anderen Ämter geöffnet werden müssten, oder notwendig machen, den Diakonat aus dem dreigliedrigen Amt herauszulösen und neu zu definieren.

Dennoch hat es bis heute – anders als beim Priesteramt – keine definitive Ablehnung des weiblichen Diakonats durch das römische Lehramt gegeben. So gibt es international vernetzte Bemühungen, die Diakonatsweihe für Frauen doch zu ermöglichen. Die theologische Diskussion wird auf hohem Niveau geführt und ist weit gediehen. *Veronika Prüller-Jagenteufel*

() | **Verweise**

Amt / Ämter; Diakonie; Pastorale Berufe; Priestertum; Solidarität

Diakonie

DIE DIAKONIE zählt neben Martyria (Glaubens-verkündigung), Liturgia (Gottesdienst) und Koinonia (Gemein-schaft der Gläubigen) zu den Grundvollzügen der Kirche. Diese stellen Bereiche kirchlichen Handelns dar, die sich gegenseitig bedingen und keinesfalls losgelöst voneinander gelebt werden können.

Das Wort „Diakonie" stammt aus dem Griechischen und bedeutet so viel wie „dienen", „helfen", „sorgen für". In der griechischen Bedeutung geht es dabei zum einen um ganz kon-krete Handlungen materiellen Dienens, wie z. B. den Dienst bei Tisch. Zum anderen ist „Dienen" in einem religiös-spirituellen Sinn gemeint. Dass sich im Laufe der Christentumsgeschichte, entgegen der Praxis der frühen christlichen Gemeinden, daraus „Ämter" mit unterschiedlicher Gewichtung und Wertung heraus-kristallisierten, hatte vor allem für Frauen weit reichende Fol-gen. Ihnen wurde in der Kirche bis heute vorwiegend jener Part des Dienens zugeschoben, der sich um das leiblich-funktionale und materielle Wohl der Menschen kümmert.

Obwohl die Diakonie als Handlungsform der Nächstenliebe zur Identität christlicher Glaubenspraxis schlechthin gehört, stellt sich sowohl in der theologischen Reflexion als auch im konkre-ten Tun christlicher Existenz die Frage, wie dieses Dienen indivi-duell gelebt und in kirchlicher Praxis öffentlich-politisch gestal-tet werden soll. Gerade vor dem Hintergrund jahrhundertelang gelebter christlicher Frauentradition bekommt der „Dienst an den Nächsten" eine eigenwillige Färbung. Zu oft in der Geschich-te wurde damit eine Form von Selbstlosigkeit und Aufopferung verbunden, die auch Schaden angerichtet hat. Insofern bedeutet christliche Diakonie als spezifisch gestaltete Hilfeleistung immer eine Gratwanderung, bei der einerseits ein zutiefst menschliches Bedürfnis nach Hingabe freigesetzt wird, andererseits diese Hin-gabefähigkeit Gefahr läuft, missbraucht zu werden – und zwar im Hinblick sowohl auf das eigene Wohlergehen als auch auf das der anderen. Helfende und den anderen dienende Formen der Zuwendung können eben nicht nur heilsam sein, sondern auch subtile Formen unterdrückender Machtausübung durch Abhängigkeitsmuster hervorrufen. Den Nächsten dienen bringt Lebens-kraft in Fluss und bedarf einer Haltung der Aufmerksamkeit und Demut, wenn dieses Helfen einem Ganzen dienen und nicht aus-schließlich selbstbezogen motiviert sein soll.

Menschen können ohne die fürsorgende Hilfe anderer nicht leben und überleben; zugleich kommen mit diesem Aspekt der Beziehungsgestaltung immer Fragen gegenseitiger Abhängigkeit, Anerkennung und Macht ins Spiel. Insofern ist in einem christli-chen Sinn das dienende Handeln an den nächsten Mitmenschen nicht redlich lebbar ohne die Beziehung zu Gott. Nächstenliebe, die losgelöst ist oder sich losgelöst hat vom Wissen um das Eingebundensein in einen größeren Zusammenhang, der mit der Nähe Gottes zur Welt und zu den Menschen in Verbindung steht, läuft Gefahr, verzweckt und instrumentalisiert zu werden.

In diesem Sinne bedeutet in der Nachfolge Jesu diakonisch zu leben, etwas zu lernen von seiner frei gewählten Diakonie, die gelebte Hingabe bis in den Tod hinein ist. Dieser Dienst ist geprägt von Bedingungslosigkeit, die auf gängige Machtansprü-che verzichtet und den Menschen Befreiung und Heil ermöglicht. Diakonie hat von daher immer eine konkrete gesellschaftsver-ändernde und damit politische Komponente, weil sie ideologi-schem Machtmissbrauch, Abhängigkeiten und Privilegien entge-genwirkt. *Maria Elisabeth Aigner*

() *Verweise*

Caritas; Diakonat / Diakonin / Diakon; Grundvollzüge der Kirche; Helfen; Mar-tyria / Bekennen / Verkündigung; Nachfolge; Solidarität

Ehe / Ehepastoral /
Geschiedenenpastoral

IN EINER GLÜCKENDEN stabilen Paarbeziehung
zu leben, ist nach wie vor ein zentraler Lebenswunsch der meisten Menschen. Dennoch gibt es immer häufiger die Erfahrung
des Scheiterns von Partnerschaften. Zugleich sinkt die Bereitschaft, bestehenden Lebensgemeinschaften die Form einer Ehe
zu geben. Wo Ehe heute gelingt, hat sie daher einen prophetischen, zeichenhaften Charakter. Sie ist nach kirchlicher Auffassung ja nicht primär eine rechtliche Institution, sondern als
personale Gemeinschaft Sakrament: ein besonderes Zeichen und
Werkzeug des Heils, das Gott uns Menschen schenkt, bzw. eine
besondere Form, wie die Zuwendung Gottes zu uns erfahrbar und
deutlich wird – und zwar für die Eheleute in ihrem Miteinander
sowie durch sie für andere. Wenn Menschen ihre Ehe in diesem
Sinne zu leben versuchen, stellen sie sowohl ihre Liebe und ihre
Freude aneinander, als auch ihr Ringen miteinander und ihr Leiden aneinander in den Horizont ihrer Gottesbeziehung bzw. ihrer
Berufung zur Nachfolge Christi.

Die Aufgabe der Ehepastoral liegt darin, Paare zu ermutigen,
sich gerade auch in ihrem Miteinander auf Gott hin auszurichten
und die eigene und gemeinsame Gottesbeziehung als Grund für
ein gelingendes Miteinander zu erkennen und zu pflegen. Das Paar
ist dann nicht nur aneinander, sondern primär an Gott gebunden
und kann aus dieser Geborgenheit heraus ein freies und in Treue
verbindliches Ja zueinander sagen. Es entlastet eine Partnerschaft, wenn der letzte tragende Grund des eigenen Lebens nicht
im Partner bzw. in der Partnerin gesucht werden muss, sondern
in der Liebe Gottes geglaubt und gefunden wird. Dabei kann
gerade in der Liebe zueinander auch die Liebe Gottes erfahren
werden: in der lustvollen Begeisterung füreinander ebenso wie
in der Zuwendung zueinander im Wissen um die Schwächen und
Abgründe in sich selbst wie in der/dem anderen.

Tatsächlich brauchen Eheleute aber über eine solche spirituelle Fundierung hinaus viel konkrete Hilfestellung, damit diese
hehren Grundsätze nicht bedrohlich werden. Hier können die

kirchlichen Grundvollzüge Orientierung geben: Die Verkündigung kann Unterstützung für Ehepaare durch die Auseinandersetzung mit christlichen Grundlagen der Beziehungsgestaltung bieten; liturgisch sind nicht nur die Trauungsfeiern selbst bedeutsam, sondern auch Bitt- und Dankgottesdienste zu Jahrestagen, silbernen und goldenen Hochzeiten, sowie z. B. das Gebet für Eheleute in den regelmäßigen Gottesdiensten der Gemeinde; nötig ist konkrete diakonische Hilfestellung, insbesondere in Krisen- und Übergangszeiten. Schließlich ist es bedeutsam, Ehepaare bewusst in die größere Gemeinschaft – auch der Gemeinde – einzubetten, denn ohne ein verlässliches Beziehungsnetz können Paarbeziehungen kaum gelingen. Umgekehrt gehört es zu den Aufgaben christlicher Eheleute, nicht nur füreinander da zu sein, sondern als Paar Verantwortung in Kirche und Welt zu übernehmen. Auch die Gestaltung der Ehe selbst greift in alle vier Grundvollzüge: Zeugnis geben für den gemeinsamen Glauben, der die Ehe trägt; Engagement für andere, die nicht nur die eigenen Kinder sind; Offenheit für die größere Gemeinschaft der Kirche; und Verwurzelung des gemeinsamen Lebens im Gebet miteinander und mit anderen.

Besondere Aufmerksamkeit ist in der Ehepastoral auch dem Zueinander von Ehe und Familie zu widmen. Kirchlich ist zumeist nur die Familie im Blick; kinderlose Ehepaare finden oft schwerer Zugang zur Gemeinde. Zugleich spielt diese Betonung der Familie einem der üblichen Krisenphänomene von Paaren in die Hände: Vor allem in der Phase der Familiengründung bereitet vielen der Übergang vom Leben als Paar zum Familienleben Schwierigkeiten und gerät die Pflege der Paarbeziehung angesichts der Anforderungen der Kinder oft ins Hintertreffen. Frauen erleben sich vielfach schmerzlich zurückgeworfen in traditionelle Rollenklischees, die durch die strukturell nach wie vor sehr erschwerte Vereinbarkeit von Beruf und Familie verstärkt werden. Selten ist auch der Übergang am Ende der Kinderzeit im pastoralen Blick: wenn die Kinder sich aus dem Elternhaus lösen und das Leben als Paar neu zu gestalten ist.

Ehepastoral muss sich dennoch nicht nur als Krisenintervention verstehen, sondern kann Möglichkeiten schaffen bzw. Paare ermutigen, die schönen und auch die lustvollen Seiten des Ehelebens zu feiern und dankbar vor Gott zu bringen. Hilfreich wäre hier eine bewusste Spiritualität des Genießens, der Lust und der Erotik. Derzeit entsteht z. B. rund um den Valentinstag diesbezüglich pastorale Kreativität.

Insgesamt ist Ehebegleitung stets eine Gratwanderung zwischen ungebührlicher Einmischung in private Angelegenheiten und wahrgenommener Verantwortung der ganzen Gemeinde, die auch um ihrer selbst willen ein Interesse daran hat, dass Ehen in ihrem Umfeld gelingen. Denn wo Lebensgemeinschaften in Treue gut gelebt werden, setzen sie prophetische Zeichen für das von Gott geschenkte Leben in Fülle.

Allerdings liegt in einer solchen Sicht und Betonung von Ehe die Gefahr, die Brüchigkeit und prekäre Situation von Partnerschaften zu übersehen. Die Möglichkeit des Scheiterns darf nicht „wegidealisiert" werden. Dass eine Krise auch zur Auflösung der Beziehung führen kann, muss nicht verdrängt werden. Nur wer weiß, dass es auch die Möglichkeit gibt zu gehen, wird aus freien Stücken bleiben können. Hier können z. B. Eheverträge eine entlastende und somit letztlich eher stabilisierende Funktion haben.

Wo nicht idealisiert wird, werden dann auch die Menschen weniger leicht aus dem Blick verloren, die in ihrer Ehe tatsächlich gescheitert sind. Nicht wenige von ihnen fühlen sich von der Kirche vernachlässigt und gehen auf Distanz zu ihr. So kommen z. B. Alleinerziehende in den Gemeinden wenig vor. Statistisch gesehen haben es Frauen schwerer, nach einer Trennung einen neuen Partner zu finden, und bleiben öfter allein. Wo eine neue Beziehung entsteht, geraten die Beteiligten kirchlich oftmals völlig ins Abseits – zumal dann, wenn sie eine zweite nichtkirchliche Ehe schließen.

Scheitern – und eben auch das Scheitern von Paarbeziehungen – gehört zu den Grunderfahrungen menschlicher Begrenztheit. Seelsorgliche Begleitung ermutigt dazu, diese Erfahrungen ernst zu nehmen. Nach dem Ende einer Beziehung kann Trauer im Vordergrund stehen oder Wut oder auch Erleichterung. Jedenfalls ist Neuorientierung nötig, das Leben muss neu organisiert werden. Kindern gegenüber bleiben die ehemaligen Partner gemeinsam Eltern – hier liegt das meiste Konfliktpotenzial. Schließlich geht es auch um die Frage von eigener und fremder Schuld. Ob neue Beziehungen einen guten Boden finden und auch ob eine zweite Ehe in einer kirchlichen Segnungsfeier bekundet und öffentlich mit Gott in Verbindung gebracht werden kann, hängt unter anderem davon ab, wie ehrlich und wie verantwortungsvoll alle Beteiligten mit ihrer Vergangenheit umgehen. Eine tragende Gemeinschaft ist dabei eine der wichtigsten Hilfen für die Ehrlichkeit mit sich selbst und anderen.

Für die Seelsorge bleibt es also wichtig, die Gemeinde für Menschen in unterschiedlichen Lebens- und Beziehungssituationen offen zu halten. Um eine Konkurrenz der Lebenswege zu vermeiden, ist es hilfreich, einander daran zu erinnern, dass bei allem Bemühen um eine gute Beziehungskultur das Gelingen eines gemeinsamen Weges ein Geschenk ist und keine Frage der Leistung – und dass Gott jedes ehrliche Bemühen auch auf verschlungenen Wegen segnet. *Veronika Prüller-Jagenteufel*

Verweise

Grenze; Kinder / Kinderlosigkeit; Lebensformen; Lust; Nachfolge; Schuld

Ehrenamt

EIN EHRENAMT ist eine freiwillig erbrachte Arbeit, die nicht auf Bezahlung ausgerichtet ist. Es ist eine Arbeit, die am Wohl aller interessiert ist, auch wenn sie für einen einzelnen Menschen erbracht wird.

Es gibt eine große Bandbreite von ehrenamtlichen Tätigkeiten. Das Spektrum reicht vom politischen Ehrenamt über verschiedenste Vereinstätigkeiten bis zum sozialen Ehrenamt. Auf der einen Seite des Spektrums finden sich mehr Männer, auf der anderen vorwiegend Frauen.

Analysen und Untersuchungen geben Aufschluss darüber, welche Gruppen, welche Schichten von Frauen vorwiegend ehrenamtliche Tätigkeiten ausüben. Innerhalb der Gruppe der berufstätigen Frauen ist die Bereitschaft zum Ehrenamt vor allem bei denjenigen hoch, die nur teilzeitbeschäftigt sind. Je geringer das Ausmaß an Erwerbsarbeit, desto höher ist die Bereitschaft zum Ehrenamt. Innerhalb der Gruppe der nicht berufstätigen Frauen gibt es eine Zweiteilung. Die Frauen, deren Partner ein überdurchschnittliches Einkommen haben, zeigen große Bereitschaft zum Ehrenamt, andere jedoch kaum. Ein Ehrenamt ist für sie offensichtlich kein Ersatz für die angestrebte Erwerbsarbeit.

Aus diesen Analysen wird deutlich, dass die Diskussion über das Ehrenamt nicht isoliert geführt werden kann, sondern in Zusammenhang gesehen werden muss mit Erwerbsarbeit und Familienarbeit.

Die Art und Weise der ehrenamtlichen Tätigkeit hat sich im Laufe der vergangenen Jahrzehnte stark verändert; man spricht von einem Strukturwandel des Ehrenamtes oder vom Übergang des „alten" zu einem „neuen" Ehrenamt: Mit dem „alten" Ehrenamt werden Assoziationen verbunden wie Aufopferung, grenzenlose Belastbarkeit, mangelnde Selbstbestimmung etc. Kennzeichnend für das „neue" Ehrenamt ist, dass die Menschen darauf bestehen, dass ihnen diese Arbeit Freude machen soll. Sie wollen aus dieser Tätigkeit Gewinn für sich selbst ziehen. Begründungen wie „Aufopferung" oder „Nächstenliebe" sind nachgeordnet. Erwartet wird auch eine Honorierung des Engagements, sei es durch Vergünstigungen oder ausgestellte Zertifikate, jedenfalls durch irgendeine Form öffentlicher Wertschätzung.

Viele, die heute ein Ehrenamt ausüben, verknüpfen es mit dem Anliegen der beruflichen Weiterentwicklung. Sie suchen bewusst Kompetenzerweiterung im Ehrenamt, die auch beruflich Vorteile bringt oder umgekehrt. Für manche ist ein solches Engagement auch ein erster Schritt für den beruflichen Wiedereinstieg nach der Familienpause. Ein besonderes Kennzeichen des „neuen" Ehrenamtes ist, dass es klare Rahmenbedingungen hat: Die Ehrenamtlichen werden für ihre Tätigkeit qualifiziert durch vorbereitende Kurse und/oder kontinuierliche Praxisbegleitung. In den meisten Fällen gibt es eine klare Aufgabenbeschreibung, und eine zeitliche Befristung des Engagements gilt als selbstverständlich.

Innerhalb der Kirche gibt es keinen vollständigen Wandel vom alten zum neuen Ehrenamt. Vielfach wird noch eine hierarchische Unterordnung der sich ehrenamtlich engagierenden Lai(inn)en erwartet und womöglich grenzenloser Einsatz gewünscht. Dort, wo sich Kirche so zeigt, werden immer weniger Menschen bereit sein, sich in ihr ehrenamtlich zu engagieren. Das Ehrenamt gehört notwendigerweise zur Kirche – und das nicht als Ausgleich für mangelnde Hauptamtliche, sondern weil Christ(inn)en, die ihre je eigene Berufung wahrnehmen, immer auch Aufgaben in der Glaubensverkündigung, in der Diakonie, in der Gestaltung der Glaubensgemeinschaft etc. wahrnehmen werden. Das soll in Abstimmung mit den Hauptamtlichen geschehen, aber nicht auf ihre Anweisung hin.

Bei genauer Betrachtung des „neuen" Ehrenamtes zeigt sich, dass ein solcherart verstandenes und praktiziertes Engagement sehr gut zusammenpasst mit dem Engagement mündiger Christinnen und Christen, wie es seit dem Zweiten Vatikanischen Konzil immer wieder beschrieben wird. *Anna Findl-Ludescher*

()   *Verweise*

Charismen; Gemeinde / Koinonia; Grundvollzüge der Kirche; Organisationsformen von Seelsorge; Seelsorge; Zweites Vatikanisches Konzil

Erfahrung

DER BEGRIFF DER „ERFAHRUNG" ist für die Pastoraltheologie ein wichtiger, weil es ihr als praktisch-theologischer Disziplin um die Menschen und um das, was sie bewegt, geht. Aus diesem Grund ist sie an ihren Erfahrungen interessiert – sie sind Ausgangspunkt und Inspiration, aber auch Korrektiv pastoraltheologischen Nachdenkens.

Der Theologie waren aber menschliche Erfahrungen hinsichtlich ihres wissenschaftlichen Tuns keineswegs immer ein Anliegen. Erst jene theologischen Strömungen, die in der Mitte des vorigen Jahrhunderts entstanden sind und im Zuge des Zweiten Vatikanischen Konzils einen massiven Aufschwung erfuhren, gehen explizit von den Menschen und deren Erfahrungen aus. Es handelt sich dabei um eine „Theologie von unten", die nicht zuerst auf katholische Lehrsätze, Schrift oder Tradition schaut, sondern darauf, was die Menschen erleben und erfahren – leiblich, psychisch, seelisch und geistig. Von dort ausgehend wird auf Gott hin gedacht und versucht zu verstehen, wie sie/er sich in der Geschichte offenbart hat und heute noch immer offenbart.

Innerhalb der einzelnen theologischen Disziplinen werden im Zuge von Forschungstätigkeiten die unterschiedlichsten wissenschaftlichen Materialien verwendet. Dabei sind der Pastoraltheologie schneller als anderen Disziplinen Grenzen gesetzt. Quellen, Handschriften, Kommentare und Dokumente können nur bedingt herangezogen werden, wenn es um die Praxis des Volkes Gottes und dessen unmittelbare Erfahrung geht und die damit einhergehenden individuellen und strukturellen Zusammenhänge reflektiert werden sollen. Von der Erfahrung auszugehen bedeutet in die Alltags- und Lebenswirklichkeit der Menschen einzutauchen. Diese sind aber so unterschiedlich wie die Menschen selber, weshalb sich die Frage auftut, welche Erfahrungen nun für die Theologie wichtig sind und welche nicht. Prinzipiell gilt, dass jene Theologien, die aus der Erfahrung erwachsen, sich den speziellen Formen gemeinsam erfahrenen menschlichen Leidens und erlittener Unterdrückung zuwenden und diese zum Hauptgegenstand ihrer theologischen Nachdenkarbeit machen.

Solche Theologien sind beispielsweise die Befreiungstheologie, die Politische Theologie oder die Feministische Theologie, die als so genannte „kontextuelle Theologien" die Menschen und ihr Umfeld, d.h. ihren Kontext radikal in den Blick nehmen.

Feministisch-theologische Ansätze fordern deshalb so vehement, die Erfahrungen – besonders jene von Frauen – in das Theologietreiben mit einzubeziehen, weil die gängigen Formen, theologische Wissenschaft zu praktizieren, noch immer von Männern bestimmt werden und diese häufig ihre eigenen Erfahrungen ausklammern, bzw. jene von Frauen dadurch erst gar nicht vorkommen. Aus einer feministischen Perspektive bedeutet Wissenschaft treiben – d.h. nachdenken, forschen und eine Theorie zu formulieren – eine Praxis zu erzählen. Die traditionelle männlich geprägte Wissenschaft bezieht sich gerne auf Inhalte und Phänomene, die schon begrifflich erfasst sind und einen Namen haben. Dort aber, wo menschliche Erfahrung in ihrer ganzen körperlichen, emotionalen und intellektuellen Bandbreite für Denkprozesse genutzt wird, können auch unbewusste und bislang nicht zur Sprache gebrachte Zusammenhänge benannt und formuliert werden. Die Erfahrung in der Wissenschaft und im pastoralen Handeln stark zu machen bedeutet, sich den Diskrepanzen zwischen Körper, Gefühl, Denken und Sprechen auszusetzen. Dazu brauchen Frauen wie Männer eine gute Selbstwahrnehmung sowie die Lust und Neugier an der Entdeckung fremder, anders gearteter Erfahrung.   *Maria Elisabeth Aigner*

( ) │ *Verweise*

Alltag; Theorie – Praxis; Volk Gottes; Zweites Vatikanisches Konzil

Erneuerungsbewegungen / Neue geistliche Bewegungen

DER AUFBRUCH DER LAI(INN)EN in der katholischen Kirche im 20. Jahrhundert brachte neben dem organisierten und in der Pastoral von den Bischöfen bewusst eingesetzten Laienapostolat eine Reihe weiterer Bewegungen und Gemeinschaften hervor, deren gemeinsamer Nenner in dem Bemühen um ein vertieftes gemeinschaftliches spirituelles Leben liegt. Manche haben hier ihren Schwerpunkt (z. B. Cursillo, Neokatechumenat, Charismatische Erneuerung, Alpha-Kurse), andere betonen die Verbindung von spiritueller Verwurzelung und Engagement entweder allgemein in den jeweiligen Berufen und Lebensfeldern (z. B. action 365, Bewegung für eine bessere Welt, die Gemeinschaft Emanuelle, Communio é Liberazione, mit dem Opus Dei verbundene Gruppen) oder spezifischer in diakonischer Tätigkeit (z. B. Sant' Egidio, Arche). Die meisten haben dabei ausdrücklich Gemeindeaufbau und Mission zum Ziel. Manche Bewegungen sind auch besonders auf Impulse für das Leben in Ehe und Familie ausgerichtet (z. B. Equipes Notre Dame, Marriage Encounter).

Die meisten dieser Bewegungen bestehen aus kleinen Gruppen, die sowohl Gebetsgruppen als auch Gemeinschaften eines intensiven Austausches sind, oder aus regelrechten Lebensgemeinschaften, die oft gemischt Männer, Frauen, Ehepaare und Priester vereinen. Die örtlichen Gruppen oder Gemeinschaften gehören zu überregionalen, zumeist internationalen Organisationen.

Ein Teil dieser Bewegungen steht in Zusammenhang mit traditionellen Orden (z. B. die Gemeinschaft Christlichen Lebens mit dem Jesuitenorden) und in gewisser Weise in der Tradition der Dritten Orden. Zum Teil haben sich auch neue Ordensgemeinschaften sowie Säkularinstitute oder andere ordensähnliche Gemeinschaftsformen gebildet. Andere sind mittlerweile bereits in sich reich gegliederte Organisationen wie die Fokolar-Bewegung oder das Schönstatt-Werk. Die meisten Bewegungen haben historisch ihre Wurzeln in romanischen Ländern (Spanien, Frankreich, Italien).

Die Zuordnung zur kirchlichen Struktur ist unterschiedlich. Zumeist ist sie dadurch gegeben, dass Priester in leitenden Funktionen mitarbeiten, zum Teil leben die Gemeinschaften nach amtlich anerkannten Statuten. In die diözesane Pastoral sind sie oft über die Berufung von Vertreter(inne)n solcher Bewegungen in den Pastoralrat eingebunden. Von manchen Bischöfen werden sie als neuer Sauerteig der Kirchenentwicklung besonders gefördert und mit diözesanen Aufgaben betraut.

Ihre Rolle in der Kirche ist allerdings umstritten. Manchen Gruppen wurde und wird vorgeworfen, dass sie sich zu wenig in das Gefüge der Pfarrgemeinden einbinden lassen und die Menschen eher aus den Gemeinden abwerben als dem Aufbau von lebendigen Pfarren dienen. An manchen Orten hat die zuweilen sehr charakteristische Spiritualität von einzelnen Bewegungen zu Spaltungen in den Gemeinden geführt. Andere wiederum sehen in den meisten dieser Bewegungen eher konservative Kräfte, denen mangelndes kritisches Bewusstsein in Fragen der Gesellschaftspolitik sowie in innerkirchlichen Belangen angekreidet wird.

Für die Pastoral einer Diözese – aber auch auf Pfarrebene sowie auf gesamtkirchlicher Ebene – ist es wichtig, weder die Pfarren noch die klassischen Organisationen des Laienapostolats gegen diese neuen Bewegungen auszuspielen. Der Gefahr, die jeweils eigene Form des Glaubenslebens zur allein richtigen zu erklären, kann nur durch verstärkte Kommunikation miteinander begegnet werden. So könnte im positiven Wettstreit um eine gemeinsame Ausrichtung an den Optionen Gottes gerungen und in aller Vielfalt Gemeinschaft im Volk Gottes erfahren werden; zugleich könnten jene Gruppierungen, die wie Sekten nicht zur Auseinandersetzung und zu gemeinsamen Prozessen bereit sind, klarer erkannt werden. *Veronika Prüller-Jagenteufel*

() | *Verweise*

Gemeinde / Koinonia; Laienapostolat / Laienorganisationen; Volk Gottes

Eucharistie / Erstkommunion

DIE EUCHARISTIE wird theologisch als Zentrum und Höhepunkt kirchlichen Lebens und christlicher Spiritualität betont und als eine Feier verstanden, die Erlösung und Heil vergegenwärtigt als Geschenk der Zuwendung Gottes zu uns in Jesus Christus durch den Heiligen Geist. Aus ihr kann eine dankbare (das griechische Wort Eucharistie bedeutet Danksagung), feiernde, Gott lobende Spiritualität wachsen, die das Leben aus dem Bewusstsein der Befreiung und Erlösung und aus der Hoffnung für diese Welt heraus prägt.

In der Praxis ist aber zwischen hoher Theologie und sonntäglicher Normalerfahrung oft eine tiefe Kluft. Wie viele Christ(inn)en erfahren die Eucharistie tatsächlich als tragendes und sie prägendes Zentrum ihres Lebens? Häufig gibt es Unzufriedenheit mit der konkreten Messgestaltung, aber auch mit den vorliegenden Messformularen, deren Sprache zu abgehoben erscheint und die zu wenig Platz bieten, das konkrete Leben einzubringen. Das Bemühen, den sonntäglichen Gottesdienst ansprechend zu gestalten, erscheint zudem bei abnehmenden Zahlen von Gottesdienstbesucher(inne)n als undankbare Aufgabe.

Weil aber immer mehr damit gerechnet werden muss, dass die Sonntagsmesse auch Menschen besuchen, die nur gelegentlich kommen, und weil gerade die schrumpfende Gemeinde eine gute liturgisch-spirituelle Verwurzelung braucht, verdienen auch „normale" Messen sehr viel Sorgfalt in Vorbereitung und Durchführung – und dabei darf auch manche Form weiterentwickelt werden.

In pastoraltheologischen Überlegungen steht derzeit allerdings die Tatsache im Zentrum, dass es auch hierzulande in immer mehr Gemeinden Eucharistiefeiern nur mehr an wenigen Sonn- oder Feiertagen gibt. Weltweit trifft das die Mehrzahl der Gemeinden und es trifft insbesondere die Gemeinden der Armen und Ausgegrenzten. Eine wesentliche Quelle christlichen Lebens bleibt diesen Menschen vorenthalten. Von der Sache her gehören Gemeinde und Eucharistie zusammen und so sollte jede Gemeinde auch jemanden in ihrer Mitte haben, der oder die berechtigt ist, eine Eucharistiefeier zu leiten.

In der Gemeindeseelsorge kommt die Eucharistie als Sakrament in besonderer Weise bei der Erstkommunion in den Blick. Die Erstkommunion steht dabei in einem spannungsgeladenen Feld: zwischen Folklore und sozialem Event einerseits, Eingehen auf die Kinder andererseits, und beides wiederum in Spannung zur hohen theologischen Bedeutung der Eucharistie. Viele sehen die Erstkommunion vor allem als Chance für die Kinderpastoral. Tatsächlich ist hier viel Kraft und Kreativität insbesondere von Frauen aus der Gemeinde bzw. den Frauen im pastoralen Beruf gebunden. Weil dennoch oft nur wenige Kinder dauerhaft in die Gemeinde integriert werden können, ist die Form der Sakramentenvorbereitung auch zu hinterfragen.

In der Sakramentenpastoral gibt es dazu zwei Sichtweisen: das Konzept der „Ritendiakonie", in dem das Sakrament als „Dienst-Leistung" Gottes und der Kirche den Menschen niedrigschwellig zur Verfügung gestellt wird, und das Konzept der „Christusbegegnung im Sakrament", die nur von überzeugten Christ(inn)en gefeiert werden sollte. Manche Gemeinden versuchen einen doppelten Weg, indem sie sowohl eine kurze, wenig anfordernde Form der Vorbereitung anbieten als auch eine intensive mit hoher Verbindlichkeit. Insbesondere dort, wo es Pfarrverbände gibt, sind solche gestuften Modelle sinnvoll – auch im Sinne der Verringerung einer übermäßigen Bindung von Ressourcen in der Sakramentenvorbereitung.

Die zentrale theologische Bedeutung der Eucharistie verpflichtet jedenfalls dazu, in der Gemeinde eine eucharistische Spiritualität zu entwickeln, die in der Sonntagsmesse erfahrbar zum Ausdruck kommt und in die hineinzuwachsen Kinder eingeladen werden können.

Veronika Prüller-Jagenteufel

◯ | *Verweise*
―――――――――――――――――――――――――――――――

Gemeinde / Koinonia; Frauenliturgien; Kinder / Kinderlosigkeit; Liturgie; Sakramente / Sakramentalität

Exerzitien im Alltag

„EXERZITIEN IM ALLTAG" sind modern, in vielen Pfarrgemeinden sind sie schon zum ständig wiederkehrenden Programm geworden. Das Wort „Exerzitien" hat dennoch für viele einen etwas fremden, manchmal auch geheimnisvollen Klang behalten. Exerzitien wurden während der letzten Jahrhunderte hauptsächlich von Jesuiten geleitet. Die Exerzitandinnen und Exerzitanden nahmen sich meistens eine Woche (manchmal auch 30 Tage) Zeit, um in Abgeschiedenheit und Schweigen zu beten und über ihr Leben nachzudenken. Diejenigen, die eine solche Woche miterlebt haben, wissen, dass es nicht leicht ist, danach von den gemachten Erfahrungen zu erzählen.

Das Prinzip der Exerzitien, das auch für die Exerzitien im Alltag gilt, ist jedoch sehr einfach: Der gewohnte Fluss des Lebens wird unterbrochen, es wird eine Art Pause eingelegt, um das eigene Leben, die geltenden Wichtigkeiten oder die Entscheidungen zu überdenken, die mehr oder weniger bewusst getroffen werden. Bei dieser Schau sieht sich die Person ganz bewusst als Geschöpf Gottes. Es soll viel Zeit zur Verfügung sein, um die eigene Lebensgeschichte bewusst als eine Geschichte mit und in Gott zu sehen und aus dieser Gewissheit heraus manches im Leben dankbar zu bestätigen, neu zu genießen oder auch zu verändern. Es geht um ein Aufmerksam-Werden dafür, in welch vielfältiger Weise Gott in der Welt und im eigenen Leben gegenwärtig ist. Aus dieser Grunderfahrung heraus entsteht oft der Wunsch, das eigene Leben immer mehr auszurichten auf Gott.

Exerzitien im Alltag haben genau dasselbe Anliegen wie die klassischen Exerzitien, sind aber so angelegt, dass man sich nicht eine Woche oder mehr als Auszeit nimmt, sondern innerhalb des normalen Alltags während vier bis sechs Wochen täglich kurze Auszeiten (zwei Gebetszeiten pro Tag). Meistens werden Exerzitien im Alltag für Gruppen angeboten. Die Gruppe trifft sich einmal wöchentlich. Die Leiterin oder der Leiter gestaltet diese Treffen, sie oder er schafft Raum für einen Erfahrungsaustausch und gibt Erklärungen und Hinweise sowohl den Inhalt betreffend als auch die Art und Weise des täglichen Betens. Mittlerweile gibt es viele Vorlagen mit Modellen von Exerzitien im

Alltag, sodass es auch möglich ist, sich allein auf diesen Exerzitienweg zu machen. Die Gruppe hat dennoch eine große Bedeutung. Das Wissen um die anderen hilft über manche Lustlosigkeit hinweg und das Hören von anderen Erfahrungen erweitert den eigenen Horizont.

Für viele Frauen und Männer sind Exerzitien im Alltag zu einem bedeutenden Schritt in ihrer religiösen Existenz geworden. Oft erwächst aus diesen Exerzitien eine neue Freude – verbunden mit mehr Selbstvertrauen – am spirituellen Leben. Diese Menschen entdecken oft wieder neu ihre Charismen und sind auch bereit, diese in die Kirche einzubringen. Exerzitien im Alltag sind also nicht nur eine große Chance für Einzelpersonen, sondern auch für die Gemeinden, wenn hier eine Weite und Offenheit herrscht für das, was der Geist bewirkt. Exerzitien im Alltag bewusst einzusetzen mit dem Ziel, Mitarbeiter/innen für bestimmte Bereiche zu gewinnen, ist nicht legitim.

Exerzitien im Alltag werden nicht nur von Priestern geleitet, sondern häufig von Frauen und Männern, die sich durch Kurse und Ausbildungen speziell auf diese Aufgabe vorbereiten. Die Leitung solcher Gruppen, zum Teil auch verbunden mit der Begleitung einzelner Teilnehmerinnen und Teilnehmer, ist eine große Herausforderung, meistens aber ein sehr schönes, befriedigendes seelsorgerisches Tun. *Anna Findl-Ludescher*

( ) | *Verweise*

Beten; Charismen; Nachfolge; Seelsorge; Spiritualität

Firmung

IN SEHR VIELEN GEMEINDEN ist die Vorbereitung auf das Sakrament der Firmung zum „Problemfall" geworden. Hauptamtlich und ehrenamtlich Engagierte investieren viel für eine jugendgemäße und inhaltlich ansprechende Vorbereitung. Verschiedenste Modelle werden erarbeitet und ausprobiert, Diskussionen über das Firmalter erhitzen immer wieder die Gemüter. Und bei sehr vielen stellt sich nach der feierlichen Sakramentenspendung die Frage: Was bringt dieser große Aufwand?

Sakramententheologisch gesprochen bewirkt die Geistsendung, die zeichenhaft durch Handauflegung und Salbung durch den Bischof geschieht, eine dreifache Gnade: 1. Wirkung auf der individuellen Ebene: Das Geschenk des Geistes bewirkt Mündigkeit, Stärke und Entschiedenheit in allen Bereichen des Lebens, im Besonderen in Bezug auf die Glaubensentscheidung; 2. Wirkung auf der christologischen Ebene: Firmung ermöglicht eine engere gnadenhafte Verbindung mit Jesus Christus; 3. Wirkung auf der ekklesiologischen Ebene: Die Gefirmten sind enger einbezogen in die Kirche, als „vollmündige" Mitglieder haben sie Gestaltungsfreiräume und auch Verantwortung in der Kirche.

Bei den Firmverantwortlichen entsteht oft eine große Spannung zwischen dem Wissen darum, was dieses Sakrament bedeutet, und der Erfahrung, wie wenig davon in der Vorbereitung, beim Empfang der Firmung und im Nachhinein spürbar ist. Dabei ist dieses Sakrament in den meisten Pfarrgemeinden das vorbereitungsintensivste. Die vielen Überlegungen bezüglich neuer Modelle und die Diskussionen um das Firmalter sind deshalb nur allzu verständlich. Die Verantwortlichen für die Firmung, die Gemeindeleitung und die ehrenamtlichen Mitarbeiter/innen erleben vielfach Enttäuschung und Frustration. Man spricht vom „Sakrament der Gleichgültigkeit" und vom „feierlichen Kirchenaustritt".

Zum einen ist es sicher wichtig, die je eigenen Vorstellungen von „Erfolg" in Frage stellen zu lassen, zum anderen ist es aber auch notwendig, ganz neue Wege der Firmung und Firmvorbereitung zu denken. Vielleicht gibt es wieder eine Neubesinnung auf die Einheit von Taufe und Firmung? Vielleicht wird die Firmung entkoppelt von der Zeit der Jugend? Ohne die gegenwärtige Praxis gering zu schätzen, braucht es für die Zukunft dieses Sakraments notwendig prophetische Denker/innen.

In der gegenwärtigen Praxis steht das Firmsakrament im Wesentlichen auf zwei Säulen. Die eine Säule ist der oben angeführte dreifache Inhalt des Sakraments, die geistgewirkte Mündigkeit, die gnadenhafte Verbindung mit Christus und die Verantwortung in Kirche und Gemeinde. Die andere Säule sind die konkreten Jugendlichen (jungen Erwachsenen) mit ihren Sorgen und Nöten, Wünschen und Bedürfnissen. Eine solide Diskussion über die Art und Weise der Vorbereitung auf dieses Sakrament muss beide Säulen im Blick behalten und ernst nehmen. Es geht nicht nur darum, die gnadenhafte Verbindung mit Jesus Christus ins Zentrum zu stellen, und es genügt auch nicht, die Lebenswelt der Jugendlichen besser kennen zu lernen. Beide Säulen sind gleich wichtig. Unabhängig davon, für welches Vorbereitungsmodell sich eine Pfarrgemeinde entscheidet, sollte immer überprüft werden, ob beide Säulen gleich wichtig genommen werden. Das erfordert gelegentlich eine hohe Frustrationstoleranz bei den Firmverantwortlichen, aber so kann es möglich werden, dass der Geist lebendig und spürbar wird – in den jungen Menschen und in den Gemeinden. *Anna Findl-Ludescher*

○○ | *Verweise*

Gemeinde / Koinonia; Mädchen; Sakramente / Sakramentalität; Taufe

Frauenkirche / Frauensynode

DER BEGRIFF „FRAUENKIRCHE" kommt aus der US-amerikanischen Feministischen Theologie und ist seit Ende der 1980er-Jahre auch im deutschsprachigen Raum ein Sammelname für die vielfältigen Bemühungen von Frauen um die Erneuerung christlicher Praxis. Frauenkirche meint keine neue Konfession, sondern ist sowohl eine Bezeichnung für viele Gruppen und Initiativen von Frauen als auch ein Begriff für eine Vision von Kirche, einen utopischen Entwurf. Dieser ist letztlich nicht exklusiv gemeint, sondern zielt auf eine Kirche, die Frauen und Männern gemeinsam gerecht wird.

Frauenkirche ist lebendig in vielen Gruppen, die gemeinsam die Lebenssituationen von Frauen reflektieren und theologisch deuten, sich praktisch für Veränderungen einsetzen, frauengerechte Liturgien entwickeln etc. Diese Gruppen formieren sich sowohl in Gemeinden und über kirchliche Einrichtungen als auch im autonomen Raum. Frauenkirche ist dabei eine Bewegung quer durch die und quer zu den konfessionellen Kirchen.

Lebendigen Ausdruck hat die Frauenkirche bzw. die so genannte Frauenkirchenbewegung u. a. in den Frauensynoden gefunden. Das sind Zusammenkünfte von Frauen, die sich selbst als Kirche verstehen und sich zu gemeinsamem Denken, Feiern und Beten sowie zur gegenseitigen Ermächtigung zum Handeln versammeln. Frauensynoden gab und gibt es in verschiedenen europäischen Ländern als nationale Versammlungen sowie bereits zweimal als Europäische Frauensynode (1996 in Gmunden / Österreich, 2003 in Barcelona / Spanien).

Viele der auf der Frauensynode bzw. in der Frauenkirche versammelten Frauen kennzeichnet eine spannungsvolle Identität als „rebellische Sympathisantinnen" (Riet Bons-Storm) ihrer Kirchen. Sie erleben sich sowohl als Insider, die in kirchlichen Gruppen und Gemeinden leben und sich engagieren, als auch zugleich als Outsider, als „einheimische Fremde", die mit ihrer Art zu denken und zu leben nicht „vorgesehen" sind. Immer öfter kommen auch Frauen, die sich ihrer Herkunftskirche ganz entfremdet haben, sowie Frauen, die hier erstmals in Kontakt mit einer für sie anziehenden Form von Kirche kommen. Eine Reform der bestehenden Kirchen ist für diese Frauen weniger wichtig, sie stellen noch deutlicher ihr eigenes Tun und Begehren in den Mittelpunkt.

Was sich in der Frauenkirche entwickelt, ist nicht nur eine anders organisierte Kirche, sondern auch der Entwurf einer Kirche mit neu formuliertem Glauben. Im Zentrum stehen dabei ein für Frauen zeitgemäßes Verständnis der Bibel, die Öffnung des traditionell enggeführten Gottesbildes sowie neue Denkwege in Fragen von Sünde, Kreuz, Erlösung etc. So wird in der Frauenkirche die christliche Tradition kreativ weiterentwickelt, im Dialog mit der Geschichte wie mit der Gegenwart. Geprüft werden alle Traditionen daran, ob sie einem befreiten (Frauen)Leben vor Gott förderlich sind. Theologie und religiöse Praxis werden damit auf den alten Prüfstand gestellt, ob sie Leben hervorbringen bzw. dem Leben dienen.

Wichtiges Kennzeichen der Frauenkirche wie der Frauensynoden ist es, dass hier bewusst der Versuch gemacht wird, die Unterschiede zwischen Frauen nicht zu nivellieren, sondern Vielfalt ohne Hierarchie zu leben. Frauen haben hier bereits einige Erfahrungen gesammelt mit ziel- wie irreführenden Wegen des Miteinanders von Verschiedenen.

Aus der Perspektive der institutionellen Kirchen mag die Frauenkirchenbewegung eine Randerscheinung sein; für viele Frauen – auch solche, die das Pfarrgemeindeleben vor Ort tragen – ist sie zum zentralen Ort ihrer Spiritualität geworden. Von der Integration zumindest eines Teils der hier entwickelten Formen wird es abhängen, ob und wie diese Frauen sich in Zukunft auch in der römisch-katholischen bzw. anderen konfessionellen Kirchen zu Hause fühlen werden. *Veronika Prüller-Jagenteufel*

() | *Verweise*

Frauenliturgien; Geschlecht / Frauen / Männer; Kirchenbilder; Pastoraltheologie feministisch; Synodale Kirche

Frauenliturgien

VIELE FRAUEN SUCHEN nach kreativen Formen liturgischer Feiern, die für sie lebensspendend, befreiend, glaubensfördernd und ermutigend sind. Oft geschieht diese Suche aus Unzufriedenheit mit den herkömmlichen Gottesdiensten, in denen sich Frauen oft unbemerkt oder eingeengt fühlen.

In Frauenliturgien oder Feministischen Liturgien, die seit etwa 20 Jahren im deutschen Sprachraum verbreitet sind, wird das Leben von Frauen verdichtet und mit Gott in Verbindung gebracht; so wird die Gegenwart Gottes in den Erfahrungen von Frauen deutlich. Was das Leben von Frauen prägt, bekommt hier Raum. Frauen tragen ihre Erfahrungen zusammen, von Frauen der Vergangenheit wird erzählt, Gott wird als Partnerin und Freundin des Lebens benannt. Wichtig sind Ganzheitlichkeit und Sinnenfreude in den Ausdrucksformen; Berührungen, Tanz, Düfte, Farben, Körpermeditationen etc. spielen eine große Rolle. Der Leib wird nicht nur als Medium aller Erfahrungen, sondern auch als Ort des Göttlichen in Erinnerung gebracht.

Mit dem konkret gelebten Leben von Frauen tauchen in diesen Liturgien auch die Erfahrungen von Unterdrückung und Diskriminierung auf, ebenso wie jene von Befreiung und Überwindung äußerer wie innerer Beschränkungen. Dabei wird bewusst auch der gesellschaftliche Kontext wahrgenommen. Frauenliturgien sind nicht zeitlos, sondern stehen im Zusammenhang des gesellschaftlichen Ringens von Frauen um Gerechtigkeit.

Wie jede gute Form spiritueller Übung ist Frauenliturgie dabei auch Selbsterfahrung: Die Teilnehmenden erfahren etwas über sich und ihr Leben. Wichtig ist, nicht nur bei sich zu bleiben, sondern den Kreis auf Gott und die anderen hin zu weiten. Jede ist eingeladen, sich so in den Blick Gottes zu vertiefen, dass sie ihr Leben mit Gottes Augen anschauen kann: liebevoll, segensspendend, verzeihend, neue Möglichkeiten eröffnend. Dabei kommen die anderen in den Blick ebenso wie die Sendung der Christ(inn)en, in dieser Welt Gottes Handeln aufzugreifen und mit und für andere einen Beitrag zur Gerechtigkeit zu leisten.

Frauenliturgien werden von Frauengruppen in Pfarren, in kirchlichen Bildungshäusern oder in autonomen Räumen gefeiert, im Normalfall monatlich. Meistens gibt es eine kleine Trägerinnengruppe und einen größeren, offenen Kreis von Frauen, die gelegentlich teilnehmen. Die Gestaltung und Leitung der Feier übernehmen oft zwei oder drei Frauen gemeinsam; Vorbereitungs- und Leitungsteams wechseln.

Manchmal folgen Frauenliturgien dem Aufbau von Wortgottesdiensten oder es wird ganz frei mit Abläufen und Gestaltungsformen experimentiert. In länger bestehenden Gruppen bildet sich zumeist ein mehr oder weniger gleich bleibender Aufbau der Liturgien heraus, in dem einige Elemente einen fixen Platz haben: z. B. ankommen, sich persönlich einbringen, freies Gebet, Tanz und Lieder, Symbolhandlungen, (biblische) Texte, Segen und Sendung und in einigen Gruppen auch gemeinsames Mahl halten.

Die Frauenliturgiegruppen verstehen sich als Kirche, was auch die Bezeichnung Liturgie zum Ausdruck bringt. Manche suchen auch Verbindung zu Ritualgruppen und nicht-christlichen Bewegungen, die sich um die Entwicklung weiblicher Spiritualität bemühen. Viele Teilnehmerinnen wünschen sich eine stärkere Integration der lebensvollen Liturgieformen, der hier verwendeten weiblichen Gottesbilder und der hier geübten sprachlichen Sensibilität auch in den Gemeindegottesdienst. Die Liturgie der ganzen Kirche könnte durch einen verstärkten Austausch mit der Frauenliturgiebewegung gewinnen.

Liturgie ist verdichtetes Leben und erinnerte Gnade. Liturgien verändern Leben und Welt. Liturgie gelingt, wenn die Mitfeiernden als Veränderte diese spezielle Zeit und diesen speziellen Raum verlassen. Frauenliturgien wollen das für Frauen erlebbar und spürbar machen. *Veronika Prüller-Jagenteufel*

() | *Verweise*

Frauenkirche / Frauensynode; Geschlecht / Frauen / Männer; Gottesbilder; Liturgie

Gebären

DAS GESCHEHEN EINER GEBURT, der Akt des Gebärens, ist ein existenziell höchst bedeutsames, alle Menschen bewegendes Thema. Mädchen und Buben, Frauen und Männer, alle sind aus einer Frau geboren. Das Geborensein ist eine Tatsache, die alle Menschen verbindet. Es gibt wohl keine Frau, die sich nicht irgendwann einmal mit dem Gebären auseinander gesetzt hat, ob sie jetzt geboren hat oder nicht, gebären wollte oder nicht. Aber auch Männer sind involviert: durch ihre Entscheidungen für oder gegen Kinder, das Miterleben von Geburten sowie schon allein aufgrund ihrer Sexualität und ihrer Zeugungskraft.

Existenziell bedeutsame Themen sind üblicherweise auch in der Theologie zentral, wie zum Beispiel Tod, Sterben, Leiden. Geburt bzw. konkret das Gebären ist bislang jedoch kein oder zumindest kaum ein Thema in der Theologie bzw. in der pastoralen Praxis.

Das Thema „Geburt" theologisch wichtig zu nehmen, kann ein radikales Umdenken bewirken. Theologie und Philosophie haben Menschsein lange Zeit hauptsächlich durch die Sterblichkeit des Menschen bestimmt gesehen. Von dieser Begrenzung durch den Tod her wurde über das Leben nachgedacht und Menschsein z. B. als ein „Sein zum Tode" definiert. Wenn nicht von der Sterblichkeit, sondern von der Geburtlichkeit (Natalität) her gedacht wird, kommen jedoch ganz andere Saiten zum Klingen. Menschsein als Geborensein zu definieren benennt zwar auch Grenzen der Machbarkeit, jedoch nicht am Ende, sondern am Anfang des Lebens: Leben kommt hier nicht als endlich und vergänglich in den Blick, sondern als verdankt. Die Erkenntnis, dass das Leben einen Ursprung hat, der außerhalb unserer selbst liegt, und die Erfahrung, dass Leben ein Geschenk ist, rücken ins Zentrum. Nicht das Anrennen gegen die kränkende Begrenztheit des Daseins ist dann die menschliche Bestimmung, sondern die Beziehung zum Ursprung zu pflegen und zu gestalten sowie zu denen, die demselben Ursprung entstammen. Die Geburtlichkeit des Menschseins und das grundlegende Bezogensein verweisen aufeinander.

Eine Theologie der Geburtlichkeit verweist aber auch auf die ganz konkreten Geburtserfahrungen, die sowohl zu den allgemeinsten menschlichen Erfahrungen gehören als auch ganz individuell sind. Reflexionen von Geburtserfahrungen, also z. B. der Erfahrung von Tod mitten im Leben, von Transzendenz und Schöpfungsverantwortung, verändern theologisches Denken. Sie führen darüber hinaus dazu, die seelsorgliche Begleitung rund um Schwangerschaften und Geburten neu wichtig zu nehmen.

Für Frauen ist die Erfahrung des Gebärens einschneidend. Manche erleben sich als Gebärende – trotz Schmerzen – machtvoll und stark in ihrer körperlichen Kraft. Für andere ist der Schmerz im Vordergrund, unter Umständen so sehr, dass sie das nahe Beisammensein von Geburt und Tod auch körperlich spüren: wenn die Schmerzen unerträglich sind, eine Frau zu zerreißen glaubt, wenn der Schmerz jede bewusste Steuerung überlagert, wenn sich eine Frau während der Wehen den Tod wünscht. Geburt bedeutet immer auch Abschied nehmen, Abschied von einer Beziehung, die danach nie mehr in dieser Dauer und Intensität inniger körperlicher Intimität gelebt werden kann. Geburt, insbesondere des ersten Kindes, heißt Abschied nehmen von vertrauten Rollen, bedeutet das Neuwerden der Frau in ihrer Mutterrolle und die oft krisenhafte Entwicklung vom Paar zum Elternpaar.

Die Nähe von Geburt und Tod ist immer auch durch die Möglichkeit einer Totgeburt oder des Sterbens der Mutter präsent, aber auch durch eventuelle Verletzungen, Krankheiten oder Behinderungen bei Mutter und/oder Kind.

Gebären ist nicht nur ein intensives körperliches Erleben, sondern auch oder gerade deswegen eine Erfahrung, die das ganze Sein – Körper, Geist und Seele – berührt. Trotz aller Fortpflanzungs- und Reproduktionstechniken bleibt das Heranwachsen und Reifen eines menschlichen Lebewesens inklusive der Geburt ein Geheimnis, das in seiner Fremdheit, Unbegreifbarkeit und Unverfügbarkeit Transzendenzcharakter besitzt. Transzendenz heißt Grenzüberschreitung und betrifft Gedanken, Gefühle, Erfahrungen oder Handlungen. Im christlichen Sinn gehen diese Grenzüberschreitungen nicht mit Entmächtigung oder Unterwerfung einher, sondern bedeuten immer Ermächtigung. In diesem Sinne heißt Gebären auch, dazu ermächtigt werden, Leben zu schenken und weiterzugeben.

Diese Erfahrung, Leben zu schenken, Leben hervorzubringen, lässt Frauen ihre Gottebenbildlichkeit auf besondere Weise erfahren. Das neugeborene Kind zu sehen, aus dem eigenen Leib hervorgegangen, jetzt als eigenständiges, getrenntes Wesen, weckt machtvolle Gefühle – Schöpfungserfahrung. Untrennbar mit diesem großen, mächtigen Gefühl verbunden ist aber das Wissen um das Angewiesensein und um die Mitverantwortlichkeit in diesem Schöpfungsgeschehen.

Vorgänge um Schwangerschaft und Geburt waren von jeher „Frauenräume" eher privater Natur, die sehr stark religiös gelebt und gestaltet wurden. Hebammen hatten eine große Bedeutung, sowohl in medizinischer als auch in religiöser Hinsicht, ebenso geburtserfahrene Verwandte und Freundinnen. Mit dem Beginn der industriellen Gesellschaft wurden Schwangerschaft und Geburt in einen öffentlichen medizinisch-technischen Raum verlegt, den Männer dominieren. Unter anderem ging damit auch die Aufmerksamkeit auf die Dimension des Religiösen verloren. Zwar sterben in den reichen Ländern nicht mehr so viele Kinder und Mütter bei der Geburt, aber die existenzielle Bedeutung des Ereignisses ist geblieben.

Sicher sind viele der früheren religiösen Praktiken nicht direkt übernehmbar; sie muten fremd an und riechen nach Aberglaube. Doch es bleibt insgesamt ein großes Defizit spürbar: Die starken religiösen Gefühle und Erfahrungen, die sich mit Schwangerschaft und Geburt oft einstellen, verlangen nach seelsorglicher Begleitung und Unterstützung sowie nach theologischer Deutung.

Das Geheimnisvolle und Transzendenzhafte, das mit dem weiblichen Schöpfungsakt der Geburt verbunden ist, hat von jeher auch Angst und Ambivalenz ausgelöst. Wurden diese von Hebammen und anderen Geburtsbegleiterinnen in Ritualen und Gebeten ausgedeutet und damit auch besänftigt, so wurden sie aus den von Männern dominierten religiösen Traditionen und Symbolsystemen ausgestoßen. Wohl zu Recht wissen sich Kleriker auch heute noch für Schwangerschaft und Geburt nicht zuständig und kompetent. Frauen, Seelsorgerinnen sind notwendig für diese Begleitung als eine Begleitung und Deutung der Leben-Tod-Erfahrungen, der Transzendenzerfahrung, der Erfahrung, Mit-Schöpferin zu sein. Seelsorgerinnen sind unbedingt erforderlich in den vielen schwierigen Situationen, den Dramen rund um die Geburt. Mütter und Väter sind konfrontiert mit einer Totgeburt, einem Abortus, einer Behinderung. Die betroffenen Eltern (vor allem die Mütter) seelsorglich gut betreuen können wohl am besten kompetente Frauen, die in Begleitung, Krisenintervention und Seelsorge erfahren sind.

Wo mit pastoraler Aufmerksamkeit auf das konkrete Leben von Frauen (und Männern) geachtet wird, werden die schönen wie die schweren, die beglückenden wie die verwirrenden Erfahrungen im Zusammenhang mit Schwangerschaft und Geburt als religiöse Erfahrungen wieder zugänglich. Die Fragen, die sie an die (pastoral)theologische Diskussion stellen, sind noch lange nicht genügend bedacht.

Maria Elisabeth Aigner, Anna Findl-Ludescher, Veronika Prüller-Jagenteufel

() | *Verweise*

Beziehung / Bezogensein; Geschlecht / Frauen / Männer; Pastoraltheologie feministisch; Rituale; Tod / Sterben

Geld

DAS THEMA GELD wird, wie der Bereich Macht, häufig tabuisiert oder trivialisiert. Geld ist geronnene Macht und geht einher mit Herrschaft, Wohlstand und symbolischem Status. Es zu besitzen, ermöglicht materielle Sicherheit und Lebensqualität in geistig-kultureller Hinsicht. Es nicht zu besitzen, bringt in Kontakt mit Armut und lebenserschwerenden Bedingungen. Geld verschafft dem Leben mehr Möglichkeiten, sich in seinen vielschichtigen Potenzialen zu entfalten. Ähnlich anderen Besitztümern kann der Besitz von Geld aber auch unfrei machen, zu Zwängen führen und die persönliche Lebensentfaltung behindern.

Im kirchlichen Bereich ist es nach wie vor schwierig, offen über Geld, Finanzierungsfragen oder die Verteilung von Ressourcen zu sprechen geschweige denn zu verhandeln. Die Kirche steckt gegenwärtig in finanzieller Hinsicht massiv in der Krise, was ihr gewaltige Umbauprozesse abverlangt. Die drastisch sinkende Quote der sonntäglichen Kirchgänger/innen, der mangelnde Priesternachwuchs, das Faktum, dass immer mehr Menschen der Kirche den Rücken kehren, hat auch Auswirkungen in verwaltungs- und finanztechnischer Hinsicht. Die rapid steigenden Kirchenaustritte machen es notwendig, Überlegungen anzustellen, wie angesichts der Finanzknappheit theologisch und pastoral verantwortlich zu handeln ist.

Aus der theologischen Perspektive ist Geld von jeher mit Ambivalenz befrachtet gewesen. Einerseits ist es zum Leben notwendig und kann sich als großer Segen erweisen, andererseits wurde Geld immer auch in Zusammenhang mit Habgier gebracht, die dazu führt, dass andere Menschen in Armut leben bzw. um ihre nackte Existenz kämpfen, weil sie das Notwendigste zum Überleben entbehren müssen. In ethischen Diskussionen wird das Geld und die damit einhergehende Ökonomisierung des Lebens oft mit Skepsis betrachtet. Bezug genommen wird dabei auf die undurchschaubare Komplexität und Eigendynamik des Geldsektors, der sich anscheinend auf schleichendem Wege immer wieder neuer Lebensbereiche bemächtigt. Diese Dimension verleitet dazu, jene, die mit Geld umgehen, es verwalten bzw. daraus

Vermögen anlegen, moralisch zu bewerten. Moralisch wird das In-Beziehung-Stehen mit Geld auch in der Hinsicht bewertet, dass damit Berechenbarkeit, Kosten-Nutzen-Rechnungen sowie Selbstzweck und Machtausübung in Zusammenhang gebracht werden.

In feministisch-theologischer Hinsicht ist das Thema Geld gerade aufgrund seines unmittelbaren Konnexes zur Macht so wichtig. Das Faktum, dass Frauen über Jahrhunderte hinweg traditionelle Arbeitsleistungen erbracht haben, die nicht entsprechend anerkannt, honoriert und gewürdigt wurden, wirft in emanzipatorischen Zeiten noch ein anderes Licht auf die Geldthematik. Es geht um die alles entscheidende Frage nach der Balance von Geben und Nehmen. Dabei handelt es sich eben nicht um eine bloße Kosten-Nutzen-Rechnung, sondern darum, die Beziehungsfrage als innere Haltung und somit die Frage nach Liebe, Sinn und Hingabe mit einzubeziehen. Geld wird in einem solchen achtsam wahrgenommenen Gefüge des Zusammenwirkens zum Aggregatszustand wertschätzender Anerkennung, die dem Leben auf vielfache Art und Weise zum Fließen verhelfen kann.   *Maria Elisabeth Aigner*

( ) | *Verweise*

Arbeit/Muße; Beziehung/Bezogensein; Macht; Zeit

Gemeinde / Koinonia

Glaube ist wie die Erlösung oder das Heil nach christlicher Überzeugung nicht Sache von Einzelnen. Glaube stiftet Gemeinschaft und wächst in Gemeinschaft; Glauben ist also eine gemeinschaftliche Praxis. Darauf verweist bereits die biblische Tradition, nach der Gott nicht Einzelne, sondern ein Volk berufen hat, für sie/ihn in der Welt Zeugnis abzulegen.

Die Gemeinschaftlichkeit – griechisch: Koinonia – ist daher der Grundvollzug von Kirche, in dem die anderen Vollzüge (Liturgie, Verkündigung, Diakonie) wurzeln und in den sie zugleich tiefer hineinführen. Die Koinonia-Dimension verpflichtet zudem nicht nur zur Solidarität innerhalb der Gemeinde, sondern auch mit den Armen und Bedrängten in aller Welt, denn ihre Quelle ist die Zusammengehörigkeit von Gottes- und Menschenliebe.

Inhaltlich geht es also nicht darum, Individualität zu nivellieren oder Gemeinsamkeit über Uniformität herzustellen. Gemeint ist vielmehr eine Gemeinschaft, die die Subjektwerdung ihrer Mitglieder fördert, in der gegenseitige Ermächtigung praktiziert wird und die Einheit durch kommunizierte Vielfalt erreicht. Zugleich ist die Gemeinschaft des Glaubens eine, die Menschen weit über übliche Grenzen hinaus verbindet: Sie stiftet Zusammengehörigkeit zwischen Menschen verschiedener Orte, Länder und Kontinente in der weltweiten Kirche und sie verbindet die Menschen, die quer durch die Jahrhunderte im Glauben unterwegs waren, sind und sein werden. Die Glaubensgemeinschaft in der Nachfolge Jesu Christi ist daher eine, die Welt und Zeit umspannt: eine Gemeinschaft der Lebenden und der Toten.

Aufgrund dieser zentralen Bedeutung der Gemeinschaftlichkeit des Glaubens ist es vordringliches Anliegen der Pastoral, nicht nur einzelne Menschen in ihrem Leben zu begleiten, sondern Gemeinschaften zu bilden, diese in ihrer Entwicklung zu fördern und sie mit anderen solchen Gemeinschaften bzw. mit der Kirche als Ganzer in Verbindung zu setzen. Die konkreten Formen der Vergemeinschaftung können dabei durchaus unterschiedlich sein: Hier ist an Familienkreise ebenso zu denken wie an Frauengruppen, an Pfarrgemeinden, an Ordensgemeinschaften, an Ortskirchen etc.

Als Gemeinden werden diese Sozialformen des Glaubens dann bezeichnet, wenn sie zumindest eine gewisse Öffentlichkeit haben (also mehr sind als ein Freundeskreis oder eine private Gebetsrunde) und sich als eine Konkretisierung von Kirche bewusst in der Gesamtkirche verorten, zumeist über eine amtliche, also geregelte Verbindung bzw. über eine/n Amtsträger/in. In der Pastoraltheologie steht „Gemeinde" normalerweise für eine „Pfarrgemeinde", also für die Gemeinschaft der Glaubenden in einem Pfarrgebiet.

Wurde früher mehr von „Pfarre" gesprochen, wird verstärkt seit dem Zweiten Vatikanischen Konzil der Begriff „Gemeinde" verwendet. Der Wechsel im Sprachgebrauch zeigt eine inhaltliche Neubestimmung an. Während die Pfarre die unterste Verwaltungseinheit einer Diözese bezeichnet und ein konkretes Territorium umfasst, in dem ein dafür bestellter Pfarrer die Verantwortung für das kirchliche Leben hat, wird mit Gemeinde der Aspekt der Glaubensgemeinschaft und des „Miteinander-Kirche-Seins" an einem konkreten Ort verbunden. Diese Betonung der Gemeinschaftsdimension machte aus der Pfarre mehr als einen Verwaltungsbezirk: Aus dem Zuständigkeitsbereich eines Pfarrers wurde das Gebiet, für das sich eine Gemeinschaft im Glauben verantwortlich weiß, insbesondere hinsichtlich Verkündigung und Diakonie.

„Aus unseren Pfarren sollen Gemeinden werden", hieß es. In den Blick kam damit, dass der Aufbau der Gemeinde nicht Sache der Priester allein ist, sondern die Berufung aller. „Versorgte" Gemeinden wurden durch die Mitarbeit vieler Ehrenamtlicher zu sorgenden Gemeinden, die sich auch in die Gesellschaft hinein öffneten und engagierten. Beliebt wurde dabei das Modell der Pfarrgemeinde als Gemeinschaft von Gemeinschaften: Gemeinde als Versammlung der kleinen Gruppen und Runden, Initiativen und Vereine, die im Territorium einer Pfarre angesiedelt sind. Sichtbar wurde auf dieser Ebene auch, dass Kirche in der Praxis Frauensache ist: Im Durchschnitt ist die Mehrheit der aktiven Mitglieder dieser Runden und Gruppen weiblich.

Seit einiger Zeit zeigen sich aber in vielen Pfarrgemeinden Ermüdungserscheinungen. Trotz vieler Bemühungen ist der stetige Mitgliederschwund der Kirche bzw. die fortschreitende Auflösung der volkskirchlichen Strukturen nicht aufzuhalten. In immer mehr Gemeinden gibt es keinen Pfarrer mehr am Ort; Pfarrverbände und Seelsorgeräume bilden nun die Unterteilungen einer Diözese. Den Gemeinden werden dabei manche Verantwortungsbereiche wieder entzogen, die Zuständigkeit dafür wird auf die nächsthöhere Ebene verlagert.

Neben den Pfarrgemeinden bildeten sich Personal- oder Basisgemeinden, die zumeist zur territorialen Einteilung querliegende Formen von Gemeinden darstellen. Basisgemeinden versuchen – oft nach dem Vorbild der kleinen christlichen Gemeinschaften in der so genannten Dritten Welt –, ein intensives Gemeinschaftsleben in überschaubaren Gruppen zur Grundlage des gemeinsamen Glaubens zu machen. In Personalgemeinden versammeln sich die Menschen entweder um ein bestimmtes Anliegen (z.B. mit Sozialinitiativen verbundene Personalgemeinden) oder zur Pflege besonderer liturgischer Formen oder um eine charismatische Leitungsperson. Derzeit rücken solche Formen von Gemeinden wieder stärker ins Zentrum des Interesses von Kirchenleitung wie Pastoraltheologie.

Zugleich etablieren sich vor allem in den größeren Städten vermehrt neue pastorale Formen, die weniger die gemeinschaftliche Verbindlichkeit als vielmehr das gastfreundliche Angebot in den Vordergrund stellen. Manche, die die starke Betonung des Gemeindeaufbaus in der Pastoral als beinahe freiheitswidrige Ideologisierung empfanden, begrüßen diese Entwicklungen. Andere erkennen, dass auch die Kirche der freien Angebote Gemeinschaften bzw. Gemeinden braucht, die diese Angebote bereitstellen und durchtragen. Die Frage, wie individuelle (Glaubens-)Entwicklung mit der grundlegenden Gemeinschaftlichkeit von Glauben und Nachfolge Jesu Christi gelingend vermittelt werden kann, ist nicht obsolet, sondern wieder einmal neu zu durchdenken.

Dabei ist auch die Frage nach der territorialen Gemeinde offen zu halten, denn auch wenn die Gebundenheit an den Ort durch die Mobilität der Menschen heute kaum mehr gegeben ist, bleibt doch das klar umrissene Gebiet als Bereich der diakonischen Verantwortung bestehen. Das Flüchtlingsheim im Pfarrgebiet oder z.B. der verseuchte Boden einer ehemaligen Mülldeponie stellen konkrete soziale Herausforderungen für das Engagement der Christ(inn)en in diesem Territorium dar. Die ortsgebundene Antreffbarkeit von Kirche ist auch eine wichtige Tür zu den Menschen ohne weitere kirchliche Verbindung. Für die Beibehaltung des Pfarrprinzips spricht zudem, dass hier ein gesellschaftlicher Raum gegeben ist, an dem sich Menschen versammeln, die nicht durch gleiche Konsumvorlieben zusammengeführt werden, sondern durch den gemeinsamen Glauben, der auch sehr unterschiedliche Menschen zu vereinen vermag. Gemeinde – und gerade territoriale Pfarrgemeinde – lässt sich daher treffend als „Koinonia von Unähnlichen" (Martina Blasberg-Kuhnke) beschreiben. Aus zunächst einander unähnlichen Menschen Kirche aufzubauen und Gemeinden zu bilden, die in der Gesellschaft aus christlicher Verantwortung aktiv werden, bleibt eine Grundaufgabe jeder Pastoral. Die Formen für gemeinschaftliches Glaubensleben werden dabei wohl an Zahl und Vielfalt noch zunehmen.

Veronika Prüller-Jagenteufel

() | *Verweise*

Gemeindeleitung; Grundvollzüge der Kirche; Neue Formen der Seelsorge; Organisationsformen von Seelsorge; Pfarrgemeinderat; Randgruppen; Solidarität; Subjektsein / Subjektwerdung

Gemeindeberatung

GEMEINDEBERATUNG IST ein seit mehr als zehn Jahren in vielen Diözesen etabliertes Instrument der Unterstützung von Pfarrgemeinden und anderen kirchlichen Einrichtungen. Wurde Gemeindeberatung zunächst vor allem mit der Aufarbeitung von Konflikten in der Gemeinde, im Pfarrgemeinderat oder im Leitungsteam assoziiert, wird sie inzwischen in vielfältigen Angelegenheiten in Anspruch genommen: Zielfindungsprozesse, Erarbeitung von Optionen und Leitbildern, Schwerpunktsetzungen, Veränderungsprozesse, Begleitung der Bildung von Pfarrverbänden etc. Gemeindeberatung ist in allen diesen Vorgängen eine Hilfe zur Professionalisierung sowie Qualitätssteigerung und -sicherung des kirchlichen Arbeitens. Externe, also außen stehende Personen als Berater/innen heranzuziehen, ermöglicht, dass allparteilich und für alle Beteiligten wertschätzend an das jeweilige Thema bzw. das zu lösende Problem herangegangen wird.

Die Gemeinden bzw. die Gremien, Teams etc., die Gemeindeberatung suchen, werden von dazu eigens ausgebildeten Personen beraten, die Prinzipien der Organisationsentwicklung und -beratung für kirchliche Zusammenhänge fruchtbar machen. Die Berater/innen stehen ihrerseits unter Supervision.

Ein Beratungsprozess kommt zustande, wenn Vertreter/innen einer Gemeinde bzw. einer Organisation dies wünschen; die Freiwilligkeit ist wie bei allen Formen von Beratung entscheidend. In einem Vorgespräch zwischen den Berater(inne)n (die in der Regel zu zweit und möglichst in geschlechtlich gemischten Paaren arbeiten) und den Abgesandten bzw. Verantwortlichen des beauftragenden Gremiums werden Inhalte, Ziele und Dauer des Prozesses gemeinsam vereinbart. Wie die Beratung im Detail abläuft, ist auf die Situation und die Aufgabenstellung individuell abgestimmt. Die Berater/innen stellen ihr Know-How darüber zur Verfügung, wie gute Entscheidungen zustande kommen, wie Konflikte beigelegt werden können etc., geben aber keine inhaltlichen Vorgaben und halten keine theologischen Vorträge.

Trotz dieser prinzipiellen inhaltlichen Offenheit hat sich in der Praxis der Gemeindeberatung gezeigt, dass sie durchaus ein

Instrument ist, das den kirchlichen oder pastoralen Stil zu verändern vermag. Denn das Ethos der Beratung wirkt auf die Beratenen zurück: So werden im Beratungsprozess möglichst alle, die von einer Entscheidung betroffen sind, an dieser Entscheidung beteiligt; in der Beratung wird eingeübt, einander offen Feedback zu geben; unterschiedliche Meinungen werden sichtbar gemacht, bevor auf dieser Basis nach Konsens gesucht wird (was einer in vielen Gemeinden praktizierten kontraproduktiven Harmonisierungstendenz entgegen wirkt); die Berater/innen zeigen einen kommunikativen Führungsstil.

So trägt Gemeindeberatung nicht nur zur strukturellen Organisationsentwicklung in der Pastoral bei, sondern setzt auch Akzente in Richtung einer partizipativeren, synodaleren Kirche. Sie macht sichtbar, dass innerhalb kirchlicher Strukturen mehr möglich und längst mehr etabliert ist als eine rein hierarchische Organisationsform. Dabei ist eine gewisse Gespaltenheit der Gemeindeberatung zwischen Führungsinstrument in der Hand des Bischofs bzw. Seelsorgeamtsleiters einerseits und der notwendigerweise freiwilligen Beratung andererseits nicht zu übersehen. Gemeindeberater/innen möchten mit ausdrücklicher Billigung und Unterstützung der Diözesanleitung arbeiten und müssen zugleich auf völliger Weisungsfreiheit und Verschwiegenheit bestehen, wenn ihre Beratung sinnvoll sein soll.

Veronika Prüller-Jagenteufel

Verweise

Gemeinde / Koinonia; Supervision; Synodale Kirche

Gemeindeleitung

IMMER MEHR GEMEINDEN haben einen Pfarrer, der nicht mehr am Ort lebt und als Pfarrer für mehrere Gemeinden oder in einem Pfarrverband bzw. Seelsorgeraum tätig ist. So wird auch bei wachsendem Priestermangel jeder Pfarrgemeinde ein Priester als Leiter zugeordnet, wobei immer mehr Gemeinden und immer größere Territorien von immer weniger Priestern betreut werden müssen.

In manchen Diözesen werden parallel dazu die Kompetenzen der Lai(inn)en ausgebaut und es wird versucht, in den Gemeinden vor Ort haupt- oder ehrenamtliche Verantwortliche zu bestellen. Formal bleiben diese einem „letztverantwortlichen" Pfarrer unterstellt. Die kirchenrechtliche Grundlage dafür liefert der Canon 517 §2 des kirchlichen Gesetzbuches, der besagt, dass ein Diözesanbischof bei Priestermangel die Seelsorge in einer Pfarre auch Personen übertragen kann, die nicht geweiht sind, wenn als formeller Leiter ein Priester fungiert. Wie das dann konkret umgesetzt wird, kann recht unterschiedliche Formen annehmen und läuft unter verschiedenen Bezeichnungen (z. B. Pfarrassistent/in, Gemeindeleiter/in, Kurator/in; Ansprechpartner/in vor Ort; pfarrliche Bezugsperson, ...). In der Regel sind es Frauen und Männer im hauptamtlichen pastoralen Dienst, die dann de facto die Funktion der Gemeindeleitung am Ort ausüben. Eine Gemeindeleitung durch Ehrenamtliche ist hierzulande noch die Ausnahme; in der Weltkirche ist es jedoch der Normalfall, dass Lai(inn)en die Ortsgemeinden leiten und der Pfarrer weit weg ist.

Nicht nur theologisch, sondern auch im Sinne einer menschennahen Seelsorge ist es sinnvoll, dass der/die Seelsorger/in das konkrete Leben mit den Menschen an ihrem Ort teilt und dieses Leben feiernd in die Liturgie einbringt. Wo Frauen und Männer ohne Weihe de facto Gemeindeleitung ausüben, bleibt ihnen das in der sakramentalen Vollform verwehrt. Dadurch kommt es zu Verunsicherungen und Kränkungen sowohl von Lai(inn)en im pastoralen Beruf sowie von Gemeindemitgliedern. Auch für die Priester ist es unbefriedigend, als „Blaulichtsakramentenspender" von einer Gemeinde zur nächsten unterwegs zu sein und an deren konkretem Leben immer weniger Anteil zu haben. So entsteht immer öfter eine Situation, in der ein/eine De-facto-Gemeindeleiter/in nicht darf, was sie/er könnte, und so mancher Priester aufgrund von Kräftemangel nicht mehr kann, was er dürfte. Die Seelsorge wird dabei auseinander gerissen und ist kein ganzheitliches Geschehen mehr.

Um dem abzuhelfen, drängen viele darauf, die Zulassungsbestimmungen zum Priestertum zu ändern und in der Folge die Männer und Frauen, die jetzt schon amtliche Aufgaben wahrnehmen, mit der dafür sinnvollen und notwendigen Weihe auszustatten. Die Einheit von Gemeindeleitung und Sakramentenverwaltung, insbesondere Eucharistievorsitz, wäre dann wieder gewährleistet. Weiterreichende Konzepte sprechen von einer grundlegenden Neuordnung der Ämterstruktur, die eine größere Differenzierung nach konkreten Aufgaben ermöglichen könnte.

Hinter der Diskussion darüber, *wer* die Gemeindeleitung ausüben kann, soll, es de facto tut etc., gerät die Frage, *wie* eine Gemeinde zu leiten ist und was dabei beachtet werden muss, derzeit eher in den Hintergrund. Theologisch lässt sich allgemein sagen: Aufgabe jeder Leiterin und jedes Leiters einer Gemeinde ist es, sowohl in der Gemeinde als auch ihr gegenüber zu stehen als Repräsentant/in des göttlichen Hirten Jesus Christus. Dabei ist Leitung transparent und ermächtigend als Dienst an der Einheit auszuüben in Erinnerung daran, dass letztlich Christus das einzige Haupt und der eigentliche Leiter der Gemeinde ist.

Veronika Prüller-Jagenteufel

() | *Verweise*

Amt / Ämter; Geschlecht / Frauen / Männer; Leiten; Macht; Organisationsformen von Seelsorge; Pastorale Berufe; Priestertum; Sakramente / Sakramentalität

Generationen

DIE ART UND WEISE, wie Generationen zusammenleben, welchen Stellenwert und welche Achtung sie einander beimessen, ist wesentlich bestimmt von der herrschenden gesellschaftlichen Kultur. Wir leben in einer patriarchalen Gesellschaft, deren Lebensgrundlage immer mehr von Liberalismus und Individualismus geprägt ist. Diese Gegebenheiten prägen individuelle Lebensverläufe genauso wie das Zusammenleben der Menschen. Insbesondere die Beziehungen der verschiedenen Generationen untereinander sind stark geprägt von diesen Normen. Leben in einer patriarchalen Gesellschaft bedeutet, dass das Idealbild, an dem letztlich jedes Leben bzw. Gelingen des Lebens gemessen wird, das Bild des erfolgreichen, gesunden, reichen weißen Menschen ist – und hier noch einmal vorangestellt das Leben des Mannes. Kinder werden auf dieses Ideal hin erzogen – sie sind noch nicht, was sie einmal sein sollen –; alt werdende Menschen versuchen, so lange wie möglich dem Bild des „Voll-Menschen" zu entsprechen. Für die Beziehungen der Generationen untereinander hat ein solches Idealbild massive Auswirkungen. Es gibt kein gleichberechtigtes Nebeneinander der verschiedenen Generationen. Das Miteinander wird wesentlich von der Frage des Geldes bestimmt: Wer finanziert Kinderbetreuungseinrichtungen, Schulen und Ausbildungsplätze, und: Wer finanziert die Pensionen? „Generationenvertrag" wurde zum Schlagwort für diese existenziellen Probleme der Gegenwart und der Zukunft.

Auf politischer Ebene ist das Miteinander der Generationen vor allem eine finanzielle Frage. Zum Teil ist es das auch auf der Ebene der kleineren Gemeinschaften, der Familien. Dort spielt aber auch eine andere Ebene, die Ebene der Beziehung, der Gefühle eine wesentliche Rolle. Beziehung und Geld bilden hier oft eine zwiespältige Verknüpfung. Die Frage des Besitzes – Wer hat wie viel? Wer wird erben? – ist nicht zu trennen vom alltäglichen Zusammenleben. Freude und Dankbarkeit entstehen dadurch ebenso wie Ärger, Enttäuschung und Wut. Gerade die sehr häufige Situation, dass alte, kranke und pflegebedürftige Menschen finanziell besser gestellt sind als jüngere Verwandte, auf deren Hilfe sie angewiesen sind, ist eine Herausforderung für alle Beteiligten.

Im Alten Testament finden sich viele Anweisungen zum Miteinander der Generationen. Die Grundaussage ist: Ein respektvoller Umgang mit der älteren Generation steht im Einklang mit gottgefälligem Leben. Im Neuen Testament findet sich zum Teil eine Fortführung dieser Linie, zum Teil aber auch eine Umkehrung. Generationenbande stehen im Stellenwert deutlich unter dem Erfüllen des Willens Gottes. Angesichts des nahenden Reiches Gottes ist die gewohnte Generationen- und Familienordnung nachrangig. („Wer ist meine Mutter, und wer sind meine Brüder?" (Mt 12,48); „Lass die Toten ihre Toten begraben, du aber gehe und verkünde das Reich Gottes." (Lk 9,60)) Eine „dramatische" Umdeutung geschieht bei der Bedeutung des Kindes: Im Alten Testament gehören Kinder immer zu den Unmündigen. Ihre Stimme hat keine Bedeutung in Gesellschaft und Religion. Jesus stellt ein Kind in die Mitte. Diese Handlung Jesu ist eine Aufforderung, vom Kinde ausgehend zu versuchen, Gesellschaft, Familie und den Glauben neu zu denken.

Heute den Versuch zu wagen, die Beziehungen zwischen den Generationen – auf der Mikro- und auf der Makroebene – aus dem Glauben heraus zu denken und zu gestalten, ist eine Herausforderung. Ein Impuls könnte sein, bewusst solche Begegnungen zu fördern und sich dabei um eine gute Begegnungskultur zu mühen. Die zeichenhafte Handlung Jesu, ein Kind in die Mitte zu stellen, ist bis heute eine Provokation. Diese Provokation birgt Sprengkraft für eingefahrene Denkmuster und stets wiederkehrende Diskussionen.

Anna Findl-Ludescher

() | *Verweise*

Alt werden / Altenseelsorger/in; Beziehung / Bezogensein; Gesellschaftliche Trends; Kinder / Kinderlosigkeit

Genießen / Glück / Wellness

VIELEN MENSCHEN erscheint das Christentum als eine Religion, die einerseits das Leiden und andererseits die ethischen Anforderungen und den Einsatz für andere betont. Die Suche nach Glück und Genuss richtet sich daher kaum auf christliche Spiritualität oder kirchliche Praxis. Kirchlicherseits wiederum gerät der Trend zu Spaß und Wohlfühlen sowie die Lust am Genießen schnell unter den Verdacht, nur Zeichen einer oberflächlichen und verflachenden Kultur zu sein. Dabei sind sowohl in der Sehnsucht nach Glück und Genuss echte Bedürfnisse zu spüren, als auch im Christentum genuine Quellen für eine Kultur des Feierns und Genießens zu entdecken.

Erste Versuche, Pastoral und Wellness zu verbinden, haben Programme aus christlicher Spiritualität für Thermen und Kurhäuser hervorgebracht. Andere wollen in den Gemeindealltag, etwa in das Engagement von Ehrenamtlichen, mehr Fun- und Wellness-Aspekte integrieren (z. B. mindestens ein „Wohlfühlelement" wie Entspannung, Tanz, Besinnung oder gutes Essen in jedem Treffen der Tischmütter). Beide Ansätze wollen die Suche der Menschen nach Glück aufgreifen und ihr einen Weg zeigen jenseits von Vermarktung und Kommerzialisierung.

Als gesellschaftlicher Trend lässt sich das Streben nach Genuss, Spaß etc. auch als Ausdruck der Unzufriedenheit deuten, ständig voll leistungsfähig zu funktionieren. Wer genießt, entzieht sich dem Drang nach Effizienz und Profit. Genuss hat seinen Sinn in sich, Genießen feiert den geschenkten Augenblick. Dabei sind Glück und Genuss flüchtige Phänomene, sie dauern nicht an, ja sie leben geradezu davon, dass sie etwas Außergewöhnliches sind. Zugleich können sie aber auch als Grundhaltungen ein ganzes Leben prägen: Wer versteht, die Geschenke jedes Augenblicks zu genießen, und wer das kleine Glück jeden Tages zu feiern vermag, wird sich vielleicht auch über das Außergewöhnliche anders freuen können, wird ihm nicht nachjagen müssen, es nicht festhalten und damit vielleicht zerstören. Es braucht dazu Vertrauen; Vertrauen in den Fluss des Lebens und darauf, dass Gott letztlich Gutes für uns will, auch wenn nicht jeder Tag genussvoll ist. So erst lassen sich Genuss und Glück auch wieder aus der Hand geben, in der festen Hoffnung, dass eine nie endende Fülle davon allen verheißen ist.

Genießen hat also mit Vertrauen und mit Dankbarkeit zu tun, mit einem staunenden Blick auf die Welt, der zum Lob des Schöpfers führt. Eine Haltung des Genießens erscheint so als eine wichtige Ergänzung zu jener christlichen Grundhaltung, die die Welt gestalten und verändern möchte und die aus der Bereitschaft kommt, sich einzusetzen und dabei nötigenfalls auch zu verausgaben. Es entspricht nicht nur dem Willen Gottes, schaffend an der Welt tätig und wirksam zu werden, sondern auch, die Natur, die Dinge, unsere Körper zu genießen und durch sie Glück zu erfahren. Glücklichsein und Genießen wurzeln in der Erfahrung der Gnade Gottes, der Erfahrung einer uns vorleistungsfrei geschenkten Liebe.

Eine franziskanische Schwesterngemeinschaft in Wien verwendet als Motto ihres Bildungshausprogramms den Ausspruch von Franz von Assisi: „Wenn es dir gut tut, dann komm!" Zu fragen, ob etwas gut tut, war lange Zeit keine wichtige Frage für Christinnen und Christen, und es wird sicher nie die einzig entscheidende Frage sein. Dennoch ist es eine hilfreiche Überlegung, auch für viele pastorale Projekte: Was tut gut? Sind unsere Gottesdienste wohltuend? Unsere Gremien? Unsere Gruppen und Runden?

Nach dem zu fragen, was gut tut, braucht viel Ehrlichkeit, es braucht eine umsichtige Unterscheidung der Geister und die Bereitschaft, tiefer zu schauen als auf nur momentane Bedürfnisse. Doch dann ist das Gut-Tun nicht nur ein legitimes, sondern ein wesentliches Kennzeichen, auf dem richtigen Weg zu sein.

Veronika Prüller-Jagenteufel

() | *Verweise*

Eucharistie / Erstkommunion; Lust; Nachfolge; Schönheit; Segen; Solidarität; Spiritualität; Zeit

Geschlecht / Frauen / Männer

MENSCHEN GIBT ES nur als Frauen oder Männer. So simpel diese Tatsache ist, so schwierig ist es, ihr in der Wissenschaft wie in der Gestaltung des gesellschaftlichen Lebens Rechnung zu tragen – vor allem wenn das in einer Weise geschehen soll, die Frauen und Männern Möglichkeiten eröffnet, sich ohne Diskriminierung aufgrund des Geschlechts zu entwickeln, und die zugleich auf besondere Betroffenheiten aufgrund des Geschlechts Rücksicht nimmt.

Schwierig ist die Berücksichtigung der „Kategorie Geschlecht" unter anderem deshalb, weil wir in einer Kultur leben, die androzentrisch (griechisch: mannzentriert) geprägt ist. Das Sein des Mannes wird für das allgemeine Mensch-Sein gehalten. Frauen werden dem entweder vereinnahmend eingeordnet, wodurch ihre Eigenheit verschwindet, oder sie werden als das „andere" angesehen, womit aber auch tendenziell ihr Mensch-Sein in Frage gestellt ist. Solch androzentrisches Denken ist z. B. dann am Werk, wenn – etwa in pastoraltheologischen Büchern – allgemein von dem heutigen Menschen und seinen Bedürfnissen gesprochen wird, ohne zu fragen, ob die Bedürfnisse von Frauen und Männern im gerade diskutierten Bereich eventuell verschieden sind. Deutlich sichtbar wird diese androzentrische Denkweise dann, wenn im selben Buch dem besagten „Menschen" Frau und Kinder zugeordnet werden.

Geschlecht ist eine der bestimmenden Kategorien, nach denen die Gesellschaft strukturiert ist. Wir nehmen Menschen immer als Frauen oder Männer wahr. Wenn jemand nicht einzuordnen ist und androgyn (männlich und weiblich zugleich) wirkt, sorgt das für Irritationen. Zu wissen, mit welchem Geschlecht wir es zu tun haben, hilft das eigene Verhalten anzupassen. Hierbei spielt eine große Rolle, wie jemand gelernt hat, mit Menschen des eigenen und des anderen Geschlechts umzugehen bzw. sich selbst als männlich oder weiblich zu sehen und zu verhalten. Männlichkeit und Weiblichkeit, also die Vorstellung, was es bedeutet und mit sich bringt, Mann oder Frau zu sein, sind weitgehend gesellschaftliche Konstruktionen, also kaum natürlich vorgegeben, sondern vor allem angelernt. Die kulturelle Überformung lässt eine genaue Definition dessen, was ausschließlich aus der Biologie oder dem Wesen von Frau oder Mann kommt, im Grunde nicht zu. Dennoch ist es sinnvoll, zwischen dem biologischen Geschlecht (englisch: sex) und der so genannten Geschlechtsrolle (englisch: gender) zu unterscheiden, denn wie sich Menschen zu ihrer körperlichen Geschlechtlichkeit verhalten, ist ein Produkt ihrer Sozialisation sowie eigener Entscheidungen. Gender-Sensibilität ist demnach ein Fachausdruck für die Aufmerksamkeit darauf, wie Menschen aufgrund ihres Geschlechts bestimmte Verhaltensweisen annehmen (müssen) oder auf bestimmte Plätze in der sozialen Ordnung verwiesen werden. Gender-Mainstreaming bezeichnet das Bemühen darum, eine gerechte Berücksichtigung der Geschlechterdifferenz in allen gesellschaftlichen Institutionen zu fördern.

Was dabei aber tatsächlich als *gerecht* zu gelten hat, das wird noch immer diskutiert. Die Spannung zwischen dem Beharren auf Gleichbehandlung einerseits und andererseits dem Wunsch, zugleich in der Besonderheit des eigenen Geschlechts gesehen und gewürdigt zu werden, ist wohl nicht auflösbar. Solange Stereotypen und Frauenverachtung immer noch Frauen behindern und ihr Leben zerstören können, solange – auch weltweit – Frauen keinen gleichen Zugang zu Recht, Mitbestimmung, Bildung, Eigentum und Macht haben, ist Widerstand nötig.

Wie es trotzdem möglich ist, eine positive Identität als Frau zu finden, dafür haben – ausgehend von italienischen Denkerinnen – feministische Philosophinnen ein spezielles Denken und Handeln der Geschlechterdifferenz entwickelt. Ihr Weg dazu, in Freiheit Frau zu sein, ist es, sich statt an Männern an anderen Frauen zu orientieren und in Nachahmung oder Abhebung von ihnen die eigene Identität als Frau zu gestalten. Frauen brauchen andere Frauen, brauchen Frauenräume und Frauentraditionen, um vielfältiges, nicht festgelegtes Frauenleben ohne patriarchale Beschädigungen zu entfalten. Wo Frauen dem Patriarchat die Gefolgschaft kündigen, sich also nicht mehr von den üblichen Geschlechterregeln einschränken lassen, bricht eine neue symbolische und soziale Ordnung an. Diese Frauen folgen ihrem eigenen Begehren, sich selbst und die Welt zu verändern.

Sichtbar wird dabei, dass Frauen untereinander sehr verschieden sind. *Die* Frau und auch *den* Mann gibt es ebenso wenig wie *den* Menschen. Frauen, Männer, Menschen existieren nur im Plural und in so vielen Varianten, wie es Individuen gibt. Um also z.B. in einem Gremium die Frauen- oder Männerperspektive einzuholen, wird ein/e einzige/r Vertreter/in des jeweiligen Geschlechts sicher nicht genügen.

Über das, was jenseits von Stereotypen und über biologische Merkmale hinaus bei aller Unterschiedlichkeit Frauen mit anderen Frauen und Männer mit anderen Männern verbindet, ist ebenso wie über den Unterschied zwischen den Geschlechtern viel diskutiert worden. Viele Gemeinsamkeiten entstehen wohl dadurch, in einer bestimmten Zeit und Gesellschaft als Mädchen oder Bub aufgewachsen zu sein und die eigene Rolle als Frau oder Mann gelernt zu haben. Von anderen als weiblich oder männlich angesehen und dementsprechend behandelt zu werden, wirkt auf das eigene Selbstbild und Verhalten. Wer in Seelsorge und Gemeindearbeit Frauen und Männern gerecht werden will, kommt an einer Beschäftigung mit diesen Bedingungen weiblicher bzw. männlicher Sozialisation nicht vorbei, ebenso wenig daran, sich damit auseinander zu setzen, was es für sie/ihn bedeutet, in dieser Gesellschaft und in dieser Kirche als Frau bzw. als Mann zu leben. *Veronika Prüller-Jagenteufel*

( ) | ***Verweise***

Erfahrung; Mädchen; Pastoraltheologie feministisch; Schönheit

Gesellschaftliche Trends

Pastoral meint nicht nur Gemeindeaufbau und Seelsorge, sondern kann viel weitgehender als das Verhältnis der Kirche zur Welt gefasst werden. So wird die Pastoralkonstitution des Zweiten Vatikanischen Konzils „pastoral genannt, weil sie, gestützt auf die Prinzipien der Lehre, das Verhältnis der Kirche zur Welt und zu den Menschen von heute darzustellen beabsichtigt" (Anmerkung zum Titel der Pastoralkonstitution: Die Kirche in der Welt von heute). Die Konstitution behandelt sodann eine Fülle von gesellschaftlich relevanten Themen der Zeit. Die Kenntnis und Reflexion der Entwicklungen und aktuellen Fragestellungen der Gesellschaft gehört zur Aufgabe der Pastoraltheologie – und ist Aufgabe aller pastoral Tätigen, denn Pastoral ist die Gestaltung des Kirche-Seins in der Welt.

Die gesellschaftlichen Entwicklungen und Trends gut zu beobachten, ist auch deshalb nötig, weil Pastoral und Seelsorge die Begegnung mit den konkreten Menschen von heute sucht und sich deshalb auf ihre Prägungen und Eigenarten einlassen muss. Sie gilt es zunächst zu verstehen und in ihren verschiedenen Dimensionen zu sehen, bevor sie theologisch beurteilt werden. Entscheidend ist dabei eine hörende, interessierte Haltung, die davon ausgeht, dass in dem, was geschieht, auch ein Anruf Gottes liegt, dass Gott sich selbst auch in unserer Gegenwart mitteilt. Es geht um das Deuten der Zeichen der Zeit.

Was prägt also unsere Zeit? Vier Grundtendenzen lassen sich festmachen: Individualisierung, Pluralisierung, Enttraditionalisierung und Globalisierung. Alle vier Phänomene beinhalten Gefahren, aber auch Chancen. Individualisierung, also die Betonung der Einzelnen und das Beharren darauf, das eigene Leben ganz selbst zu bestimmen, kann zwar auch Vereinzelung und weniger Gemeinsinn mit sich bringen, sie bedeutet aber ebenso, dass Menschen nur das tun, was sie wirklich wollen und meinen, und birgt die Chance auf lebensvolle, ich-starke Menschen. Dieses Streben nach Selbstbestimmung kann zu Egoismus führen, aber auch eine gute Basis für Verantwortung sein. Die Pluralisierung, also die Vervielfältigung von Lebensmöglichkeiten, das Nebeneinander von verschiedenen Meinungen, Anschauungen, Stilen etc. bringt nicht nur Unübersichtlichkeit, sie kann auch ein Gespür für Vielfalt und Verschiedenheit fördern und für die nötige Achtung, die unsere Differenzen brauchen. Auch die Tatsache, dass Menschen sich heute nicht mehr so stark von Traditionen bestimmen lassen, ist mehrdeutig: Sie steht in der Gefahr, dass mit dem Verlust eines lebendigen Bezugs zu lange Gewachsenem nicht nur Überholtes, sondern auch Wertvolles verloren geht. Sie hat aber auch die Chance der „Unterbrechung", die Chance, alten Trott und Zwang zu verlassen, denn nur das trägt dauerhaft, was vor dem Forum der eigenen Überzeugungen standhält. Sogar die Globalisierung hat schließlich nicht nur ihre neoliberal-wirtschaftliche Seite, die die Probleme von Armut und Ausgrenzung in unserer Welt verstärkt. Das neue Bewusstsein für die weltweite Verbundenheit und die neuen Möglichkeiten globalen Handelns können auch weltweite Solidarität fördern.

Diese vier großen Themen bilden den Rahmen für eine ganze Reihe weiterer gesellschaftlicher Phänomene, die das Leben der Menschen heute beeinflussen und die hier nur schlagwortartig benannt werden können:

- Wir leben in einer Zeit großer Mobilität: Gemeint ist damit die Erfahrung, dass immer mehr Menschen zwischen Arbeitsplatz, Wohnort und Freizeitorten hin und her pendeln, dass sie sich die Plätze für ihre verschiedenen Aktivitäten aussuchen und nicht unbedingt im näheren Umfeld bleiben. Diese äußere Beweglichkeit spiegelt sich auch in innerer Mobilität: Menschen sind heute schneller dabei, neue Sichtweisen auszuprobieren, und seltener bereit, sich verbindlich und dauerhaft auf etwas festzulegen.

- Die Erwerbsbiografien verändern sich: Diejenigen, die bis zur Pensionierung ein und denselben Beruf ausüben, werden zur Ausnahme, Phasen der Arbeitslosigkeit zu einer Erfahrung, die immer mehr Menschen in ihrem Berufsleben machen. Zudem wird verstärkt Mobilitätsbereitschaft von den Arbeitnehmer(inne)n gefordert. Der Druck steigt.

- Ebenso sind die Familienbiografien nachhaltig in Bewegung geraten: Patchwork-Familien bzw. Familien in zweiter oder dritter Ehe nehmen an Zahl zu und es steigt die Zahl der Einkindfamilien.

- Unsere westlichen Gesellschaften sind alternde Gesellschaften: Das stellt nicht nur den Generationenvertrag auf die Probe, sondern wird auch kulturelle Veränderungen nach sich ziehen – nicht zuletzt durch die Migration, die verstärkt Menschen aus den bevölkerungsreichen Ländern des Südens in den Norden bringen wird.
- Im Bereich der Medien bestimmen Handys und Internet immer mehr die Kommunikationsformen, und das allgegenwärtige Fernsehen verändert unsere Art, auf die Welt zu schauen.
- Es wächst eine neue Armut: Immer deutlicher wird, dass viele der beschriebenen Entwicklungen auch neue Ausgrenzung bewirken und eine beträchtliche Anzahl von Menschen auch in unseren reichen Gesellschaften als Ausgeschlossene anzusehen sind. Diese Armut wird möglichst versteckt; die Anstrengung, die es kostet, im Konsumverhalten der anderen mitzuhalten, darf niemand bemerken.

In diesen und anderen Fragen der Gesellschaft engagieren sich Christ(inn)en in diakonischen Initiativen und Projekten der Sozialpastoral. Doch Pastoral ist nur dann eine gute Gestaltung der kirchlichen Sendung in dieser Welt, wenn sie sich in allen ihren Handlungsfeldern von den gesellschaftlichen Entwicklungen herausfordern lässt.   *Veronika Prüller-Jagenteufel*

◯ | *Verweise*

Diakonie; Inkulturation; Pastoraltheologie feministisch; Solidarität; Zeichen der Zeit

Gewalt gegen Frauen

FEMINISTISCHE ANALYSEN haben in den letzten Jahrzehnten das Thema Gewalt an Frauen zunehmend als strukturelles Element der Geschlechterverhältnisse beschrieben. In patriarchal geprägten Gesellschaften sind Strukturen, Institutionen und gesellschaftliche Handlungsabläufe vorwiegend männlich dominiert. Dadurch entsteht ein Machtgefälle zwischen den Geschlechtern, das der Gefahr der Gewaltausübung an Frauen Vorschub leistet.

Unter direkter Gewaltausübung wird im Allgemeinen ein Akt von Personen verstanden, der mit körperlicher oder psychischer Gewalt einhergeht. Darunter fallen auch die sexuelle Gewaltausübung gegen Mädchen und Frauen oder Gräueltaten im Krieg. Darüber hinaus gibt es indirekte Gewalt in Form von struktureller Gewalt, die von Strukturen und Organisationen ausgeht, hinter denen zwar Personen stehen, die aber als anonym erlebt wird und meist nicht identifizierbar ist. In schwierigen Lebenslagen wie bei Armut, Arbeitslosigkeit, Krankheit und dergleichen erleben Menschen sich häufig institutionellen Formen von Gewalt ausgeliefert. Von Gewalt betroffene Menschen erfahren Gefühle von Hilflosigkeit und Ausgeliefertsein sowie Ohnmacht und Demütigung. Ihr Schmerz und ihre Verletzungen gehen meist einher mit Angst und Depressionen, großer Verunsicherung oder tiefer Leere.

Vom Erleben sexueller Gewalt sind in erster Linie Frauen betroffen. Unter sexueller Gewalt versteht man die Ausübung von Gewalt mittels sexueller Handlungen. Dazu gehören Vergewaltigung (auch in der Ehe), sexuelle Belästigung (z. B. am Arbeitsplatz) oder auch Pornografie. Sexuelle Gewalt steht meistens in Zusammenhang mit Beziehungsverhältnissen, in denen auch Nähe und Zuwendung ersehnt werden (wenn es sich z. B. um inzestuöse Beziehungen handelt oder wenn einander emotional nahe stehende Personen davon betroffen sind). In diesen Fällen ist die Grenzziehung zwischen Missbrauch und dem, was naturgemäß an Nähe und Zuwendung gelebt werden will, besonders schwierig. Die damit einhergehende Ambivalenz in

Bezug auf den Gewaltakt führt dazu, dass sich die Opfer häufig schuldig fühlen.

Aufgrund der zunehmenden Enttabuisierung dieses Themas sind in den letzten Jahren etliche Organisationen ins Leben gerufen worden, die juristische, medizinische, psychosoziale und seelsorgliche Unterstützung anbieten. Selbsthilfegruppen, Notrufstellen und Beratungseinrichtungen versuchen Frauen zu helfen, die von sexueller Gewalt betroffen sind. Trotzdem dürfen Erfahrungen sexuellen Missbrauchs nicht einzig als individuelles Schicksal in den Blick genommen werden. Sexuelle Gewalt ist eine Tatsache, die potenziell jede Frau betrifft und sie prägt. Helfer/innen und Hilfebedürftige dürfen von daher nicht nur gegenübergestellt werden, sondern es geht darum, gemeinsam um Veränderung zu kämpfen, was auch die Notwendigkeit impliziert, sich in Bezug auf dieses Thema gesellschaftspolitisch zu engagieren.

Die Enttabuisierung sexueller Gewalt muss auch die Theologie angehen. Religionen sind in Bezug auf die Themen Gewalt und Sexualität immer ambivalent und werden von ihnen theologisch auf den Prüfstand gestellt. Die Kirche ist kein gewaltfreier Raum, sondern in ihr ist körperliche, mehr jedoch sexuelle und besonders psychische Gewalt präsent. Das, was gesellschaftlich an Machtgefälle zwischen den Geschlechtern vorherrscht, verschärft sich kirchlicherseits und begünstigt unterschiedliche Formen der Gewaltausübung. Für die kirchliche und gesellschaftliche Öffentlichkeit ist das Wissen um die Opfer und Täter/innen verübter Gewalttaten schwer auszuhalten. Es konfrontiert Menschen mit der Erkenntnis, dass die Welt, in der wir leben, eine brüchige ist. Für die Pastoral bedeutet eine solche Situation die Herausforderung, besonders achtsam in Bezug auf die Wahrnehmung von Realität zu sein und jeglichen Tabuisierungs- und Verdrängungsmechanismen entgegenzuwirken.

Maria Elisabeth Aigner

◯ │ Verweise

Geschlecht / Frauen / Männer; Macht; Seelsorgegespräch; Solidarität

Gottesbilder

Welches Bild sich Menschen von Gott machen, ist sehr verschieden und sehr persönlich und entspricht selten völlig den Bildern, die in Religionsunterricht, Verkündigung und Liturgie angeboten wurden und werden. Die Vorstellung von Gott verändert sich zudem im Laufe des Lebens, denn sie ist immer auch von den eigenen Erfahrungen geprägt. Ebenso spiegeln sich in den Gottesbildern, die in der Bibel oder in Gebeten zu finden sind, die Erfahrungen der Zeit, aus der diese Texte stammen.

Gerade die traditionellen Bilder erscheinen vielen Menschen heute schwer zugänglich. Das Bild des alten Mannes mit dem weißen Bart, das Sprachbild vom Herrn, die Vorstellung vom strengen Richter sind nicht nur kritischen Frauen suspekt. Viele haben Probleme mit Gott als Person und auch das oft formelhafte Reden vom lieben Gott geht so manchen auf die Nerven. Viele ziehen sich daher mit ihrem persönlichen Gottesbild in eine neue Innerlichkeit zurück. Doch zumindest dann, wenn wir gemeinsam Gott anrufen wollen, ist die Auseinandersetzung darum, wie wir uns Gott vorstellen, notwendig. Was in der Unmittelbarkeit der persönlichen Erfahrung wortlos bleiben kann, braucht einen Ausdruck, wenn wir gemeinsam beten möchten. So persönlich die Vorstellungen von Gott sind, so lohnend ist es, sich auf die Spur der eigenen Gottesbilder zu begeben, sie selbst besser wahrzunehmen und sie mit den Bildern anderer sowie mit denen aus Bibel und Tradition ins Gespräch zu bringen.

Die Frage, wer und wie Gott ist, steht insgeheim im Hintergrund fast aller Auseinandersetzungen um Ausrichtung und Gestaltung der Pastoral. Denn es gibt einen Zusammenhang zwischen Gottesbildern und sozialer Wirklichkeit. Darauf hat u. a. die feministische Kritik hingewiesen, die aufzeigte, dass die Vorherrschaft männlicher Bilder für Gott mit der Vorherrschaft der Männer in Kirche und Gesellschaft in Beziehung steht. Viele Bilder stellen Gott zudem nicht nur als Mann vor, sondern als Herrscher. Das intime Du zwischen Gott und Menschen, das sich in der Tradition auch findet, ist davon immer wieder überschattet. Diese Tendenz wurde durch die philosophische Reflexion über

Gott verstärkt, die Gott als allmächtig, allwissend, allgegenwärtig in eine abgehobene Ferne gerückt hat. Gott wurde zum alles sehenden Beobachter, der Gutes und Böses fürs Gericht notiert. Hier zeigen sich wohl eher die religiösen Machthaber und ihr Kontrollbedürfnis als Gott selbst, aber dieses Bild hat tiefe Spuren in der religiösen Vorstellungswelt hinterlassen.

Demgegenüber gibt es heute den Versuch, andere Bilder in den Vordergrund zu rücken oder neu zu formen: z. B. biblische Bilder, die Gott als Frau darstellen; Vorstellungen von naher Beziehung zu Gott als Freund/in oder Gefährt/in; Bilder, die von Gottes Gegenwart, von Liebe sprechen oder vom Wehen des Geistes; oder das Bild von Gott, das in Jesus Christus sichtbar wurde und das jedes menschliche Gesicht zeigt.

Entscheidend ist, dass nach Gott mit großer Offenheit und Behutsamkeit und mit Ehrfurcht gefragt wird. Gottesbilder sollen befreien und aufrichten, nicht niederdrücken. Sie tun das wohl am ehesten dann, wenn sie durch ihre Vielfalt die verschiedenen Seiten der Begegnung mit dem Göttlichen zum Ausdruck bringen: Bestätigung und Schutz ebenso wie Herausforderung und Ansporn, Hilfe ebenso wie Überwältigtsein, Geborgenheit ebenso wie ernste Klarheit. Es geht darum, Gott nicht festzulegen, nicht einzufangen, uns der Unverfügbarkeit Gottes zu stellen – in der Gewissheit, dass in dem „Geheimnis Gott" Nähe und Entzogenheit ebenso zusammenfallen wie männlich und weiblich, stark und schwach, Kampf und Hingabe ...

Vertrauen angesichts der Unbegreiflichkeit Gottes ist eine Umschreibung für das, was Glaube ausmacht. Es braucht Gottesbilder, die dieses Vertrauen zu fördern vermögen.

Veronika Prüller-Jagenteufel

 Verweise

Beten; Erfahrung; Geschlecht / Frauen / Männer; Kirchenbilder; Lust; Macht; Solidarität; Reich Gottes

Grenze

AN EINER GRENZE heißt es „innehalten" – hier geht es nicht weiter, ein Hindernis ist aufgetaucht. Grenzen oder Begrenzungen werden in den meisten Fällen als bedrohlich empfunden. Sie stellen einen Bruch dar mit dem, was oder wie es bisher war, sie können aus-grenzen, d.h. andere oder anderes ausschließen, sodass es keine einheitliche Teilnahme und Teilhabe mehr gibt. Grenze kann somit auch mit schmerzlicher Distanz zu tun haben. Konflikte, Krankheit, Arbeitslosigkeit oder auch Lebenskrisen von ganz anderer Art und Intensität können eine solche Grenze darstellen. Als massivste, da endgültigste Grenze wird die Grenze des Todes erlebt, wo das Leben, wie wir es kennen, unwiederbringlich zu einem Ende kommt.

Grenzen können aber auch sehr Positives beinhalten. Sie ermöglichen in ihrer Funktion der Abgrenzung auch Struktur und Klarheit. Eine Grenzziehung kann im Sinne von Ent-scheidung trotz Schwierigkeiten und Leiden letztendlich wohltuend Neues hervorrufen. Die ganze Schöpfungsgeschichte ist eine einzige Abfolge von Trennung und Scheidung: Wasser wird von Land, Himmel von Erde, Licht von Finsternis getrennt – so entsteht die Erde, entsteht neues Leben. Grenze bedeutet aber immer auch Kontakt und Berührung. In der Grenzlinie treffen sich zwei je von der anderen Richtung kommende Teile: Gedanke zu Gedanke, Herz zu Herz, Körper zu Körper, Mensch zu Mensch. Am intensivsten ist die Erfahrung, dass Grenze Berührung bedeutet, im körperlichen Kontakt erlebbar. Die Berührung an der körperlichen Grenze ermöglicht auch die Erfahrung, dass zu berühren immer auch zugleich berührt werden bedeutet.

Als Übergänge stellen Grenzen Zwischenzeiten und Zwischenräume mit Krisencharakter dar. Sie füllen das aus, was zwischen Vertrautem und Ungewissem liegt. In unserer gegenwärtigen Kultur werden diese Übergänge oft verwischt und somit undeutlich und unkenntlich gemacht. Grenzen sind Übergänge, denen als Schwellen – d.h. als Bereiche des „schon und doch noch nicht" – immer ein gewisser Zauber, ja eine spirituelle Dimension innewohnt. Um trotz der Verunsicherung, der spürbaren „Bodenlosigkeit", die eine Schwelle erzeugt, etwas von diesem

Zauber zu bemerken, braucht es einerseits das Wissen um die Existenz dieser Dimension und damit auch Bewusstheit, andererseits Menschen, die an dieser Erfahrung teilhaben, die – in welcher Form auch immer – mitgehen und mitfühlen. Denn von der kostbaren Dimension eines Zaubers, der tröstet und stärkt, ist sehr oft – gerade zu Beginn – rein gar nichts zu spüren. Grenzen sind als Orte solcher Schwellen Übergänge, die Angst machen und zutiefst verunsichern, deshalb werden sie so oft verwischt, übersehen oder aus dem Bewusstsein verdrängt. Die Dimension des „Schwellenzaubers" birgt immer etwas Faszinierendes und zugleich Ungewisses in sich, insofern sind Orte der Grenzen und Schwellen auch gefährliche Orte, da Stätten der Verwandlung.

In pastoralen Kontexten waren diese Grenzorte von daher in einem seelsorglichen Sinn immer von tiefster Bedeutung. Nirgendwo sonst zeigt sich das Geheimnis des Lebens so unmittelbar wie an den Orten der Grenze, d. h. in Krisen, im Leid, im Scheitern und im Tod. Die Grenze erfordert von Seelsorgern und Seelsorgerinnen mutiges Handeln, Vertrauen, Geduld und Hoffnung. Dort gelten andere Gesetzmäßigkeiten – alles Machbare, jeder Ratschlag und jede noch so gut gemeinte Hilfestellung können den Zauber an der Grenze stören und verhindern, dass sich das Leben in seiner ganzen Tiefe und somit in seiner Schönheit, inklusive aller hellen und dunklen Seiten zeigen kann. Seelsorger und Seelsorgerinnen sind in ihrem pastoralen Tun gefordert, selber zu „Grenzgänger(inne)n" zu reifen. Meist befähigt sie erst das durch ihre eigene Begrenztheit erworbene Erfahrungswissen, Menschen an der Grenze beizustehen und zu begleiten.

Maria Elisabeth Aigner

( ) | *Verweise*

Beziehung / Bezogensein; Konflikt; Krise; Seelsorge; Spiritualität; Tod / Sterben

Grundvollzüge der Kirche

MIT DEN GRIECHISCHEN, neutestamentlichen
Begriffen Leiturgia (Gottesdienst), Diakonia (Dienst aneinander
bzw. an anderen) und Martyria (Zeugnis geben, Verkündigung)
werden drei wesentliche Grundvollzüge der Kirche beschrieben.
Oft wird dann Koinonia (Gemeinschaft) als vierte Komponente
hinzugezählt. Grundvollzüge (oder Grunddimensionen, wie sie
auch genannt werden) sind diese drei bzw. vier deshalb, weil
sie bezeichnen, was zum Kirchesein unbedingt nötig ist: Ohne
gottesdienstliche Feiern, ohne Engagement für die Nöte der
Menschen, ohne in Wort und Tat die erlösende Botschaft Jesu
Christi weiterzugeben und ohne tragende Gemeinschaft, in der
die ersten drei Handlungsweisen vertieft werden, gibt es keine
Kirche. Kirche handelt dann als Kirche, als die in die Nachfolge
Jesu Christi gerufene Gemeinschaft, und ist Kirche dann und
nur dann, wenn sie Liturgie feiert, Menschen konkret dient, von
Jesus Christus Zeugnis gibt und das gemeinschaftliche Leben
fördert.

Mit den Grundvollzügen sind also jene Felder kirchlicher Praxis benannt, die für Kirche konstitutiv sind. Damit Kirche das
ist, was sie sein soll, braucht sie alle vier Grundvollzüge, denn
diese gehören untrennbar zusammen. Das gilt auf der Ebene der
Gesamtkirche wie der Ortskirchen wie einzelner Gemeinden und
Gruppierungen. Es braucht sowohl kirchliche Aktivitäten in allen
vier Dimensionen als auch Aufmerksamkeit darauf, dass jedes
kirchliche Tun alle vier Aspekte aufweisen sollte. Sicherlich
wird im Konkreten einmal der eine oder der andere Aspekt im
Vordergrund stehen, dennoch muss ihre grundlegende Einheit
gewahrt werden und ihre Zusammengehörigkeit zum Ausdruck
kommen. In einem Gottesdienst etwa sollte nicht nur gebetet
werden, sondern er soll auch Zeugnis geben für den Glauben
der Gemeinde, er soll Versammlung der Gemeinde sein und die
Gemeinschaft vertiefen, und er soll einerseits über Fürbitten
und Kollekte, andererseits durch seine gesamte Gestaltung
offen sein für die konkreten Nöte und Anliegen der Menschen.
Oder: Eine Familienrunde wird dann zu einer wahren Hauskirche,
wenn sie nicht nur gute Gemeinschaft zwischen den Mitglie-

dern stiftet, sondern auch das eine oder andere Engagement über den eigenen Kreis hinaus umfasst, wenn miteinander auch gelegentlich Gottesdienst gefeiert wird und Verkündigung etwa durch Glaubensgespräche stattfindet. Oder: Auch die Initiative zur Asylantenhilfe braucht, um explizit Kirche zu sein, nicht nur das soziale Engagement, sondern ebenso Aufmerksamkeit auf die Gruppenprozesse unter den Mitarbeiter(inne)n, braucht hin und wieder die liturgische Verdichtung ihres Engagements vor Gott und braucht zumindest dann und wann die ausdrückliche Reflexion darüber, wie in diesem Engagement Glauben bezeugt wird.

So kann das Bewusstsein für die vier Grundvollzüge der Kirche auch ein gutes Analyseinstrument für kirchliche Praxis sein: Zur Frage steht, ob im gesamten Spektrum der Praxis einer Gemeinde oder Gruppe alle vier Vollzüge genügend vertreten und gewichtet sind, und auch ob in einzelnen Aktivitäten, die gewiss ihre jeweiligen Schwerpunkte haben, die anderen Aspekte zumindest mitberücksichtigt werden.

Die Zusammengehörigkeit der Grundvollzüge kann als Koordinatensystem gedacht werden, in dessen Mitte die Einheit von Gottes- und Nächstenliebe steht, die für alles kirchliche Tun das entscheidende Zentrum bildet. Verschiedene Felder und Formen kirchlicher oder gemeindlicher Praxis können in dieses Koordinatensystem gleichsam eingetragen und auf die jeweilige Nähe oder Distanz zu anderen Bereichen bzw. zur Mitte überprüft werden.   *Veronika Prüller-Jagenteufel*

() | *Verweise*

Diakonie; Ehe/Ehepastoral/Geschiedenenpastoral; Gemeinde/Koinonia; Liturgie; Martyria/Bekennen/Verkündigung

Heil / Heilung

WENN VON HEIL UND HEILUNG in einem pastoraltheologischen Sinn die Rede ist, geht es immer um menschliche Erfahrung. Die Sehnsucht nach heilsamer Veränderung einer bestehenden unerträglichen Situation gehört zum Menschsein und resultiert aus dem Erleben von Krankheit und Verletzung oder Einsamkeit und Isolation. Unter „Heilung" verstehen wir meist eine konkrete Genesung, die körperliches oder psychisches Leiden beendet. „Heil" hingegen meint in einem umfassenderen Sinn die Erfahrung des Aufgehobenseins trotz aller Unzulänglichkeiten des Lebens. Heilserfahrungen können bewirken, dass das Leben trotz schwer wiegender Mängel bewältigbar ist, und sind als solche Quellen hoffnungsvoller Zuversicht und Kraft.

Im Christentum werden Heil und Heilung mit der Befreiung aus Zwängen in Zusammenhang gebracht, die personal oder gesellschaftlich so dominant werden, dass sie das Leben einschränken und unerträglich werden lassen. Heilung ist christlich gesehen als „Befreiung" an jene leidenden Menschen adressiert, die als Bedrängte Frieden und Gerechtigkeit suchen. Im Neuen Testament finden sich besonders in den Evangelien etliche Heilsvorstellungen, vor allem dort, wo Jesus heilsam einschreitet und heilend handelt. Dabei stellt den Ausgangspunkt immer ein konkretes menschliches Schicksal dar, das Erlösung erfährt. Meist geschieht dieses wundersame Ereignis „en passant" – also nicht ganz nachvollziehbar und schon gar nicht verstehbar oder zuordenbar. Zugleich aber berührt bei aller diesbezüglichen Diskretion eine solche Heilungsgeschichte immer auch gesellschaftspolitische oder kulturell-religiöse Themen, die der Kritik ausgesetzt werden. Die neutestamentlichen Erzählungen über Wunder und Heilungen gehen darüber hinaus immer einher mit Sendung und der Zusage, dass das Reich Gottes angebrochen ist. Dort, wo eine solche christliche Praxis gelebt wird, schreibt sich christliche Tradition fort – bis heute.

In einem aus der jüdisch-christlichen Tradition erwachsenen Sinn können Heil und Heilung aus feministisch-theologischer Perspektive keinesfalls mit Vertröstungen auf das Jenseits in

Zusammenhang gebracht werden. Heil und Heilung haben immer mit Zeit und Raum zu tun und berühren sowohl persönlich-biografische Erfahrungen als auch kulturelle und gesellschaftliche Zusammenhänge. Der Alltag und der menschliche Körper wird zum Ort der Heilsoffenbarung und ist in jedem Menschenleben erfahrbar. Dabei kommt dem prozesshaften Charakter eine besondere Bedeutung zu. Heil und Heilung sind nichts Einmaliges, Statisches, das festzumachen wäre oder präzise zu lokalisieren ist. Heilserfahrungen stehen immer in Verbindung mit Beziehung und erfordern einerseits die Bereitschaft und Offenheit jener, die sich nach Heilung sehnen, andererseits die Gegenseitigkeit im Geben und Nehmen, weil Heilsames nicht eindimensional geschehen kann, sondern sich immer im „Dazwischen" ereignet – zwischen den Menschen untereinander und zwischen Himmel und Erde bzw. Gott und den Menschen. *Maria Elisabeth Aigner*

○ | *Verweise*

Behinderung / Menschen mit Behinderung; Diakonie; Helfen; Krank sein / Krankenhausseelsorge; Krankensalbung; Liturgie; Reich Gottes; Rituale

Helfen

I<small>M</small> C<small>HRISTENTUM</small>, der „Religion der Nächstenliebe", spielt das Thema „Helfen" eine ganz zentrale Rolle. Jemandem Hilfe zu erweisen, d.h. Menschen helfend, dienend und pflegend zur Seite zu stehen, wird aber auch außerhalb kirchlicher Kontexte, in den unterschiedlichsten gesellschaftlichen Bereichen, als ethisch hoher, beinahe unantastbarer Wert angesehen. Zweifelsohne kommt dem Helfen im zwischenmenschlichen Bereich von jeher eine ganz wesentliche Bedeutung zu.

Dem Thema wohnt aber auch eine mehr oder weniger verborgene dunkle Kehrseite inne. Oft wird menschliche Hilfsbereitschaft von unbewussten Hintergründen geprägt. „Helfen" kann Motive der „Abwehr" (z.B. eigener Hilfsbedürftigkeit oder Einsamkeit) beinhalten bzw. es kann durch Hilfeleistungen bewusst oder unbewusst Macht ausgeübt werden. Für Menschen, die in helfenden Berufen tätig sind, können dauerhafte Überforderung sowie Überbeanspruchung und Belastung in körperlicher und psychischer Hinsicht zur Gefahr werden.

Helfen als selbstlose Hingabe an andere ist ein Thema, welches gesellschaftlich gesehen nach wie vor vorwiegend Frauen tangiert. Dies gilt vor allem für den privaten Bereich, wo Frauen nicht nur ihren Kindern helfen, sondern ohne Bezahlung körperlich, seelisch oder geistig beeinträchtigte Familienangehörige betreuen oder sterbende Familienmitglieder begleiten und unterstützen. Aufgrund der weiter steigenden Lebenserwartung werden Frauen auch in Zukunft vermehrt mit psychischem und sozialem Druck hinsichtlich privater Pflegefälle konfrontiert sein. Zugleich hat sich in den letzten Jahrzehnten innerhalb der so genannten „Helfer(innen)berufe" eine zunehmende Spezialisierung ereignet. Die Fülle an Krankenschwestern, Altenhelferinnen, Hebammen, Sanitäterinnen, Sozialarbeiterinnen, Beraterinnen, Psychotherapeutinnen usw. weist deutlich darauf hin, dass die heilende, pflegende und betreuende berufliche Fürsorge in erster Linie in den Händen von Frauen liegt. Männer haben traditionell nach wie vor in Leitungs- und Führungspositionen eher die Rolle inne, Hilfe zu organisieren, als selber zu helfen.

Dass dem Helfen ein problematisches Janusgesicht anhaftet, wurde über Jahrhunderte durch das Ideal der aufopfernden Nächstenliebe mitverursacht. Das bedingungslose „Dasein für andere" wurde über Generationen durch das kirchliche Weiblichkeitsideal der passiv gehorsamen, opferbereiten Frau und Mutter unhinterfragt hochstilisiert und legte Frauen auf bestimmte Denk- und Verhaltensmuster fest, die bis heute auch jenseits kirchlicher Grenzen ihre prägende Wirksamkeit haben. Eine prägnante psychodynamische Analyse hinsichtlich der Schattenseiten des Helfens sowie ein differenziertes Diakonieverständnis seitens der Theologie lassen die Frage laut werden, in welcher Art und Weise sich denn nun menschliches Helfen zu gestalten habe, wenn es für alle Beteiligten, d.h. nicht nur für die, die Hilfe empfangen, sondern auch für die Helfenden selbst, eine heilsame Dimension beinhalten soll.

In allen helfenden Berufen ist in erster Linie die eigene Persönlichkeit Basis und wichtigstes Instrument jeglichen hilfreichen Handelns. Vor jeder Handlung stehen Motivation, Intention und biografische Hintergründe, die es hinsichtlich des eigenen Tuns zu klären gilt. Eine Helfer(innen)beziehung, in welcher der Helfer/die Helferin scheinbar nur gibt und der/die Hilfsbedürftige nur erhält, droht in ein Macht- und Herrschaftsverhältnis zu entarten. Wo Dienen und Helfen als ein völlig selbstloser Vorgang beschrieben wird, sieht es so aus, als ob eine Seite nur gäbe und die andere nur empfinge. Dienst oder Hilfe werden dann zur einklagbaren Leistung, die zu erbringen ist und gegebenenfalls erfüllt wird oder an der beide Seiten scheitern. In jedem Fall werden Hilfsbedürftige (aber auch die Helfenden selbst!) so zu Objekten degradiert, ein Prozess, bei dem es zu keiner gegenseitigen Begegnung und Bereicherung kommt. Hilfsbedürftige als gleichwertige Subjekte im Gegenüber wahrzunehmen erfordert aber besonders in Grenz- und Krisensituationen emotionale Präsenz und Ausdrucksfähigkeit.

Es ist notwendig, das hierarchische Gefälle in Helfer(innen)beziehungen zu entlarven und ihm entgegenzuwirken. Dazu braucht es auch eine Erhöhung der fachlichen Kompetenz. Zugleich sind die enormen Ideale und Ansprüche zu hinterfragen, welche mit diakonischen Hilfsdiensten in Zusammenhang gebracht werden. Eine helfende und diakonische Motivation muss von einem sehr bewusst reflektierten Umgang mit den eigenen Grenzen und Schwächen begleitet werden. Theologisch gesehen heißt die Herausforderung im Zusammenhang mit dem Thema „Helfen" auch, die Dimension der Grenze, der Brüchigkeit, ja die Formen der Entfremdung menschlichen Daseins wieder als Bestandteil christlichen Denkens und Handelns zu integrieren und nicht länger abzuspalten und zu verdrängen. Eine solche Versöhnung mit den „Schattenseiten des Lebens" bedeutet, dass Nächstenliebe und Selbstverwirklichung nicht mehr von vornherein in einem sich ausschließenden Gegensatz zu sehen sind.

Eine so betrachtete Hilfe wird zu einem Dienst an der/dem anderen und somit gleichzeitig zum Dienst an der eigenen Person. Helfen heißt dann in einem tief christlichen Sinn, sich von den meist unbewussten Opfertendenzen zu verabschieden und in Freiheit seine eigene Stärke, Kraft und Fähigkeit einzusetzen, um sich selbst, den anderen und dem Leben als Ganzem inmitten seiner hellen und dunklen Seiten zu dienen. *Maria Elisabeth Aigner*

○ | **Verweise**

Alt werden/Altenseelsorger/in; Arbeit/Muße; Behinderung/Menschen mit Behinderung; Diakonie; Heil/Heilung; Krank sein/Krankenhausseelsorge; Krise; Seelsorge; Solidarität

Inkulturation

DER BEGRIFF „INKULTURATION" stammt aus der Missionswissenschaft. Es ist ein Begriff, der eng verbunden ist mit den Erfahrungen vieler Missionarinnen und Missionare. Für sie stellte sich existenziell die Frage: Wie geht (gelingt) Missionierung, Verkündigung des Evangeliums in einer für uns fremden Kultur?

Der Begriff „Inkulturation" bedeutet, dass die Verkündigung der christlichen Botschaft auf solche Weise geschieht, dass die konkrete Kultur der Menschen, denen das Evangelium verkündet wird, und die christliche Botschaft miteinander in einen lebendigen Kontakt kommen. Für dieses Zusammenkommen, für diesen Kontakt sind zwei Grundprinzipien leitend: 1. Das Evangelium selbst ist nicht an eine bestimmte Kultur gebunden. 2. Jede Kultur hat wahrhaft gute menschliche Werte und Traditionen, die gewissermaßen korrespondieren mit Grundelementen des Evangeliums.

Das Ziel geglückter Inkulturation ist, dass beide, christlicher Glaube und konkrete Kultur, im Leben der Menschen immer mehr und besser zur Entfaltung kommen.

Diese Grundprinzipen der Inkulturation gehörten nicht immer zum Allgemeingut in der kirchlichen Mission. Gerade in der Neuzeit, bis hinein in das 20. Jahrhundert, wurde von Europa aus so missioniert, als ob die christliche Botschaft und die europäische Kultur untrennbar zusammengehörten. Kirchen wurden gebaut wie „daheim", Christbäume und Krippen wurden importiert und vieles mehr. Es fehlte das Bewusstsein dafür, dass in Europa nicht das „reine" Evangelium gelebt und geglaubt wurde, sondern dass dieses bereits durch und durch „inkulturiert" war, geprägt von der hiesigen Lebensart, den gesellschaftspolitischen Gegebenheiten, den Traditionen etc.

Spricht man heute von „Inkulturation", so sind damit nicht mehr nur Vorgänge in den klassischen Gebieten der Mission gemeint. Es wird immer mehr bewusst, dass in allen Kulturen, gerade auch in den alten christlichen Gebieten Europas, Inkulturation keine Selbstverständlichkeit ist. Im Schreiben „Evangelii nuntiandi" (EN) von 1975 geht Papst Paul VI. der Frage nach, wie die Botschaft des Evangeliums die Menschen erreichen und in die Tiefe gehen kann. Er stellt fest: Das Evangelium soll den Menschen in seinen Tiefenschichten als Person und in seinem jeweiligen kulturellen Kontext treffen. „Der Bruch zwischen Evangelium und Kultur ist ohne Zweifel das Drama unserer Zeitepoche, wie es auch das anderer Epochen gewesen ist." (EN 20)

Dieser Bruch zwischen Evangelium und Kultur findet zweifellos auch in West- und Mitteleuropa statt. Die hier in der Kirche üblichen Ausdrucksweisen des Glaubens inner- und außerhalb des Gottesdienstes, die volkskirchlichen Bräuche, bleiben zum großen Teil gänzlich unverbunden mit den anderen Lebensvollzügen eines (post)modernen Menschen.

Das Gebot der Inkulturation meint für uns, die konkrete Lebensweise der Menschen von heute, ihre Art zu denken, zu kommunizieren, Symbole zu verwenden etc., zu kennen und ernst zu nehmen. Nur indem jemand sich die Kultur ganz zu eigen macht, kann sie/er die konkreten Fragen, die spezifischen Ängste und Freuden der Menschen erfassen und sie in Verbindung bringen mit dem Evangelium. Andererseits besteht auch die Gefahr, dass bei falsch verstandener Anpassung und Rücksichtnahme der Kern des Evangeliums ausgehöhlt, innerlich leer oder verfälscht wird. Inkulturation bleibt eine Gratwanderung: Echtes Sich-Einlassen auf die konkrete Kultur muss einhergehen mit der Treue zum Evangelium. Gelingt diese Gratwanderung, dann gelingt christliche Verkündigung, ansonsten bleibt das Hören der Botschaft oft ein oberflächlicher Anstrich oder eine Dekoration.

Anna Findl-Ludescher

() | *Verweise*

Grundvollzüge der Kirche; Mission; Volksfrömmigkeit

Kinder / Kinderlosigkeit

KINDER MACHEN BEWUSST, dass wir immer in Beziehungsnetzen stehen. Denn Kinder gibt es nur, weil es Frauen und Männer als Mütter und Väter gibt. Von Kindern zu sprechen heißt von Generationen zu sprechen, denen vor uns wie denen nach uns. Die Erfahrung, ein Kind (gewesen) zu sein, ist etwas, was alle Menschen verbindet – auch wenn die Lebensformen von Kindern sehr verschieden aussehen können. Das allgemeine Bild von Kindern ist doppelgesichtig: Sie werden einerseits als unschuldig, ehrlich, hilfsbedürftig etc. gesehen, andererseits als Konkurrent(inn)en um Lebensqualität, als laut und lästig und nicht wirklich zurechnungsfähig. Zudem bleibt „das Kind" seltsam unbestimmt, denn eigentlich gibt es keine Kinder, sondern nur Mädchen und Buben.

Gesellschaftlich sind Kinder den Frauen zugeordnet: in Familien ebenso wie in den typischen Frauenberufen im Erziehungs- und Versorgungsbereich. „Frauen und Kinder" waren schon in der Bibel ein Begriffspaar, wenn es um sozial Schwache ging, und bis heute zählen sie zu denen, die von Gewalt, Krieg, Armut, Not besonders betroffen sind – auch weil sich Frauen für die von ihnen abhängigen Kinder in solchen Situationen besonders verantwortlich wissen.

Kinder werden seltener. Neben der schwierigen Vereinbarkeit von Beruf und Familie liegen Ursachen der abnehmenden Kinderzahl auch darin, dass das Leben mit Kindern die Verfügungsgewalt über die eigenen zeitlichen, materiellen und kräftemäßigen Ressourcen einschränkt und es für dieses Wagnis nicht genügend strukturelle wie ideele Unterstützung gibt. Nicht umsonst sprechen Eltern oft eher von der Belastung als von der Bereicherung durch Kinder. In der Kinderpastoral ist das Ziel weniger die Entlastung von Eltern, sondern es liegt eher zwischen Rekrutierung neuer Kirchenmitglieder und praktizierter Wertschätzung der Kinder als vollwertiger Menschen, mit denen gemeinsam nach einem für sie passenden Zugang und Ausdruck für ihre Gottesbeziehung gesucht wird.

Immer öfter bleiben Menschen (Paare und auch Singles) ungewollt kinderlos. Dieses Faktum widerspricht dem Klischeebild, dass es sich Kinderlose bloß leicht machen wollen. In den biblischen Erzählungen gottgeschenkter Schwangerschaften finden Betroffene wenig Trost. Viele von ihnen suchen bei der Reproduktionsmedizin Hilfe und machen dabei häufig tiefe Entfremdungserfahrung in den technisierten Abläufen.

Als „Kinderersatz" wird kinderlosen Frauen oft geraten, sich ehrenamtlich im Sinne „sozialer Mütterlichkeit" zu engagieren. Tatsächlich ist es für Kinderlose wichtig, ihre Kreativität und Fruchtbarkeit in einem übertragenen Sinne ausleben zu können, doch das Leiden daran, nicht leiblich Leben weitergeben zu können und nicht mit Kindern im eigenen Haushalt zu leben, darf dabei nicht überspielt werden. Die Betroffenen brauchen eine Atmosphäre, die sie von dem Druck befreit, nur als Menschen vollwertig zu sein, deren Generativität normal funktioniert. Das gelingt am ehesten dort, wo ihnen geholfen wird, die Erfüllung ihres Lebens nicht von Kindern, sondern von Gott zu erwarten und ihr/ihm die Wahl der Mittel zu überlassen: eine spirituelle Übung übrigens, die auch für Eltern sehr wichtig und entlastend sein kann!

Verwandtschaft, Freundeskreise und Gemeinden bergen für Kinderlose die Chance auf eine Teilhabe an den Kindern anderer. Wenn es gelingt, Verantwortung für Kinder zu teilen und zwischen Kinderlosen und Kindern verlässliche Beziehungen entstehen zu lassen, ist oft allen drei Seiten gedient: den entlasteten Eltern, den Kinderlosen, die Kinder in dieser Form in ihr Leben integrieren können, und den Kindern, die ein größeres Spektrum an Bezugspersonen gewinnen. Auch Gemeinden können Räume sein, in denen deutlich wird: Kinder sind nicht das „Privatvergnügen" von ein bis zwei Eltern, sondern gemeinsames Anliegen eines sozialen Netzes.   *Veronika Prüller-Jagenteufel*

() | **Verweise**

Arbeit / Muße; Eucharistie / Erstkommunion; Generationen; Gesellschaftliche Trends; Mädchen

Kirchenbilder

WIE ERLEBEN MENSCHEN heute Kirche? Was erwarten sie von ihr? Wie werden Umbruchssituationen gedeutet und welche praktischen und theologischen Perspektiven sind für die Zukunft zu erkennen?

Diesen Fragen nachgehend ist es für Pastoraltheolog(inn)en aufschlussreich, die Kirchenbilder der Menschen zu erfragen und zu analysieren. Bilder bringen oft gesammelte Erfahrungen, Reflexionen und Visionen zum Ausdruck. Bei dieser Suche gilt es differenziert vorzugehen: Es gibt nicht einfach „das gegenwärtige Kirchenbild", und „die Menschen von heute" gibt es auch nicht. Es gibt Menschen mit völlig unterschiedlichen Lebens- und Glaubensauffassungen, das prägt natürlich auch ihre Sicht- und Erlebensweise von Kirche. Drei verschiedene Typen lassen sich unterscheiden (Traditionelle, Moderne und Postmoderne), jeweils mit einem für sie charakteristischen Kirchenbild. Eine solche grobe Typisierung ist notwendigerweise nur beschränkt gültig, dennoch bietet sie eine hilfreiche Orientierung.

Die Traditionellen: Diese Menschen sind Christinnen oder Christen aus Tradition. Sie haben ihren Glauben selbstverständlich von der früheren Generation übernommen, ohne lange nach dem „Warum" zu fragen. Kennzeichnend für diese Menschen ist, dass sie ein sehr selbstverständliches Vertrauen haben in die Kirche und in das, was sie vorgibt. Als zentrale Aufgabe der Kirche sehen sie die Verantwortung für die Liturgie und für die Sakramente. Wichtige Werte sind ihnen Pflichtbewusstsein und Gehorsam, und meist haben sie auch einen hohen Familiensinn.

Die *Bilder von Kirche als „feste Burg"* oder als *„Haus voll Glorie"* sind vielen dieser Menschen sehr nahe. In diesen Bildern kommen die Unvergänglichkeit, die Schönheit und die Macht Gottes zum Ausdruck, die sich in der Kirche widerspiegeln sollen. Dazu braucht diese Kirche feste Strukturen und eine straffe Ordnung. Sie soll eine möglichst perfekte Gesellschaft sein mit einer klaren Hierarchie und Aufgabenaufteilung. Diese fest gefügte, sichere „Burg" wird oft erlebt oder ersehnt als Gegenbild zum unübersichtlichen, chaotischen gesellschaftlichen Leben.

Die Modernen: Diese Menschen sind meist geprägt von den Aufbruchs- und Emanzipationsbewegungen der zweiten Hälfte des 20. Jahrhunderts – vom Zweiten Vatikanischen Konzil, von der 68er-Bewegung etc. Für sie bedeutet Christsein, dass man sich im Laufe des Lebens ganz bewusst dafür entscheidet. Dabei gelten der Glaube und die Kirchenzugehörigkeit nicht als etwas Selbstverständliches, zu dem man einmal Ja gesagt hat, sondern diese Zustimmung muss im Laufe des Lebens immer wieder neu angeeignet werden. Neben der Feier der Liturgie hat die Kirche für diese Menschen die zentrale Aufgabe, Gemeinschaft zu ermöglichen und zu stiften. Christsein geschieht in Gemeinschaften und Gruppen, nicht individuell im einzelnen Menschen. Verantwortung zu übernehmen in solchen und für solche Gruppen, aber auch soziales Engagement sind ihnen wichtige Werte.

Ganz typisch für diese Menschen ist das *Bild von der Kirche als dem wandernden Volk Gottes.* Dieses Bild wurde vom Zweiten Vatikanischen Konzil besonders hervorgehoben. In diesem Bild werden die Gemeinschaft und das Unterwegssein betont, außerdem knüpft es ganz bewusst an das Volk Israel an. Es finden sich keine Anhaltspunkte für die Höherstellung des Klerus und der damit korrespondierenden Unterordnung der Lai(inn)en, insbesondere der Frauen. Außerdem macht das Bild deutlich, dass es keine perfekte Gestalt der Kirche auf Erden geben kann, sondern dass die Kirche immer auf dem Weg ist, d. h. auch eine immer andere, der Situation angepasste Gestalt hat. Dieses Bild ist für die Menschen der Moderne ein entsprechendes und motivierendes Kirchenbild: Lai(inn)en wie Priester haben hier Gestaltungskompetenz, und die Gemeinschaft, die Pfarrgemeinde und andere Vereinigungen haben einen sehr hohen Stellenwert.

Die Postmodernen: Charakteristisch für diese Menschen ist eine spirituelle Suche, eine große Sehnsucht nach dem „ureigenen" Weg. Diese Suche führt sie in die Kirche, aber nicht nur dorthin. Viele basteln sich ihren Glauben selbst. Ein starkes Engagement in der Kirche für eine bestimmte Zeit kann durchaus dazugehören. Vom Christentum wird erhofft, dass es ganzheitlich ist, dass es Leib und Seele anspricht und auch Auswirkungen hat auf Gesellschaft und Politik. Das Leben insgesamt – und auch der Glaube – spielen sich in Projekten ab. Es gibt die Bereitschaft, einen hohen Einsatz zu bringen für ein lohnendes Ziel, aber man geht keine lange andauernden Verbindlichkeiten ein. Die Aufgabe der Kirche wird darin gesehen, auf spirituelle Sehnsüchte der Menschen einzugehen, sich karitativ zu engagieren und immer wieder Stellung in Gesellschaft und Politik zu beziehen.

In den Lehrbüchern findet sich noch kein allgemein anerkanntes Kirchenbild für diese Generation. Ich versuche die Kirchenerfahrung dieser Menschen mit dem *Bild von der Kirche als Mond* auszudrücken. Dies ist ein sehr altes Bild. Schon die Kirchenväter haben diesen Vergleich geprägt. Es ist ein Bild, in dem die spirituelle Dimension der Kirche besonders hervorgehoben wird. Alles Licht, das der Mond (die Kirche) ausstrahlt, hat er von der Sonne (von Gott). Das Licht Gottes wird durch die Kirche für alle Menschen sichtbar und zugänglich. Diesen Zugang zu ermöglichen, ist die zentrale Aufgabe der Kirche. Dabei ist die konkrete Gestalt der Kirche ständig in Veränderung: groß und voll und dann wieder sehr klein, kaum sichtbar. Diese Gestaltveränderung unterliegt nicht dem Einfluss der Menschen. Überhaupt werden in diesem Bild die Beteiligung und Verantwortung der Menschen nicht thematisiert, auch nicht die konkrete Struktur der Kirche. Das wichtigste ist, dass Menschen auf der Suche, in menschlichen, sozialen und spirituellen Nöten Licht, Orientierung und Hilfe finden können auf ihrem Weg.

Drei Typen und ihre korrespondierenden Kirchenbilder wurden mit groben Pinselstrichen gezeichnet, sie zeigen ein Panorama heutiger Kirchenlandschaft. Diese Menschen mit den so unterschiedlichen Lebensauffassungen sind alle Kirche. In den vorgestellten Kirchenbildern kommen jedoch tatsächlich ganz verschiedene Kirchenverständnisse zum Ausdruck. Die einen betonen vor allem die Struktur, die anderen das Engagement und die Gemeinschaft und die dritten die spirituelle Dimension. Im konkreten Kirchenalltag führt das zu vielen, oft zermürbenden Streitigkeiten, vor allem zwischen Traditionellen und Modernen. Die Postmodernen sind noch nicht genug etabliert und engagieren sich eher selten in den herkömmlichen Gremien. Somit hat gegenwärtig ein wertvoller (und hauptsächlich junger) Teil von Kirche noch sehr wenig Stimme.

Und die Zukunft? Kirchliche Entscheidungsträger stehen oft ratlos vor den Anfragen der Postmodernen, die die gewachsenen Strukturen in Frage stellen. Außerdem sind sie bedrängt vom Priestermangel, der ebenso diese gewachsenen Strukturen fragwürdig werden lässt. Welche Bedeutung haben in Zukunft die Pfarrgemeinden? Wird ein flächendeckendes Netz weiterhin möglich sein; ist es sinnvoll, so viel Energie dafür zu investieren?

Der Alltag fordert ständig pragmatische Lösungen. Um nicht im Pragmatismus bzw. in vertrauten Streitigkeiten stecken zu bleiben, kann die Arbeit mit den Kirchenbildern hilfreich sein. Jedes dieser Bilder hat viele verschiedene Aspekte, bietet Anknüpfungspunkte und ermöglicht überraschende Akzente. Entscheidend ist, dass die verschiedenen Menschen voneinander und aufeinander hören. Niemand von ihnen hat das „richtige" Kirchenbild. Im Miteinander-Reden und -Ringen, -Beten und -Feiern entsteht Kirche. Wichtig ist, dass wir nicht voneinander lassen, einander nicht gleichgültig sind. *Anna Findl-Ludescher*

Verweise

Frauenkirche / Frauensynode; Geld; Gemeinde / Koinonia; Gesellschaftliche Trends; Grundvollzüge der Kirche; Organisationsformen von Seelsorge; Volk Gottes; Zweites Vatikanisches Konzil

Kirchenjahr

„KIRCHENJAHR" IST die Bezeichnung für den Jahreskreis der christlichen Feste. Eine andere häufig gebrauchte Bezeichnung ist „liturgisches Jahr". Der Beginn eines Kirchenjahres ist jeweils der erste Adventsonntag, und es dauert bis zum Christkönigsonntag des darauf folgenden Jahres, dem letzten Sonntag vor Beginn des Advents. Das Kirchenjahr besteht aus der Weihnachtszeit (Advent bis zum Sonntag nach Dreikönig), der Osterzeit (Fastenzeit bis Pfingsten) und der allgemeinen Kirchenjahreszeit. Geprägt ist das Kirchenjahr von den Festen, den hohen Feiertagen und den Sonntagen.

Das Kirchenjahr verläuft nicht synchron mit dem gesellschaftlichen (bürgerlichen) Jahr. Die Feste des Kirchenjahres prägen immer noch die Zeitordnung der Gesellschaft, von den Inhalten her gibt es jedoch kaum eine Übereinstimmung. Sonntage und kirchliche Festzeiten sind – gesellschaftlich gesehen – einfach Freizeiten. Was gefeiert wird, der Inhalt der Feste, ist den meisten Menschen nur bruchstückhaft präsent.

Die Feste des Kirchenjahres zu begehen bedeutet, das gesellschaftlich übliche Zeitempfinden zu durchbrechen. Gesellschaftlich üblich ist es, die Zeit zyklisch zu denken: Alle Jahre wieder der gleiche Lauf der Dinge, gefüllt mit neuen Ereignissen, aber im Grunde dreht sich das gleiche Rad zu Silvester wieder von Neuem. Im christlich-kirchlichen Zeitverständnis spielt das „Woher" und das „Woraufhin" der gesamten Menschheitsgeschichte eine wesentliche Rolle. Hier beginnt nicht jedes Jahr eine neue Runde, ein neuer Zyklus, sondern einer Spirale gleich vergehen die Jahre, eingespannt zwischen einen gottgewollten Beginn und eine erhoffte Vollendung.

Eine der großen Herausforderungen des Kirchenjahres ist das Sich-Einlassen auf das Vorgegebene. Häufig gibt es das Empfinden, dass die augenblickliche Gestimmtheit, das, was momentan „dran" ist, das Wichtigere, Wertvollere sei als das von außen Vorgegebene. Diesen Streit zwischen innen und außen gibt und gab es immer; das Lebensgefühl der modernen Menschen gibt aber dem „Innen" den Vorzug, der momentanen Gestimmtheit. Sätze, die dieses Lebensgefühl zum Ausdruck bringen, sind z.B.:

„Wahrnehmen, was jetzt dran ist", „Was ist dir jetzt wichtig?", „Folge deiner inneren Stimme" etc. Diesem Lebensgefühl, das gegenwärtig sehr prägend ist, scheint es zuwiderzulaufen, sich auf die vorgegebenen Zeiten und Inhalte des Kirchenjahres einzulassen: Da wird etwa die Karwoche begangen, unabhängig davon, ob es den Einzelnen danach ist, sich auf Leiden und Sterben einzulassen.

Dieser vielleicht hoffnungslos scheinende Streit zwischen der modernen Bevorzugung des „Innen" und der Betonung des „Außen" durch das Kirchenjahr hat durchaus Produktives in sich. In ständiger Übereinstimmung zu leben mit der eigenen augenblicklichen Gestimmtheit ist eine Überforderung, ist unmöglich. Wohl niemand ist in der Lage, konsequent dem eigenen religiösen roten Faden zu folgen, je nach Bedarf ein Fest zu feiern oder ein besonderes Ritual zu begehen. Sich auf eine vorgegebene Struktur einzulassen, bedeutet ein Stück Demut, ein Absehen vom ganz Eigenen, aber es bringt auch Entlastung – Entlastung aus der Selbstinszenierung. Eine vorgegebene Form gibt neue Möglichkeit zur Entfaltung und weitet den eigenen Horizont. An Grenzen zu stoßen heißt auch in Kontakt zu kommen mit anderen und mit mir selbst. Ein Ritual zu vollziehen, weil es dafür Zeit ist – und nicht weil mir danach ist – bedeutet ein Einschwingen in einen breiteren Strom und stiftet Gemeinschaft.

Anna Findl-Ludescher

◯ | **Verweise**

Alltag; Liturgie; Rituale; Zeit

Konflikt

DER BEGRIFF „KONFLIKT" stammt aus dem Lateinischen und bedeutet so viel wie „zusammenstoßen", „aneinander geraten", „kämpfen". Ein Konflikt entsteht im zwischenmenschlichen Bereich dort, wo Unterschiede so aufeinander treffen, dass sie nicht als gegenseitige Ergänzung und Bereicherung, sondern als Belastung erfahren werden. Konflikte entstehen deshalb, weil Menschen verschieden sind und doch zugleich in ihrem ganzen Sein aufeinander verwiesen und angewiesen. Sie sind gefordert, ihr Denken und Handeln mit ihrer Umgebung zu koordinieren und sich zu arrangieren. Konflikte unterscheiden sich nach Dauer und Intensität sowie nach der Zusammensetzung der Beteiligten. Sie reichen vom alltäglichen zwischenmenschlichen familiären Streit bis hin zu Kriegen unter verschiedenen Ländern und Nationen.

Konflikte gehören zum Menschsein, sie sind also prinzipiell eine kulturunabhängige Kategorie. Was ihre Bedeutung in Bezug auf das menschliche Zusammenleben und Miteinander-Gestalten anlangt, weisen sie eine hohe Ambivalenz auf; mit anderen Worten: Sie repräsentieren immer zwei Seiten einer Medaille. Zum einen kann sich ein Konflikt schädlich bis zerstörerisch auswirken, die Beteiligten in ihrer Integrität und ihren Handlungsmöglichkeiten so sehr einschränken, dass persönliche Kränkungen oder sogar psychische Störungen bis hin zur existenziellen Bedrohung entstehen können. Zum anderen gibt es auch eine konstruktive Seite: Ein Konflikt kann zu mehr Klarheit und Handlungsfreiheit führen, er kann die beteiligten Personen in ihren Fähigkeiten fördern, miteinander eine Lösung oder ein Ziel zu erreichen. Menschen haben die Möglichkeit, an Konflikten zu reifen und zu wachsen, sie können sich selbst entdecken: in ihrer Geduld, ihrer Nachgiebigkeit, Kompromissfähigkeit und Toleranz ebenso wie in ihrer Wut, ihrem Zorn, ihren Ängsten und Befürchtungen.

In allen Bereichen, wo Menschen zusammenleben und -arbeiten ist eine konstruktive Konfliktbewältigung für die psychische Stabilität aller Beteiligten sowie für das gelingende Fortschreiten des Arbeitsprozesses unabdingbar. In Psychotherapie,

Supervision und Coaching sowie in pastoralpsychologischer Beratungsarbeit und seelsorglicher Begleitung wird aus diesem Grund besonderes Augenmerk auf konstruktive Konfliktlösungsstrategien gelegt. Um die Ursache von Konflikten erkennen zu können, bedarf es einer achtsamen Wahrnehmung in Bezug auf die teilhabenden Personen und deren psychische Grundkonstitution sowie hinsichtlich der psycho- und soziodynamischen Eigenheiten der Beziehungskonstellationen untereinander. Konfliktbesetzte Situationen bekommen dann am ehesten eine Chance, sich konstruktiv zu entwickeln, wenn die Betroffenen sich in ihren eigenen Motivationen, Wünschen und Zielen, in ihren Erwartungen, Hoffnungen und Interessen sowie ihren Gefühlen, Sehnsüchten und Bedürfnissen selber wahrnehmen und bereit sind, klar und offen sowohl über ihre inhaltlichen Anliegen als auch über ihre Emotionen zu kommunizieren. Zudem dürfen das größere Umfeld, der den Konflikt mittel- oder unmittelbar tangierende Kontext sowie die Sachebene nicht außer Acht gelassen werden. Meist ist in Konfliktsituationen das Trennen von Sachebene und Beziehungsebene schon der erste Schritt zur Lösung. In einem konfliktbesetzten Beziehungsgefüge kann oft allein dadurch, dass sich alle Beteiligten artikulieren können und gehört werden, Entlastung entstehen. Wo Konflikte unlösbar sind, ist es notwendig, dies anzuerkennen, auszusprechen und zu artikulieren sowie gegebenenfalls gemeinsam zu überlegen, welche möglichen und sinnvollen Konsequenzen für die Einzelnen angebracht sind.

Maria Elisabeth Aigner

() | *Verweise*

Beziehung/Bezogensein; Grenze; Krise; Supervision

Krankensalbung

Im Zuge der Reformen des Zweiten Vatikanums erfuhr das Sakrament der Krankensalbung einen Verständniswandel weg von der „Letzten Ölung", die ausschließlich Sterbenden gespendet wurde, hin zum stärkenden Sakrament bei Krankheit. In der Praxis ist die Krankensalbung heute nach wie vor selbst bei praktizierenden Gläubigen mit Ambivalenz und Unklarheit befrachtet. Als ein „heiliges Zeichen" in seiner stärkenden und Zuversicht spendenden Funktion hat sie neben dem einschneidenden Wandel im Verständnis auch einen Ortswechsel vollzogen. Sie findet, wenn überhaupt, primär im Krankenhaus oder in Altersheimen bzw. geriatrischen Institutionen statt. Insofern steht die heutige Krankenpastoral vor der Aufgabe, nach Möglichkeiten Ausschau zu halten, die Spendung der Krankensalbung wieder aus ihrem Getto herauszuführen und nach pastoralen Orten und Anlässen zu suchen, an denen Menschen auch außerhalb von Betreuungsinstitutionen die stärkende und heilsame Kraft dieses Sakraments erfahren können.

Menschen in der Not von Krankheit und Schwäche wahrzunehmen und sich um sie zu kümmern, gehört von Anfang an zu den Hauptaufgaben christlicher Gemeinden. Dabei misst sich die Sorge um Menschen, die krank sind, in einem christlichen Sinn von jeher am Verhalten Jesu diesen Menschen gegenüber. Dieser wendet sich neben jenen, die leiden, weil sie unterdrückt sind, ausgeschlossen werden oder am Rand stehen, besonders den Kranken zu. Seine Heilungen zielen auf den ganzen Menschen, sie implizieren die Vergebung der Sünden und setzen Glauben und Vertrauen voraus. Jesus legt zumeist große Nähe und Intimität an den Tag, wenn er heilend handelt. Kranke werden berührt, Hände aufgelegt, Erde und Speichel kommen ins Spiel. Aber auch er selbst erfährt eine solche sinnliche Nähe, als er am Vorabend des Paschamahles von einer namenlosen, unbekannten Frau gesalbt wird, die es wagt, seinem herannahenden Tod ins Angesicht zu sehen, und verschwenderisch ein Gefäß voll mit kostbarem Nardenöl über sein Haar gießt.

In der katholischen Kirche ist die Spendung des Sakraments der Krankensalbung dem Priester vorbehalten (vgl. CIC/1983,

c. 1003, § 1). Damit wird riskiert, dass die kirchliche Kranken-hausseelsorge im Kontext gesellschaftlicher Gesundheits- und Pflegeorganisationen auf die rein priesterliche Funktion fest-gelegt wird. Die betroffenen kranken Menschen aber erleben es häufig als Irritation, wenn sie längere Zeit durch die Krankheit hindurch von einer Person begleitet werden, die Spendung des Sakraments dann jedoch von jemand anderem erfolgt.

Krankheit und damit in Verbindung stehend körperliche Schwä-che und Schmerz führen uns in Räume, die die tiefsten Wurzeln unserer Existenz berühren. Nicht selten wird dabei für Men-schen eine ungewöhnliche Tiefendimension des Lebens spürbar, die meistens auch Veränderung und Wandel bedeutet. Wer jene Männer und Frauen begleitet, die eine Erkrankung bewältigen müssen, ist gefordert, in diese Tiefendimension einzutauchen – bzw. diese im Mitgehen präsent zu halten. Seelsorger und Seel-sorgerinnen leisten dabei als „Symbolfiguren" einen seelsorgli-chen Dienst, weil sie sich für einen größeren Sinnzusammenhang durchlässig machen und als Gegenüber eine spirituelle Qualität bei der Bewältigung von Krankheit offen halten. Das Zeichen des Salbens ist ein besonders kostbares christliches Ritual, das ohne Worte – sowohl sinnlich als auch auf einer spirituellen Ebene – immer jeweils beide berührt: jene, die salben, und jene, die gesalbt werden. Wer durch Krankheit auf sich selbst zurück-geworfen ist und sich somit unter Umständen auch isoliert fühlt, kann Trost und Hoffnung erfahren und trotz Vereinzelung Ver-bundenheit mit den Menschen und mit Gott erleben.

Maria Elisabeth Aigner

Verweise

Diakonie; Helfen; Heil / Heilung; Krank sein / Krankenhausseelsorge; Krise; Rituale; Tod / Sterben

Krank sein /
Krankenhausseelsorge

KRANKENHAUSSEELSORGE spielt sich – wie der Name schon sagt – im Krankenhaus ab und wird von Frauen und Männern praktiziert, die eigens dafür ausgebildet werden sollten. Das Krankenhaus ist in unserer westlichen Gesellschaft zum „Brennpunkt" geworden, an welchem sich Krankheit, Sterben und Tod fokussieren. Wer ernsthaft erkrankt ist, findet sich in der Regel in diesem System wieder, das für Genesung und Heilung zuständig ist.

Krankheit bedeutet speziell in unserer pluralen Leistungsgesellschaft für die Einzelne/den Einzelnen einen radikalen Einbruch in den Alltag. Die individuelle Sichtweise auf den eigenen Lebensentwurf hin, sowie auf das Leben überhaupt, wird dabei in den meisten Fällen sehr gravierend in Frage gestellt. Die eigene Vorstellung vom Leben, Ziele und Werte geraten ins Wanken. Es gibt auch keinen selbstverständlichen Deutungsrahmen, der für die schwierige Situation hilfreich sein könnte – ganz im Gegenteil: Krank sein bedeutet die Konfrontation mit einer Fülle von Sinnangeboten, angefangen von den Deutungen der Schulmedizin über psychologische bis hin zu alternativ-medizinischen oder auch esoterischen Konzepten. Das eigene Deutungsprinzip wird oft dem Zufall nach ausgewählt – je nachdem, was am ehesten plausibel erscheint oder am sichersten Verbundenheit mit einem Bezugssystem schafft.

Theoretische Konzepte von Krankenhausseelsorge gehen immer mit der Frage einher, welche Bedeutung dem Thema Gesundheit und Krankheit gesellschaftlicher- und kirchlicherseits beigemessen wird. Durch die Krankenhausseelsorge wird der Umgang mit Grenzsituationen wie Krankheit, Leid, Sterben und Tod zum Thema gemacht. Eine naturwissenschaftlich fundierte und technisch ausgerichtete Schulmedizin, die in erster Linie an den Symptomen und deren Bekämpfung interessiert ist, verursacht im System Krankenhaus bestimmte Organisations- und Handlungszwänge, welche die seelsorgliche Tätigkeit erschweren können. Ein von einer solchen Medizin geprägtes Gesundheitssystem weist immer geringe personelle und begrenzte zeitliche Ressourcen auf. Die entsprechenden Einrichtungen sind gekennzeichnet von einer streng hierarchischen Organisationsstruktur, in der jeder Berufsgruppe klare Aufgaben- und Zuständigkeitsbereiche zukommen. Für die Krankenhausseelsorge bedeutet das zumindest strukturell gesehen, eine Randposition in diesem normativen Gefüge einzunehmen. Sie steht für das, was im Krankenhaus als „Scheitern" betrachtet wird: die Realität unheilbarer Krankheit und die Realität des Todes.

In ihrer beziehungsorientierten Arbeit geht es Krankenhausseelsorgerinnen und -seelsorgern um die Begleitung von Menschen in der Krisensituation des Krankseins in Form von absichtslosem Dasein, Mitaushalten, Unterstützung und Entlastung. Sie können durch ihre kontinuierliche Präsenz jenen, die sich auf dem Weg der Auseinandersetzung mit ihrer Krankheit befinden, helfen, sich mitzuteilen und ihre Hoffnungen, Sehnsüchte und Ängste zu artikulieren. Symbole und Rituale aus den religiösen Traditionen können zum Verstehen bzw. Bewältigen der gegenwärtigen Lebenssituation hilfreich sein. Ihr Einsatz erfordert äußerste Sensibilität in Bezug auf die Bedürfnisse der Patienten und Patientinnen. Krankenhausseelsorger/in zu sein bedeutet, sich auf einen schmalen Grat zu begeben, auf dem die Zusammengehörigkeit und das Ineinanderfließen von Leben und Tod ausbalanciert werden muss. Jene Menschen zu begleiten, die gefordert sind, sich mit der Brüchigkeit und Verletzbarkeit des Lebens auseinander zu setzen, verlangt eine gute Selbstwahrnehmung sowie die Fähigkeit, im Zulassen von Schwäche die eigentliche Stärke zu erkennen. *Maria Elisabeth Aigner*

Verweise

Alt werden / Altenseelsorger/in; Diakonie; Helfen; Heil / Heilung; Krankensalbung; Krise; Rituale; Tod / Sterben

Krise

ALS KRISE BEZEICHNET man einen zeitlich abgrenzbaren psychischen Zustand, der von belastenden Situationen, plötzlichen Ereignissen oder Entwicklungen im Lebenslauf ausgelöst und als existenzbedrohend erlebt wird. Die Identität gerät ins Wanken, das Selbstverständnis und das Weltverständnis ändern sich. Das Gefühl der Unfähigkeit und des Ausgeliefertseins wächst, weil es momentan keine Möglichkeit zu geben scheint, die Lage mit den gewohnten Verhaltensweisen zu bewältigen. Der Mensch stößt massiv an seine Grenzen und benötigt oft Hilfe, um mit dieser neuen und bedrohlichen Situation zurechtzukommen.

Es gibt zwei verschiedene Arten von Krisen. Die einen sind die „situativen Krisen": all jene Ereignisse und Geschehnisse, die – meist unerwartet – über uns kommen und als bedrohlich erlebt werden, wie der Verlust des Arbeitsplatzes, das Zerbrechen einer Beziehung, der Tod eines geliebten Menschen. Auch Ereignisse, die üblicherweise positiv gedeutet werden, wie Hochzeit, Geburt eines Kindes oder ein großer Gewinn, können Auslöser einer Krise sein.

Eine andere Art von Krisen sind die „normativen Krisen", man kann auch von Entwicklungs- oder Reifungskrisen sprechen. Gewisse Lebensabschnitte bringen eine Krisenanfälligkeit beinahe zwangsläufig mit sich. Die erste solche Krisenzeit ist die Pubertät, die nächste der Eintritt ins Erwachsenenalter. Ungefähr 20 Jahre später, zwischen 40 und 45, ist die sprichwörtliche „Midlife-Krise". Auch in der Lebensphase um 60 (spätes Erwachsenenalter) und um 80 (sehr spätes Erwachsenenalter) herum sind wieder Zeiten eines solchen Übergangs. Diese Phasen sind notwendige Wendepunkte in der Entwicklung einer Person. Sie sind geprägt von Instabilität, Unsicherheit und notwendiger Neuorientierung. In dieser Phase ist eine Person formbarer, aber auch verwundbarer. Es gilt nicht unbedingt, diese Phase so schnell als möglich zu überwinden, da sich neue Entwicklungschancen eröffnen können.

Ein Bild, das vom Psychotherapeuten Hilarion Petzold entworfen wurde, kann helfen, den Vorgang einer Krise besser zu verstehen: Das Leben ruht nach diesem Bild auf *fünf Säulen*. Diese Säulen sind *„materielle Sicherheit"* (finanzielle Grundabsicherung), *„Werte"* (Sinnorientierung, religiöse Einstellungen, Lebensphilosophie ...), *„Arbeit"* (relativ befriedigende Tätigkeit, die den Alltag prägt), *„Beziehungen"* (soziales Eingebundensein), *„Körper"* (Gesundheit, intakte Körperfunktionen). Wenn nun eine dieser Säulen bröckelt oder einbricht, z. B. durch den überraschenden Verlust des Arbeitsplatzes, so ist entscheidend wichtig, wie die verbleibenden vier Säulen dastehen. Sind diese recht stabil, so kann dieser Einbruch eventuell verarbeitet werden, ohne dass diese Person tatsächlich in eine Krise gerät. Sind hingegen auch andere Säulen wackelig oder brüchig, kann eine Kündigung, der Zusammenbruch dieser Säule, alles aus dem Lot bringen. Die Situation kann zu einer existenziellen Krise werden.

Der Kontakt mit Menschen in der Krise ist eine genuine Aufgabe für Seelsorger/innen. In der akuten Phase der Krise ist es wichtig, die betroffene Person aussprechen zu lassen, auf diese Art eine erste Entlastung zu ermöglichen. In einem weiteren Schritt ist es hilfreich, anhand des Bildes von den Säulen die Lebensumstände zu erfragen und somit eine Ahnung von der Schwere der Krise zu bekommen. Eine gute Einschätzung der Situation des betroffenen Menschen ermöglicht echte Hilfe bzw. das rechte Einbeziehen von qualifizierter professioneller Hilfe.

Anna Findl-Ludescher

○ | *Verweise*

Grenze; Pastoralpsychologie; Seelsorgegespräch; Solidarität; Suizid

Laienapostolat /
Laienorganisationen

DIE TEILHABE DER LAI(INN)EN an der Heilssendung der Kirche bzw. ihr Einsatz in und für die Kirche ist mittlerweile so selbstverständlich geworden, dass der Begriff Laienapostolat als Bezeichnung dafür kaum mehr gebraucht wird. Von etwa 1900 bis weit in die 1970er-Jahre war „Laienapostolat" das Schlagwort, mit dem eine stärkere Beteiligung aller am kirchlichen Leben und an der kirchlichen Sendung propagiert wurde. Unter diesem Leitbegriff begannen immer mehr Katholik(inn)en sich nicht länger nur als Objekte kirchlichen Tuns – das zuvor nur als Handeln von Klerikern verstanden wurde – zu fühlen, sondern sich selbst als Subjekte der Kirche anzusehen und als solche zu handeln.

Diese Mitarbeit und Mitverantwortung der Laien wurde von der Kirchenleitung gefördert, insbesondere als verantwortliches christliches Handeln in verschiedenen gesellschaftlichen Bereichen. Um gerade dieses auf die Gesellschaft bezogene Laienapostolat zu fördern, wurden Laienorganisationen ins Leben gerufen, unter denen die Katholische Aktion einen besonderen Stellenwert hatte: In ihr sollten nach dem Willen der Päpste seit den 1920er-Jahren alle laienapostolischen Bewegungen und Organisationen zusammengefasst und geordnet werden. In der zweiten Hälfte des 20. Jahrhunderts kam diese Form des organisierten Laienapostolats in eine gewisse Konkurrenz zu charismatisch ausgerichteten Erneuerungsbewegungen bzw. wurde teilweise durch den Aufbau von Pfarrgemeinderäten bzw. Pastoralräten überlagert.

Das Zweite Vatikanischen Konzil widmete dem Laienapostolat ein eigenes Dekret (Apostolicam actuositatem). Hier wird die Sendung der Laien nicht mehr in der Teilhabe an der Sendung der Hierarchie begründet, sondern eigenständig auf die Berufung durch Taufe und Firmung und daher auf eine originäre Teilhabe an der Sendung der Kirche als solcher zurückgeführt. Dieses Dekret stellt damit auch eine der wichtigsten lehramtlichen

Grundlagen für die berufliche pastorale Tätigkeit von Lai(inn)en dar.

Trotz der gewachsenen Selbstverständlichkeit laikaler haupt- wie ehrenamtlicher Mitarbeit in der Kirche bzw. in verschiedensten gesellschaftlichen Bereichen haben die klassischen Laienorganisationen (Katholische Aktion, katholische Verbände, Frauenvereinigungen, Arbeitnehmerbewegung etc.) nach wie vor Bedeutung: einerseits als organisierte kirchliche und zugleich nicht-klerikale Präsenz im gesellschaftlichen Diskurs und andererseits als kritische Dialogpartner/innen der kirchlichen Hierarchie in allen Fragen des Aufbaus und der Sendung der Kirche. Zudem sind viele dieser Organisationen sowohl innerhalb der Pfarrgemeinden als auch in kategorialen Bereichen wichtige Trägerinnen der Pastoral. Zu erinnern ist hier z. B. an die Frauenorganisationen, die pfarrliche Frauengruppen vernetzen und wesentliche Impulse in die Gemeinden geben, oder an die Katholische Arbeitnehmerbewegung und ihr Engagement in der Betriebsseelsorge.

Da diese Organisationen durch ihre auf kirchlich-institutioneller Anerkennung beruhenden Strukturen in gewisser Abhängigkeit von der Hierarchie stehen, ist insbesondere das Anliegen eines kritischen Dialogs mit der Kirchenleitung in letzter Zeit vermehrt von autonomen Gruppierungen aufgenommen worden, wie etwa von der Bewegung „Wir sind Kirche", der „Initiative Katholikentag von unten" oder manchen Gruppen, die der Frauenkirche zuzuordnen sind. Insgesamt zeigt sich auch in diesem Bereich tendenziell eine Abkehr von traditionellen Institutionen und eine Hinwendung zu projektorientierten Initiativen.

Veronika Prüller-Jagenteufel

() | **Verweise**

Erneuerungsbewegungen / Neue geistliche Bewegungen; Frauenkirche / Frauensynode; Lai(inn)en / Kleriker; Synodale Kirche; Zweites Vatikanisches Konzil

Lai(inn)en / Kleriker

DIE TRENNUNG IN KLERUS und Laienstand prägt die Kirche beinahe durch ihre gesamte Geschichte. Im Zuge der Herausbildung einer klaren Ämterstruktur etablierte sich in den ersten christlichen Jahrhunderten die Unterscheidung von „kleroi" – das griechische Wort kommt von dem Los her, das geworfen wird, um jemand für ein Amt zu bestimmen – und „laoi". „Laos" bedeutet „Volk"; Lai(inn)en sind also die, die zum Volk gehören, daher ungebildet sind und eben keine Amtsinhaber/innen. Diese Wortbedeutung zeigt sich bis heute in der Unterscheidung von Fachmann / Fachfrau und Laie/Laiin. Das entscheidende Kriterium für die Zugehörigkeit zu Klerus oder Laienstand in der Kirche ist jedoch nicht fachliche Kompetenz, sondern die Weihe. So zählen Bischöfe, Priester und Diakone zum Klerus und auch die verheirateten Diakone sind Kleriker, obwohl sie im kirchlichen Bewusstsein kaum als solche wahrgenommen werden.

Mit dem wachsenden Selbstbewusstsein der Lai(inn)en in der Kirche geriet jedoch die Trennung in diese zwei Kategorien von Kirchenmitgliedern immer mehr in die Krise. Männer und Frauen, die oft hoch entwickelte Fähigkeiten in ihr kirchliches Engagement einbringen, sehen sich nicht länger als „simple Laien" und haben dem Wort eine neue Bedeutung gegeben: eine/r aus dem Volk Gottes. Aus einer abwertenden Bezeichnung wurde ein Ehrentitel und zugleich eine Bestimmung, die auch für diejenigen Mitglieder des Gottesvolkes gilt, die innerhalb dieses Volkes in ein geweihtes Amt berufen werden. So konnte nicht nur vom allgemeinen Priestertum, sondern auch vom „allgemeinen Laientum aller Gläubigen" gesprochen werden (Elisabeth Gössmann).

Die von vielen als bedrückend erlebte „Zwei-Klassen-Gesellschaft" in der Kirche ist damit aber noch nicht überwunden. Das Ärgernis besteht einmal darin, dass oft mit der priesterlichen Lebensform eine größere Nähe zum Heiligen assoziiert wird, umschrieben etwa als „Ganzhingabe", was unterstellt, dass Lai(inn)en sich nicht ebenso als ganze Menschen in die Nachfolge berufen wissen. Letztlich mündet jeder Versuch, den Unterschied zwischen Klerus und Laienstand inhaltlich und nicht lediglich aus der Funktion des Amtes heraus zu erklären, in eine Abwertung des Christseins der Lai(inn)en. Hier bedarf es einer gründlichen Veränderung der symbolischen Ordnung. Diese grenzt zudem Frauen aus der Rangebene des Klerus gänzlich aus und wertet sie so in einer doppelten Weise ab: als Frauen und als Laiinnen.

Auch die Zuordnung, dass nur die Kleriker für den Aufbau der Kirche verantwortlich seien und die Lai(inn)en dagegen für den so genannten Weltdienst, erscheint weder praktisch noch theologisch haltbar und sinnvoll: Als Getaufte und Gefirmte sind die Lai(inn)en zur Teilhabe an Sendung und Zeugnis der Kirche wie zur Partizipation an Gestaltungs- und Entscheidungsprozessen in der Kirche berufen. Synodale Kirchenstrukturen könnten das deutlicher als bisher zum Ausdruck bringen, denn sie könnten in die problematische Verbindung von sakraler Vollmacht und struktureller Macht auf Seiten des Klerus mehr Transparenz bringen und zu einer neuen Verteilung von Macht und Verantwortung zwischen Geweihten und Nicht-Geweihten beitragen.

Dadurch, dass Lai(inn)en in pastoralen Berufen de facto Amtsträger/innen geworden sind und oft dieselbe Ausbildung haben wie die Priester, gibt es nicht nur neue Konfliktlinien; es wird nun auch die Frage des Verhältnisses von Klerus und Laienstand als Frage nach Sinn und Gestaltung von Amt überhaupt gestellt. Zugleich kommen in den ebenfalls heiklen Beziehungen zwischen Haupt- und Ehrenamtlichen bzw. zwischen „Expert(inn)en" und Ratsuchenden, Organisator/innen und Mitmachenden etc. weitere Dimensionen der Problematik in den Blick.

Veronika Prüller-Jagenteufel

Verweise

Amt/Ämter; Laienapostolat/Laienorganisationen; Priestertum; Synodale Kirche; Volk Gottes

Lebensformen

Im gegenwärtigen Diskurs wird oft von der neuen großen Vielfalt postmoderner Lebensformen gesprochen. Ein genauer Blick in frühere Lebensweisen zeigt, dass schon immer sehr vielfältig gelebt wurde, tatsächlich neu ist die Öffentlichkeit, die gesellschaftliche Präsenz dieser vielen Formen.

Vor fünfzig Jahren lebten die meisten „Alleinstehenden" eingegliedert in einen größeren Familienverband. „Singles" heute sind eine sichtbare, eigenständige Gruppe innerhalb der Gesellschaft. Entsprechend „sichtbar" sind auch die verschiedenen Weisen des Single-Daseins: in wechselnden Beziehungen oder vorwiegend allein; frei gewählt, frei angenommen oder ungewollt; in räumlicher/emotionaler Nähe zur Herkunftsfamilie oder in Distanz zu ihr. Leben als Single hat viele verschiedene Facetten.

Ebenso vielfältig ist das *Leben in einer Partnerschaft:* Die einen leben in einer Ehe, andere entschließen sich, ihre Partnerschaft ohne Trauschein zu leben. Viele homosexuelle Paare wünschen sich eine ehe-ähnliche Anerkennung von der Gesellschaft und manche auch von der Kirche.

Viele Menschen werden im Verlauf ihres Lebens Eltern. *„Leben mit Kindern"* wird zur Realität für Paare mit und ohne Trauschein und für Alleinerziehende. Dieses Faktum des Elternseins prägt das Leben grundlegend. Umstände wie Stieffamilien, alleinige Verantwortung für die Erziehung etc. bilden noch eine zusätzliche Herausforderung.

Eine weitere Lebensform sind die *geistlichen Berufe.* Hierzu zählen die Lebensweisen als Ordensfrau oder Ordensmann oder als Weltpriester. Diese Menschen legen ein Versprechen ab, ehelos, arm und gehorsam zu leben. Ordensleute leben diese Form in Gemeinschaften, Weltpriester vorwiegend allein.

Ein Kennzeichen postmodernen Lebens ist es, dass die Lebensformen sich im Laufe eines Lebens häufiger ändern als früher.

So gleich-gültig wie die verschiedenen Lebensformen hier aufgelistet wurden, sind sie nicht. Die einen Formen sind gesellschaftlich akzeptierter bzw. angesehener als die anderen. Die

Kirche bzw. die katholische Lehre vertritt eine klare Rangordnung der Lebensformen: Menschen sollten entweder heiraten und eine Familie gründen, einen geistlichen Beruf ergreifen oder eine andere Lebensform ohne sexuelle Beziehung wählen.

In der pastoralen Arbeit ist es notwendig, die Spannung zwischen lehramtlichem Ideal und gelebter Realität auszuhalten. Es gilt die vielfältigen Lebensformen wahrzunehmen, und zwar mit der Zuversicht und Überzeugung, dass sich in diesen Lebensgeschichten die Geschichte Gottes mit den betroffenen Menschen eingeschrieben hat. Das Suchen nach einer Form, Liebe zu leben und den Alltag zu bewältigen, verlangt von Menschen heute ein hohes Maß an Flexibilität und an Ausdauer. Darin brauchen sie Unterstützung und auch Deutungsangebote – auch wenn ein großer Teil dieser Frauen und Männer in einer anderen Lebensform lebt, als es von der katholischen Lehre vorgesehen ist. Die Kirche bekennt sich ausdrücklich zur Solidarität mit allen Menschen. Die Diskrepanz zwischen Ideal und konkretem Leben muss von Seiten der Kirche ehrlich zur Kenntnis genommen werden. Es ist nicht redlich, am Ideal festzuhalten, ohne die Beweggründe ernst zu nehmen, die für viele Menschen diese Formen nicht möglich oder überhaupt nicht erstrebenswert machen. Die Kirche braucht ihre Ideale nicht aufzugeben, sie soll sie überall dort einbringen, wo um Lebensformen gerungen und gestritten wird. In der Seelsorge ist aber eine neue Kreativität erforderlich, Initiativen und Angebote nicht nur vom Ideal der Familie und der geistlichen Berufe her zu denken und zu konzipieren, sondern von einer wohlwollenden und zugleich kritischen Auseinandersetzung her mit den gegenwärtig existierenden Lebensformen.

Anna Findl-Ludescher

( ) | **Verweise**

Ehe/Ehepastoral/Geschiedenenpastoral; Gesellschaftliche Trends; Seelsorge

Leiten

GUT ZU LEITEN und das eigene Leitungsverhalten zu reflektieren sowie es fachlich wie theologisch begründen und verantworten zu können, ist eine der Grundkompetenzen, die für viele pastorale Dienste nötig ist. Es handelt sich dabei nicht so sehr um eine angeborene Fähigkeit, als um eine Fertigkeit, die gelernt werden kann. Sie braucht nicht nur, wer Gemeinden oder Ortskirchen leitet, sondern wer immer sich für Gruppen oder Gremien verantwortlich weiß.

Grundsätzlich wird in der Pastoraltheologie mehr von Leitung gesprochen als von Führung, denn mit letzterer wird ein stärker autoritäres Verhalten verbunden: Vom Wortstamm her kann Führung als „anderen eine Erfahrung zufügen" verstanden werden, während es bei Leitung um eine Anleitung zur je eigenen Erfahrung geht. Gesellschaftlich wird immer öfter wieder nach dem „starken Mann" und nach klaren Vorgaben verlangt. Pastoral, die im Dienst der Mündigkeit der Menschen steht, muss sich diesem Trend verweigern.

Ein der humanistischen Psychologie entstammendes Verständnis von Leitung beschreibt sie als Aufgabe, Verantwortung dafür zu übernehmen, dass die Gruppe/Gemeinschaft/Gemeinde „funktioniert". Dazu gehört insbesondere zu erkennen, was die Gruppe braucht, damit sie ihr Ziel erreicht und ihre Einheit bewahrt. Leitung heißt nicht, das alles selbst zu tun, sondern dafür zu sorgen, dass es geschieht.

Die Themenzentrierte Interaktion nach Ruth Cohn hat erkannt, dass es in jeder Gruppe vier Dimensionen gibt: die Einzelnen, die Gemeinschaft, das Ziel bzw. Thema der Gruppe und ihr Umfeld. Grundaufgabe der Gruppenleitung ist es, sich um eine dynamische Balance dieser Dimensionen des Gruppengeschehens zu sorgen. Dabei wird theoretisch davon ausgegangen, dass in einer gut funktionierenden Gruppe jede/r diese Aufgabe übernehmen kann. In dieser Idealvorstellung zeigt sich das Ziel, Macht immer zur Ermächtigung sowohl der Einzelnen als auch der Gruppe als Ganzer einzusetzen.

Der/Die Leiter/in steht nicht über der Gruppe, sondern stärkt, unterstützt und fördert die Begabungen der Mitglieder und ermutigt dazu, diese in den gemeinsamen Prozess einzubringen; sie/er bleibt dabei selbst als Person beteiligt und greifbar. In dieser Form zugleich in der Gruppe als auch ihr gegenüber zu stehen, trifft auf jedes Mitglied zu und ermöglicht Begegnung. Der/Die Leiter/in kann das verdeutlichen.

Theologisch kann Leitung von der Drei-Ämter-Lehre – Christus als Priester, Prophet und eben König bzw. Hirte – her entwickelt werden. Leitung bedeutet so immer auch Repräsentation des göttlichen Hirten Jesus Christus. Ein anderes theologisches Leitungsverständnis betont diesen Dienst an der Gemeinschaft als eine notwendige Hilfe dafür, dass die Gruppe/Gemeinde leben kann als Verwirklichung der von Gott gestifteten Gemeinschaft von Menschen mit Gott und untereinander. Beide Zugänge machen Leitung in der Kirche als Aufgabe von Frauen und Männern möglich.

In der pastoralen Praxis werden Gruppen, Gremien und Gemeinden öfter von Männern geleitet als von Frauen. Wenn Frauen Leitung übernehmen, sehen sie sich häufig mit der Erwartung konfrontiert, es nun „anders" zu machen. Die Klischeevorstellung ist, dass Frauen einen partizipativeren und kommunikativeren Leitungsstil haben, sich dafür aber nicht so gut durchsetzen können wie Männer. Leitung nicht als Alleinherrschaft misszuverstehen, sondern möglichst alle Betroffenen an Entscheidungen zu beteiligen und für einen Ausgleich der Interessen zu sorgen, entspricht dabei einem modernen Verständnis von Leitung. Für Frauen wie für Männer besteht die Kunst darin, eine solche beziehungsorientierte Art des Leitens so zu kultivieren, dass es der Gruppe hilft, ihre Ziele zu erreichen. Dabei erweisen sich auch Klarheit und Festigkeit als durchaus „weibliche" Tugenden. *Veronika Prüller-Jagenteufel*

( ) | *Verweise*

Amt/Ämter; Gemeindeleitung; Lust; Macht; Priestertum

Liturgie

LITURGIE IST SEIT dem 2. Jahrhundert die Bezeichnung für die Versammlung der Christ(inn)en zu Gebet und Schriftlesung, zur Begegnung mit Christus in Wort und Symbol. Im Deutschen entspricht dem das Wort Gottesdienst. Im Gottesdienst versammeln sich Menschen, um ihr Leben mit Dank und Bitte ausdrücklich mit Gott in Verbindung zu bringen, sich klagend oder lobend an Gott zu wenden. Hier wird für sie Gottes Zuwendung und Gegenwart in besonderer Weise spürbar im Wort Gottes sowie in symbolischen und rituellen Handlungen. Im Gottesdienst werden sie durch Gott als gemeinsame Mitte tiefer untereinander verbunden. So dient die Liturgie Gott und den Menschen, weil sie bewusst und wirksam die Beziehung zwischen ihnen stärkt.

Ausdrücklich christlich ist eine Liturgie dann, wenn sie das Geheimnis von Menschwerdung, Tod und Auferstehung Jesu Christi als Geheimnis der Erlösung und des Heils feiert und bekennt. Liturgie ist Aktualisierung dieses Heilsgeschehens, macht es für die Mitfeiernden gegenwärtig, und zwar konkret und kontextuell: Hier und jetzt wird Gottes Heil gefeiert, und so sollten aktuelle Fragen, Freuden und Sorgen auch sichtbar werden. Mitten in diesem Leben feiert Liturgie die heilswirksame Gegenwart Christi und kann und soll daher auch von dem geprägt sein, was die konkrete Gemeinschaft an diesem konkreten Ort zu diesem bestimmten Zeitpunkt in der Geschichte beschäftigt. Im Bemühen um derart lebendige Liturgien haben sich verschiedene Gottesdienstformen entwickelt (z. B. Frauenliturgien). Zu dieser Vielfalt tritt als Gegenpol die verbindliche Regelung der Liturgie, die die Einheit in der Feier der ganzen Kirche gewährleisten will. Die Balance in dieser Spannung ist immer neu zu suchen.

Liturgie steht in engem Zusammenhang mit den anderen drei Grundvollzügen der Kirche (Diakonie, Gemeinschaft, Bekenntnis): Die soziale Wirklichkeit braucht Platz im Gottesdienst, Liturgie kann ein Ort der Diakonie sein, denn hier geht es nicht nur um das Leben der Anwesenden, sondern gerade die Armen und Bedrängten sind in die Gebetsgemeinschaft einzubringen. Liturgie braucht eine Gemeinschaft, die zumindest in einem weiten Sinne Leben miteinander teilt, sodass dieses Leben in der Feier zum Ausdruck kommen kann. Und Liturgie ist ein Ort des Bekennens, denn gerade hier vergewissern sich Christ(inn)en ihres Glaubens bzw. ist Liturgie eine Schule des Glaubens. Ohne gemeinschaftliches Gebet und liturgisches Feiern wird wohl kaum jemand wirklich tief in den christlichen Glauben hineinwachsen können.

Ein weiteres pastoral bedeutsames Kennzeichen christlicher Liturgie ist, dass sie nicht eine Vorstellung von ein paar Handlungsträger(inne)n auf einer Bühne ist, kein Kult, der für das Volk inszeniert wird, sondern gemeinsame Feier aller Beteiligten. Alle sind zur aktiven Teilnahme aufgerufen. Dieses Verständnis hat insbesondere das Zweite Vatikanische Konzil hervorgehoben. Diese tätige Partizipation aller zu ermöglichen, verlangt nach sorgfältiger Vorbereitung, nach einem aufmerksamen Umgang mit der liturgischen Sprache, nach gemeinsamen Liedern, Gebeten und symbolischen Handlungen, nach einer guten Aufteilung der Rollen im Gottesdienst, gerade auch zwischen Priestern und Lai(inn)en.

Über die Aktivierung der Gläubigen sollte allerdings nicht vergessen werden, dass Liturgie ein Ort der Gratuität, also des geschenkten Heils ist und nicht der Leistung. Bei aller Wichtigkeit von Gemeinschaft und Konkretheit erleichtert der vorgegebene Ritus auch jenen die Teilnahme, die nur „hinter der Säule" stehen wollen. Die Kunst der Leitung einer Liturgie besteht darin, beiden scheinbar widersprüchlichen Zugängen zu ihrem Recht zu verhelfen. Im Tiefsten ist die liturgische Feier die von Gott her eröffnete Möglichkeit zur Teilhabe an Gottes Leben durch Jesus Christus im Heiligen Geist. Sie lebt nicht vom menschlichen Machen, sondern von Gottes Wirken.

Veronika Prüller-Jagenteufel

() | **Verweise**

Eucharistie/Erstkommunion; Frauenliturgien; Grundvollzüge der Kirche; Sakramente/Sakramentalität; Schönheit; Zeichen der Zeit

Lust

PASTORALTHEOLOGIE BESCHÄFTIGT sich mit dem Wandeln des Volkes Gottes in gegenwärtiger Zeit vor dem Hintergrund der Herausforderungen des Evangeliums. Menschliches Leben ist gekennzeichnet von Wachstum und Vergehen und schöpft dabei seine Antriebskraft vorwiegend aus den Potenzialen der Lust und Erotik, Sinnlichkeit und Leidenschaft. Diese Kräfte sind es, die Frauen und Männer ermutigen, alles zu hoffen und nichts zu fürchten. Zugleich machen sie deutlich erfahrbar, wie wenig wir das Leben mit seinen je eigenen Schicksalswegen in der Hand haben.

Lust und die damit einhergehende Erfahrung steckt in jedem Menschen und beflügelt das eigene Sein und Handeln. Gleichzeitig bewegt sie sich dabei mehr oder weniger an der Grenze zur Gefahr, auch und gerade deshalb, weil sie eine Intensität mit sich bringt, die das Leben in einem ganz anderen Licht erscheinen lässt. Lusterfahrung verbindet uns in einer sehr eigenen Qualität mit uns selber und unserer Umwelt – zugleich trennt sie uns jedoch von dem, was wir von der kontinuierlich wiederkehrenden Alltagswelt kennen. Sie taucht auf als ein Erleben, das dem Alltag etwas Besonderes verleiht und bei aller damit verbundenen Erkenntnis und Schönheit wieder losgelassen werden muss. Lust ist nie von Dauer, erweckt aber die Hoffnung und Sehnsucht, dass sie wiederkehren möge. Sie ist vertraut und fremd zugleich, lässt sich keinesfalls besitzen und bleibt so in ihrer Unverfügbarkeit immer auch Geheimnis.

Für Frauen stellt der Zustand von Lust in seiner Stärke und Tiefe ein Veränderungspotenzial dar, das sie als aktiv Planende und Handelnde tätig werden lässt. Dabei bedeutet Lust nicht nur eine Intensivierung des Lebensgefühls, sondern auch eine besondere Form der Aufmerksamkeit und Klarheit. Lusterfahrungen stehen in Verbindung mit unserem Unbewussten; sie stiften Nähe zum eigenen Selbst und ermöglichen zugleich, von uns selbst abzusehen. Sie sind als klopfende Impulse Voraussetzung für das Aufspüren des eigenen Begehrens, das Frauen in Bezug auf ihre Lebensaufgabe über sich hinauswachsen lässt.

Auf der sexuell-erotischen Ebene läuft die Lust unter den gegenwärtigen Bedingungen gesellschaftlich-medialer Öffentlichkeit Gefahr, trivialisiert und banalisiert zu werden. Durch die zunehmende Reizüberflutung und Sexualisierung vieler Lebensbereiche wird Lust zu einem Konsumartikel degradiert, der die Menschen enorm unter Druck setzt. Dadurch geht das Verborgene, Dramatische und Unergründliche im Zusammenhang mit sinnlich-erotischer Lusterfahrung ebenso verloren wie das Geheimnisvolle daran. Lust steht in engem Zusammenhang mit der Seele und muss vor der Flut der Reize von außen geschützt werden. Sie ist nichts, was an das Licht gezerrt werden will, sondern kann ihre Energie nur dort entfalten, wo innere Aufmerksamkeit und Entschlossenheit präsent sind.

Was die Lust die Menschen in sinnlich-erotischer Hinsicht lehrt, hat auch Glaubens-Kraft sowie politische Kraft. Sich den eigenen Wünschen und Sehnsüchten zu öffnen und sie als Mann und Frau in ihren Unterschieden leben zu lernen, birgt nicht nur individuelle Veränderung, sondern schafft auch Neues in Kirche, Politik und Gesellschaft. Eroberung in allen Belangen des Lebens zu erproben und sich dem hinzugeben, was das Leben bereithält, sind Akte, die Frauen wie Männern Grenzüberschreitungen abverlangen, sie aber auch aus der Isolation ihres Daseins herausführen. *Maria Elisabeth Aigner*

Verweise

Genießen/Glück/Wellness; Geschlecht/Frauen/Männer; Grenze; Macht; Schönheit

Macht

MACHT IST ÄHNLICH WIE GELD ein tabu-
isiertes und hoch emotionalisiertes Thema. Das hat u. a. damit
zu tun, dass Machterfahrungen äußerst ambivalent erlebt werden und in ihren Auswirkungen mitunter schwer fassbar sind.
Die zerstörerische, unterdrückende, sich über andere erheben-
de Form der Machtausübung ist unter Menschen ebenso eine
Realität wie jene schöpferische, gestaltende und verändernde
machtvolle Kraft, ohne die menschliches Zusammenleben nicht
möglich wäre. Wo Macht in Form von rücksichtslosem, dominan-
tem Einfluss eingesetzt wird, rücken immer auch Ohnmacht und
Abhängigkeiten in den Blick.

Frauen fällt es im Allgemeinen nach wie vor schwerer als Männern, sich positiv mit Macht auseinander zu setzen bzw. die
ihr innewohnende Kraft zur Gestaltung und Veränderung von
Wirklichkeit zu leben. Nirgendwo zeigen sich die Auswirkungen
einer patriarchal geprägten Kultur und Gesellschaft so deutlich
wie bei diesem Thema. Das Patriarchat mit seinem von Männern
und Männlichem geprägten Weltbild besetzt den Begriff Macht
mit Herrschaft, bei der es immer Herrschende und Untergebe-
ne/Unterdrückte gibt. Macht wird in Verbindung gebracht mit
Hierarchie und Rangordnung. Sie kann subtil ausgeübt oder aber
auch in Form von körperlicher, psychischer oder struktureller
Gewalt erlebt werden. Diesen Formen des Machtmissbrauchs sind
weltweit vor allem Frauen und Kinder ausgesetzt.

Macht kann sich aber in einem positiv verstandenen Sinn als
eine zu gestaltende Schöpfungskraft erweisen. Sie wird dort
gelebt, wo das Dasein von Präsenz, Wachheit und Interesse
geprägt ist. Zu einem positiven Einsatz von Macht braucht es
Freude und Lust ebenso wie das Verbundensein mit dem Strom
des Lebens. Es bedarf eines liebevollen Verhältnisses zur Welt
und zu sich selber sowie des Zutrauens und Verantwortungs-
bewusstseins. Macht verlangt, sich der eigenen Fähigkeiten
bewusst zu werden, sie zu sammeln und gezielt einzusetzen.
Eigenständiges Planen, Entwickeln und Gestalten ist notwendig,
wenn machtvolles Agieren an die Stelle von hörigem Re-agieren
treten soll.

Eine Kultur, die bestrebt ist, das den Menschen dienende kraftvolle Potenzial zu entwickeln und zu entfalten, das in einem positiven Sinn in der Machtausübung liegt, braucht eine hohe Wahrnehmungssensibilität in Bezug auf Formen des Machtmissbrauchs. Denn es liegt in der menschlichen Natur, dass mit Macht nicht nur lebensspendende und -erhaltende Kräfte einhergehen, sondern auch die dunklen Seiten: das Dämonische, Neid und Missgunst, Herrschsucht und Gewalt. Diesen dunklen Kräften kann entgegengewirkt werden, wo in machtvollen Zusammenhängen auf Transparenz, Klarheit und Information Wert gelegt wird und wo Wissen und Erfahrung sowie spezifische Fähigkeiten gewürdigt und anerkannt werden. Unterdrückende Formen der Machtausübung werden u.a. dadurch gerechtfertigt, dass sie scheinbar zum Dienste und Wohle anderer eingesetzt werden. Die Frage nach den Verlierer(inne)n und Gewinner(inne)n und nach dem Zusammenspiel von Geben und Nehmen zu stellen ist notwendig, um Entmächtigungen entgegenzuwirken.

Macht bedeutet, Verantwortung zu übernehmen und damit schuldfähig zu werden, im Gegensatz zum Bemühen, die eigene Unschuld bewahren zu wollen und sich selbst zum Opfer zu machen. Lustvolles machtvolles Handeln, das andere ermächtigt, d.h. sie in jener menschlichen Würde bestätigt, die ihnen als freie Töchter und Söhne Gottes gegeben ist, ist immer ein Handeln in Beziehung und eines, das Gefühle, den Körper und die Erotik mit einschließt. Machtvolles In-der-Welt-Sein bedeutet große Nähe zu sich selbst und zugleich davon absehen zu können. Nur in diesem Paradox kann Macht Autorität gewinnen und sich als Dienst entfalten. *Maria Elisabeth Aigner*

() | *Verweise*

Autorität / Mentoring; Beziehung / Bezogensein; Geld; Geschlecht / Frauen / Männer; Leiten; Lust; Reich Gottes

Mädchen

Die Gruppe der 11- bis 17-Jährigen bezeichnet man heute meist als „Jugendliche". Dieser Sprachgebrauch verschleiert die Geschlechterdifferenz, die Unterschiedlichkeit in der Sozialisation und in faktischen Lebenspraktiken von Mädchen und Buben.

Trotz sehr vieler emanzipatorischer Veränderungen im Bewusstsein der Menschen in den vergangenen Jahrzehnten ist die Sozialisation von Mädchen und Buben auch heute noch sehr verschieden. Bezüglich der Ursachen gibt es viele verschiedene Überlegungen und Theorien. Ein erster Grund dafür dürfte bereits in der frühen Kindheit liegen. Wenn Kinder beginnen, ihre eigene (Geschlechts-)Identität zu entwickeln, dann geschieht das wesentlich über Abgrenzung. Das Erkennen von „Ich bin nicht du" und „Ich bin anders als du" ist grundlegende Herausforderung und Erfahrung vor allem im zweiten Lebensjahr. Diese Abgrenzung ist gegenüber der primären Bezugsperson (beinahe immer die Mutter) besonders herausfordernd und prägend. Für einen Buben bedeutet diese Abgrenzung ein deutliches Wahrnehmen seines Anderssein aufgrund der geschlechtlichen Verschiedenheit. Ein Mädchen wird sich von seiner Mutter aufgrund des gleichen Geschlechts anders abgrenzen als ein Bub. Das Mädchen entwickelt seine Autonomie in dieser Lebensphase nicht primär durch abgrenzendes Anderssein, sondern immer auch durch Ähnlichkeit. Diese ersten Erfahrungen in der Entwicklung der Individualität sitzen tief, auch wenn sie natürlich durch spätere Erfahrungen wie z. B. die Abgrenzung vom Vater verändert und erweitert werden.

Außerdem wirken in der Erziehung individuell und gesellschaftlich tief sitzende Rollenbilder, sodass bis heute das Faktum bleibt, dass Mädchen anders auf das Leben zu bzw. in das Leben hineingehen als Buben. Die Verbundenheit mit anderen Menschen, die Beziehungsorientiertheit ist grundlegend für weibliche Lebenspläne, für Entscheidungsfindungen, Problemlösungen etc. Buben und Männer definieren sich stärker über Getrenntheit, sie orientieren sich mehr an allgemeinen Normen und Werten.

Die Bildungschancen und Lebensbedingungen von Mädchen und Buben haben sich im westlichen Kulturraum weitgehend angeglichen; beide Geschlechter haben bis ca. zum 20. Lebensjahr einen ähnlichen Wertkodex und Lebensentwurf. Sobald sich aber die Kinderfrage konkret stellt, läuft zwischen den Geschlechtern meist wieder alles in altbekannten Bahnen und die hohe Berufsorientierung der Mädchen korrigiert sich nach unten.

In der Begegnung mit der christlichen Religion erleben Mädchen, dass die Inhalte meist männlich geprägt sind. Das Bild vom dreifaltigen Gott ist männlich geprägt, und auch die meisten biblischen Geschichten, die häufig erzählt und gelesen werden, handeln von Männern und Buben: von Jesus, vom barmherzigen Vater und seinen Söhnen, von Mose, David, Josef und seinen Brüdern. Es ist offensichtlich, dass diese Inhalte auf das Bewusstsein von Mädchen und Buben unterschiedlich wirken. Buben können eine ungebrochene Nähe zu Gott erfahren; sie finden ihre geschlechtliche Identität repräsentiert in den Gottesvorstellungen und in den vielen biblischen Geschichten. Mädchen hingegen erfahren sich immer als verschieden, als anders. Das Göttliche ist immer mit dem anderen Geschlecht verbunden. Es finden sich nur wenige ermutigende biblische Geschichten von Frauen und fast gar keine von Töchtern oder Mädchen. Diese Geringachtung von Mädchen kann sich sehr tief, sehr grundlegend im religiösen Bewusstsein abbilden. Eine religiöse Erziehung, die die Geschlechterfrage ernst nimmt, die Mädchen ein Selbstbewusstsein in ihrer religiösen Identität ermöglichen will, wird ganz bewusst biblische Erzählungen von Frauen in die Verkündigung mit einbeziehen. Die Sakramentenvorbereitung und der Schulunterricht werden mit dem Blick auf die anwesenden Mädchen entsprechend umgestaltet und verändert werden.

Anna Findl-Ludescher

( ) **Verweise**

Autorität / Mentoring; Geschlecht / Frauen / Männer; Gewalt gegen Frauen; Kinder / Kinderlosigkeit

Martyria / Bekennen / Verkündigung

Neben der Feier des Gottesdienstes (Liturgie), dem solidarischen Handeln (Diakonie) und dem Aufbau von Gemeinschaft (Koinonia) bildet Martyria die vierte Grunddimension von Kirche, die zum Kirchesein unbedingt dazugehört. Das griechische Wort, von dem auch die Märtyrer/innen ihre Bezeichnung ableiten, bedeutet Zeugnis oder Bekenntnis und wird im kirchlichen Sprachgebrauch auch durch den Begriff Verkündigung wiedergegeben.

Es geht um jene „Lebens- und Sprachbewegung des Glaubens" (Henning Schröer), durch die sich ein Mensch bzw. eine Gemeinschaft als christlich zeigt bzw. Glaube sichtbar und hörbar zum Ausdruck kommt. Vorrang vor jedem gesprochenen Wort hat dabei das „Zeugnis des Lebens", wie die Enzyklika „Evangelii nuntiandi" (Papst Paul VI. 1975) betont. Bei Verkündigung nur an Predigten oder kirchliche Lehrschreiben oder auch nur an Erwachsenenbildung, Glaubens- oder Bibelrunden zu denken, greift demnach zu kurz. Eine Christin bzw. ein Christ gibt mit dem ganzen Leben Zeugnis ab für die Hoffnung, die in ihr/ihm lebt (vgl. 1 Petr 3,15). Es geht dabei nicht um die Mitteilung von Informationen und auch nicht um Katechismuswissen oder Glaubenssätze, sondern um eine Botschaft, für die man mit der eigenen Existenz einsteht.

Das, wovon mit Worten gesprochen werden kann, sind die eigenen Erfahrungen mit Gott und die Erzählungen von Gott durch die Jahrhunderte, die der eigenen Erfahrung Rahmen und Deutung geben. Das, woran der Glaube überdies sichtbar wird, sind die Haltungen und Handlungen, die ein Leben oder eine Gemeinschaft prägen. Beides sollte in möglichst großer Übereinstimmung sein, damit das Zeugnis des Lebens bzw. Tuns nicht das Zeugnis des Redens von Gott in Frage stellt. Auch Form und Inhalt des Bekenntnisses sind nicht zu trennen. Für die Kirche bedeutet das die Herausforderung, darauf zu achten, dass sie durch ihre Strukturen und Umgangsformen, durch ihre Riten und Gewohnheiten etc. nicht etwas anderes verkündet als durch ihre Worte. Unter anderen hat Feministische Theologie hier auf wesentliche Unstimmigkeiten hingewiesen, unter denen auch die Glaubwürdigkeit des christlichen Bekenntnisses in der Gesellschaft leidet.

Gerade in einem nicht (mehr) christlichen Umfeld ist aber mutiges und glaubwürdiges christliches Zeugnis nötig. Auch Fragen, die nicht unmittelbar theologische sind, können Bekenntnisfragen sein, denn in vielen gesellschaftlichen Themen geht es im Kern um Glaubensentscheidungen: in Fragen der sozialen Gerechtigkeit, in der Entscheidung für oder gegen bestimmte Formen des Wirtschaftens, in der Gentechnik, in der Euthanasiedebatte, in der Kultur der Geschlechterdifferenz ... Überall, wo es um die Frage nach dem Menschenbild geht, steht auch das christliche Bekenntnis auf dem Spiel und sind Christ(inn)en und Kirche insgesamt herausgefordert, von ihrem Glauben Zeugnis abzulegen, z.B. auch dadurch, dass sie sich manchen gesellschaftlichen Strömungen offen entgegenstellen.

Menschen erweisen sich als Christ(inn)en insbesondere in ganz konkreten Taten der Menschenliebe, der Zuwendung zu denen, die unter das Rad gefallen sind, dann aber ebenso im mutigen Versuch, „dem Rad selbst in die Speichen zu greifen" (Dietrich Bonhoeffer), also bewusst politisch zu handeln. Spätestens hier macht das Bekenntnis auch angreifbar und wird deutlich, warum das Wort auf das Martyrium hinweist.

Verkündigung bedeutet unter anderem, prophetisch im Namen Gottes zu sprechen und die Gottesherrschaft anzusagen: als vielleicht verwirrende, aber auch heilsame Infragestellung des status quo, als Gnade und als Auftrag. Vor jedem Gebot ist dabei von den Zusagen Gottes zu sprechen. Erst auf der Basis der Zuwendung und Liebe Gottes erwachsen aus dem Glauben Anforderungen an die eigene Lebensgestaltung. Diese werden insbesondere dadurch greifbar, dass das Wort Gottes in der Bibel mit den Worten Gottes in unserem Leben, unserem Alltag, unserer Welt fruchtbar in Beziehung gesetzt wird – auch das ist Verkündigung und geschieht am besten nicht in der Form einer Belehrung, sondern in der Form des Zeugnisses, das einlädt und die eigene Überzeugung zur Verfügung stellt, ohne vereinnahmen oder kontrollieren zu wollen. Es geht bei Verkündigung um einen dialogischen Prozess, um „Kommunikation des Evangeliums" (Ernst Lange) – und das verweist wiederum auf die nötige Dimension der Gemeinschaft, die christlicher Glaube zum Wachsen braucht.

Für die Weitergabe des Glaubens an Kinder übernehmen zumeist Frauen die Verantwortung, sowohl in den Familien als auch in den Schulen und Pfarrgemeinden. Dabei ist ihnen im Bemühen um eine konkrete Verbindung zwischen Glaube und Alltagsleben oft ein Aspekt von Verkündung und Zeugnis, von Bekenntnis und Martyria besonders wichtig: Wer von Gott zu reden versucht, spricht von einer/einem, die/der sich Festlegungen immer wieder entzieht und sozusagen immer für Überraschungen gut ist. Von Gott zu reden, passt also nicht in allzu sichere Formulierungen, nicht in felsenfeste Behauptungen und auch nicht in logisch glasklare Argumentationsgänge. Wer von Gott reden will, braucht eine Sprache, die bekennt, indem sie offen bleibt für Fragen, für Brüche, für Klage und Lob, für Dankbarkeit, und die sich offen hält für das im Grunde unfassbare Geheimnis Gottes. Die Spannung zwischen Benennen und Mysterium auszuhalten bewahrt davor, dass wir Gott verdinglichen und dann auch Menschen wie Dinge behandeln, und gibt somit Zeugnis für eine zentrale Erkenntnis des christlichen Glaubens: Personale Gottesbeziehung ermöglicht befreiende Beziehung unter Menschen.   *Veronika Prüller-Jagenteufel*

○◯ *Verweise*

Beten; Grundvollzüge der Kirche; Mission; Nachfolge; Predigt

Mission

DAS WORT „MISSION" hat heute keinen guten Klang. Im weltlichen Sprachgebrauch hören wir gelegentlich davon, dass Politiker, Militärs oder auch Agenten in irgendeiner Mission unterwegs sind. Im kirchlich-religiösen Sprachgebrauch hat die „Mission" vielfach einen negativen Beigeschmack. Viele negative oder zumindest fragwürdige Missionsmethoden prägen diesen Begriff. Es gab Zwangsmissionierungen, Massentaufen und vieles mehr. Auch das Tätigkeitswort „Missionieren" klingt schlecht. Es ist kein Kompliment, wenn über jemanden gesagt wird, dass sie oder er zum Missionieren neige.

„Mission gehört unaufgebbar zur Kirche." „Missionieren ist ein Grundauftrag jeder Christin und jedes Christen." Diese beiden Sätze, die immer – auch heute – gelten, provozieren.

Tatsächlich ist der Auftrag zur Mission nichts von der Kirche nachträglich Erdachtes, sondern von Anfang an eine Selbstverständlichkeit für die ersten Jünger/innen, die erfüllt waren von der Begegnung mit Jesus und seinen Auftrag sehr ernst nahmen: „Darum geht zu allen Völkern und macht alle Menschen zu meinen Jüngern; tauft sie auf den Namen des Vaters und des Sohnes und des Heiligen Geistes, und lehret sie, alles zu befolgen, was ich euch geboten habe. Seid gewiss: Ich bin bei euch alle Tage bis zum Ende der Welt." (Mt 28,19f)

Im Laufe der Zeit mischten sich jedoch viele andere Motivationen mit hinein in den Auftrag zur Mission. Ein besonders dunkles Kapitel begann mit der Entdeckung der neuen Kontinente. Eroberung, Versklavung, Ausbeutung und Missionierung der „neuen Völker" gingen Hand in Hand. Unzählige Menschen lernten das Christentum als eine Religion der Sklaverei und Entmündigung kennen.

Bis ins 20. Jahrhundert hinein wurde Mission meistens so verstanden und auch durchgeführt, dass mit dem Evangelium den Menschen auch die konkrete westlich-europäische Kultur „verkündet" wurde. Die Missionarinnen und Missionare waren überzeugt, die bessere Religion und die bessere Lebensweise zu bringen. So kam es nicht selten dazu, dass z. B. schwarze Mädchen in Missionsschulen nach der Art deutscher Hauswirtschaftsschulen ausgebildet wurden. Natürlich geschah auch viel Positives. Bildung und medizinische Versorgung eröffneten vielen Menschen neue Perspektiven. Der Hauptfehler – rückblickend gesehen – lag wohl darin, dass den meisten Missionarinnen und Missionaren die Grundeinsicht fehlte, die heute in einem geflügelten Wort ausgedrückt wird: „Gott kommt vor dem Missionar." Es war die fehlende Einsicht, dass im Leben dieser Menschen immer schon Gott anwesend war und ist und dass wesentliche Elemente des Christentums in jeder Kultur verwirklicht sind. Diese Änderung in der Einstellung, die wohl als „Umkehr" zu bezeichnen ist, findet ihren Widerhall im Zweiten Vatikanischen Konzil. Hier wird die Aufgabe der Missionarinnen und Missionare als ein Lernen beschrieben, „in aufrichtigem und geduldigem Zwiegespräch" zu entdecken, „was für Reichtümer der freigiebige Gott unter den Völkern verteilt hat" (Ad Gentes 11). Dies ist die völlige Umkehr eines viele Jahrhunderte geltenden Missionsverständnisses, welche es durch die Praxis erst noch einzulösen gilt.

Seit einigen Jahren spricht man auch vom „Missionskontinent Europa". Es kommt immer mehr ins Bewusstsein, dass der Auftrag zur Mission nicht bedeutet, in ein fernes Land zu gehen. Für sehr viele Europäer/innen ist „Christentum" nur mehr eine Chiffre. Viele Gemeinden und die Kirchen insgesamt sind dabei, ihr Selbstverständnis, ihren Weltauftrag neu zu definieren und zu gestalten. Der zu Beginn genannte Grundauftrag aller Christ(inn)en zur Mission bekommt eine ganz neue Aktualität und Dringlichkeit. *Anna Findl-Ludescher*

○| *Verweise*

Inkulturation; Kirchenbilder; Martyria / Bekennen / Verkündigung; Nachfolge; Reich Gottes; Zweites Vatikanisches Konzil

Nachfolge

WAS BEDEUTET ES, Christin bzw. Christ zu sein? Es heißt, in der Nachfolge Jesu Christi zu leben – so lautet eine der klassischen Antworten, die „Nachfolge" als praktisches Ziel der Evangelisierung und als Grundgestalt christlicher Existenz benennt. Dabei hat das im Zeitalter der Selbstbestimmung auch einen seltsamen Beiklang: Jede/r muss doch selbst den eigenen Weg suchen, der nicht schon vorgezeichnet daliegt, sondern im Gehen erst unter den Füßen entsteht. Dem Weg eines anderen zu folgen, ihm hinterherzugehen, klingt eher danach, eigene Kreativität und eigenes Wollen hintanstellen zu müssen. Es ist aber ein Missverständnis, Nachfolge Jesu im Sinne einer Nachahmung aufzufassen.

Die Evangelien berichten, dass Jesus Menschen angesprochen hat: „Folge mir nach!", und sie ließen alles stehen und liegen und schlossen sich ihm an. Der Ruf in die Nachfolge hat dieses Moment der Radikalität, zugleich ist er aber eine Aufforderung, der ganz eigenen Berufung und gerade nicht bloß einem vorgegebenen Pfad zu folgen. In vieler Hinsicht können wir Jesus auch gar nicht nachahmen: Er hat nicht als alter Mensch gelebt und nicht als Frau; er hat in keiner Millionenstadt gewohnt; er war nicht mit Gentechnik und Internet konfrontiert. Es geht eben nicht darum, genau so zu leben und zu handeln, wie Jesus gelebt und gehandelt hat, sondern so, wie Jesus in meiner Situation handeln und das Leben gestalten würde. Nachfolge bedeutet ein lebenslanges Hineinwachsen in Gesinnung und Haltung Jesu Christi mit dem Ziel, sein Werk des Aufbaus des Reiches Gottes weiterzuführen.

Was an Jesus Christus für Christ(inn)en wesentlich ist, besteht unter anderem darin, dass er ganz und vollkommen aus seiner Gottesbeziehung gelebt hat. So ist sein ganzes Leben, sein Reden und Tun Zuwendung Gottes zu den Menschen, und darin verwirklicht sich das Reich Gottes als ein Raum und eine Zeit der Barmherzigkeit, der Gerechtigkeit und der Liebe. Demnach kann Nachfolge vielleicht so beschrieben werden: Jesus Christus nachzufolgen heißt, die Liebe Gottes zu mir und zu allen Menschen zum Zentrum meines Lebens zu machen, sodass durch mein Handeln Barmherzigkeit, Gerechtigkeit und Liebe Raum in dieser Welt bekommen. Wer so im Sinne Jesu handelt, durch ihn verbunden mit Gott, der oder die übernimmt gleichsam Jesu Rolle und repräsentiert Jesus Christus in diesem konkreten Geschehen. Nicht nur der Priester allein repräsentiert Christus, sondern jede/r, die/der zur Nachfolge Christi berufen ist, ist damit aufgefordert, für andere zur Repräsentantin/zum Repräsentanten Christi zu werden.

Wie die Gottesbeziehung insgesamt, so ist auch das Leben in der Nachfolge jedoch keine zu erbringende Leistung, sondern zuerst ein Geschenk: Gott ist als Lebensquelle schon das Zentrum jeden Lebens. Erst in zweiter Linie steht da die Forderung, dem auch Ausdruck zu geben nach dem Vorbild Jesu – und auch das ist weniger ein strenges Gebot als eine Art Zumutung: etwas, das Gott uns zutraut. Für die radikalen und nicht nur angenehmen Konsequenzen dessen braucht es zwar Mut und innere Stärke, doch wo Nachfolge nur mehr als Appell ins Bewusstsein kommt, wird sie befremdlich klingen. Als Erfahrung von Gnade erzählt sie davon, dass Gott sich uns zuneigt und dass das unser Leben prägt.

Nachfolge ist, so gesehen, die Gestalt eines Lebens, das – gerade auch dort, wo es in bedrängende Situationen führt – im Bewusstsein der Erlösung gelebt wird und im Vertrauen auf Gottes Verheißungen. Möglich ist das wohl kaum für Einzelkämpfer/innen. Gedacht ist es eher als eine Bewegung in Gemeinschaft: in der Nachfolgegemeinschaft Jesu Christi.

Veronika Prüller-Jagenteufel

() | *Verweise*

Kirchenbilder; Martyria/ Bekennen/ Verkündigung; Reich Gottes; Segen

Neue Formen der Seelsorge

DAS ENDE DER VOLKSKIRCHE, das Anliegen, die kirchliche Botschaft auch in unserer spätmodernen Kultur zu bezeugen, sowie der Versuch, den heutigen Menschen in ihrer Eigenart und mit ihren Prägungen entgegenzukommen, haben neue Formen von Seelsorge hervorgebracht. Viele dieser Initiativen sind dabei auf jene Menschen ausgerichtet, die kein oder ein nur mehr loses Verhältnis zur Kirche haben. Oft sprechen sie aber auch solche an, die sich nach intensiveren bzw. für sie in ihrem Lebensgefühl verständlicheren Formen sehnen, ihr Christ/in-Sein heute zu leben.

Zu diesen neuen Formen zählen zunächst Projekte der so genannten Citypastoral, z. B. ein Gebets-, Gesprächs- und Veranstaltungsraum in einem Einkaufszentrum oder einer belebten Innenstadt, in dem Passanten einfach „vorbeischauen" können. Das sind niedrigschwellige Angebote kirchlicher Präsenz mitten in der Konsumgesellschaft, zumeist getragen von einer Kerngruppe von Mitarbeiter(inne)n, die Begegnungsmöglichkeiten anbieten.

Auch Tourismusseelsorge arbeitet teilweise nach diesem Prinzip des Angebots kurzfristiger Begegnungen. Auch die Notfallseelsorge kann hier eingereiht werden, denn hier stellen sich kirchliche Mitarbeiter/innen Menschen in Krisensituationen zur Verfügung und begleiten sie eine Zeit lang ohne weitere Verpflichtung oder Einbindung in eine Gemeinschaft. Ähnlich strukturiert sind auch die Möglichkeiten zum Mitleben und Mitbeten, die in vielen Klöstern geschaffen wurden. Hier können Menschen zeitlich begrenzt teilhaben an einem „alternativen" Leben.

Eine zweite und etwas anders gelagerte Kategorie sind jene Gruppen, die sich zwar außerhalb traditioneller Pastoralstrukturen und meistens nur über einen bestimmten Zeitraum treffen, aber um intensiven Austausch bemüht sind, zumeist verbunden mit neuen Gebets- oder Liturgieformen: z. B. Exerzitien im Alltag, Frauenliturgien, Glaubensrunden. Hier finden sich oft Menschen, die im herkömmlichen Gemeindeleben keinen Platz finden und doch auf der Suche sind nach einem spirituellen Leben.

Als pastorale Grundhaltung steht in allen diesen Initiativen die Gastfreundschaft im Zentrum. Angezielt wird zunächst nicht die auf Dauer verbindliche Vergemeinschaftung in einer Pfarrgemeinde oder Organisation, sondern gelungene Begegnungen hier und jetzt bzw. eine begrenzte Verpflichtung zur Teilnahme an einer bestimmten Anzahl von Gruppenterminen oder ein Engagement auf eine bestimmte Zeit. Kirchliche Jugendarbeit versucht schon länger ihre Pastoral danach auszurichten, ebenso ein Teil der Laienorganisationen und Verbände sowie viele Gruppen, die zur Frauenkirche zu zählen sind.

Elemente einer so genannten „Passant(inn)enpastoral" finden sich auch immer öfter in den Bemühungen von Pfarrgemeinden, sich über den engen Kreis der Aktiven hinaus für die Menschen zu öffnen: etwa durch besondere Gottesdienste wie Segnungsgottesdienste am Valentinstag für Paare und künstlerisch gestaltete Gottesdienste oder durch Möglichkeiten zum befristeten Engagement in ganz konkreten Bereichen.

Pastoraltheologisch zu diskutieren ist das Verhältnis solcher Formen zur grundlegenden Gemeinschaftlichkeit des christlichen Glaubens. Letztlich zeigt sich, dass auch eine Pastoral der Angebote für Vorbeiziehende davon lebt, dass eine Gemeinde von Gastgeber(inne)n vorhanden ist. Zu vermuten ist zudem, dass jene neuen Formen Bestand haben werden, in denen mehr als unverbindliches „Wohlfühlen" geboten wird, sondern tatsächlich eine – womöglich auch konfrontierende – Begegnung mit überzeugten Christ(inn)en stattfinden kann. Nicht-vereinnahmendes Beherbergen gelingt wohl dort am besten, wo es sich mit einladendem Bekennen zu verbinden vermag. Ihre gemeinsame Grundlage ist eine gelassene Festigkeit auf dem eigenen Weg des Suchens und Glaubens.   *Veronika Prüller-Jagenteufel*

() | *Verweise*

Beherbergen / Gastfreundschaft; Gemeinde / Koinonia; Genießen / Glück / Wellness; Gesellschaftliche Trends

Ökumene

Eines der ältesten ökumenischen Projekte ist der Weltgebetstag der Frauen, der seit mehr als 100 Jahren in vielen Ländern jeweils am ersten Freitag im März abgehalten wird. Frauen verschiedener Konfessionen feiern miteinander Gottesdienst nach einem Vorschlag, den jedes Jahr Frauen aus einem anderen Land erarbeiten. Mit dem Gebet ist Handeln verbunden: Es wird für Frauenprojekte Geld gesammelt. Dabei werden nicht nur Kontakte zwischen Frauen aus verschiedenen christlichen Kirchen gestärkt, sie haben auch die Gelegenheit, immer wieder neue Frauenwelten kennen zu lernen. Das entwicklungspolitische Anliegen trifft sich hier mit einem ökumenischen und macht deutlich, dass die ersehnte Einheit der Christ(inn)en kein Selbstzweck ist, sondern ihnen helfen würde, ihren Auftrag in der Welt besser und glaubwürdiger auszuführen.

Ökumene (von griechisch „Haus") bezeichnet im kirchlichen Sprachgebrauch die Zusammenführung der getrennten christlichen Kirchen quasi in einem gemeinsamen Haus; zugleich werden alle Bemühungen um die Überwindung der Trennungen als Ökumene bezeichnet. Ökumenisch ist also ebenso eine Kommission von Kirchenleitungen, die theologische Streitfragen diskutiert, wie eine Gruppe von Christ(inn)en verschiedener Konfessionen, die miteinander beten oder sich sozial engagieren.

Auf offizieller Ebene gibt es eine Reihe von Organisationen, in denen die Kirchen zusammenarbeiten. Insbesondere ist dabei auf den Ökumenischen Weltrat der Kirchen zu verweisen, in dem fast alle christlichen Kirchen und Gemeinschaften der Welt vertreten sind. Die römisch-katholische Kirche hat Beobachterstatus.

In zahlreichen ökumenischen Gruppen an der Basis „funktioniert" das Miteinander über die Konfessionsgrenzen hinweg besser, als es so manche strittige theologische Frage vermuten ließe. Häufig sind es dabei Frauen, die ökumenisches Bewusstsein voranbringen. Ökumenische Kontakte sowie Programme des Ökumenischen Weltrats zur „Frauenfrage" waren auch einer der Wurzelgründe Feministischer Theologie. Vielleicht kommt es Frauen hier entgegen, dass sie nicht so oft Amtsträgerinnen sind: Fragen rund um das kirchliche Amt sind sowohl in der

Geschichte als auch gegenwärtig die eigentlichen Stolpersteine ökumenischer Annäherungen.

Dass mittlerweile viele Kirchen Ämter an Frauen übertragen, wird von manchen als Behinderung der Ökumene mit der römisch-katholischen sowie mit den orthodoxen Kirchen gewertet. Das wirft jedoch die Frage auf, welche Überzeugungen und Anschauungen es denn sind und sein können, die heute Christ(inn)en so von einander trennen, dass sie nicht in Einheit miteinander leben und z. B. gemeinsam Eucharistie feiern können. Sind hier neben oder statt alten theologischen Streit- und kirchenamtlichen Machtfragen nicht z. B. manche sozialen Fragen mindestens ebenso wichtig? Eben etwa die Frage von Gerechtigkeit gegenüber Frauen? In Südafrika wurde zur Zeit des Apartheid-Regimes z. B. diskutiert, ob nicht dessen Befürwortung ein echter Grund für das Aufkündigen von Kirchengemeinschaft sei. Ob eine Gemeinschaft auf dem Weg des wahren Christentums ist, zeigt sich womöglich insbesondere an solchen Themen.

In der konkreten Praxis der Ökumene in Gruppen und Gemeinden geht es vor allem um Interesse füreinander, um Respekt vor dem, was an Riten und Auffassungen anders ist, um Freude an der Vielfalt und um gegenseitige Bereicherung durch die Schätze der verschiedenen Traditionen. Grundlage für all das ist gesuchte, gewährte und angenommene Gastfreundschaft.

Vielleicht wird die Tatsache, dass die Christ(inn)en hierzulande insgesamt weniger werden, auch die ökumenische Zusammenarbeit fördern. Vieles könnte längst gemeinsam geschehen und organisiert werden, vor allem im diakonischen Bereich. Gefragt ist heute christliches Zeugnis in der Gesellschaft, nicht Konfessionskonkurrenz.

Veronika Prüller-Jagenteufel

○○ | *Verweise*

Amt / Ämter; Diakonie; Frauenkirche / Frauensynode; Kirchenbilder; Pastoraltheologie feministisch; Weltkirche

Option

DER BEGRIFF DER OPTION kommt aus der Befreiungstheologie, die eine Option für die Armen formulierte. Damit wurde die Entscheidung (das lateinische „optio" bedeutet freie Wahl) beschrieben, die Armen ins Zentrum kirchlicher Bemühungen zu stellen. In den lehramtlichen Dokumenten der Treffen der lateinamerikanischen Bischofskonferenzen in Medellin (1968), Puebla (1979) und Santo Domingo (1992) hat die Kirche diese Entscheidung für die Armen verbindlich getroffen, was in der Folge auch von anderen kontinentalen Bischofskonferenzen übernommen wurde. Im Laufe der Zeit wurde die Option für die Armen differenziert und auch als Option für die Jugend, für die indigenen Völker, für die Frauen sowie allgemein als Option für die anderen formuliert. Mittlerweile ist die Rede von der Option für die Armen sowie die Frage nach konkreten Optionen kirchlichen Handelns überhaupt auch hierzulande zum Allgemeingut geworden.

Dabei ist philosophisch klar, dass jedes Denken und jedes Handeln von Optionen geleitet ist. Bewusst oder unbewusst treffen wir Grundentscheidungen, die unsere Sicht der Dinge und unseren Blick auf uns selbst und auf andere Menschen prägen. Wer sich selbst oder anderen über das eigene Tun und Denken Rechenschaft geben will, muss sich dieser Grundentscheidungen – Optionen – bewusst werden, sie reflektieren, rechtfertigen oder gegebenenfalls verändern. Bewusst getroffene Optionen ergeben dann für Einzelne sowie für Gemeinschaften die Kriterien, nach denen das weitere Handeln ausgerichtet wird.

Theologisch ist festzuhalten, dass Christ(inn)en ihre Optionen nicht beliebig treffen können, denn es geht in der Nachfolge Jesu Christi um Entscheidungen, die dem Willen Gottes entsprechen, sozusagen mit Gottes eigenen Optionen in Übereinstimmung sind. So ist auch die Option für die Armen keine zufällige kirchliche Grundentscheidung, sondern eine, die der theologisch begründeten, gläubigen Erkenntnis entspringt, dass Gott sich vorrangig den Armen zuwendet. Gott selbst hat das Schicksal der Armen, Benachteiligten, Unterdrückten zum Maßstab ihres/

seines rettenden Handelns gemacht. Die Kirche erkennt, dass auch sie diese Wahl zu treffen hat.

Von einer Option für die Frauen, die Jugend etc. zu reden, versucht diese Entscheidung zugunsten der Benachteiligten für bestimmte Gruppen konkret zu machen. Allgemein eine Option für die anderen zu fordern, kommt aus der Erkenntnis, dass wir uns immer neu von denen in Anspruch nehmen lassen sollen, die „anders" sind.

Einzelne sowie Pfarrgemeinden und kirchliche Gemeinschaften stehen vor der Frage, welche Optionen von ihnen hier und jetzt gefordert sind. Denn es geht bei christlicher Praxis immer um konkretes Engagement, das versucht, die begrenzten Kräfte so einzusetzen, wie es dem Willen Gottes in einer bestimmten Situation und angesichts bestimmter Menschen am besten entspricht. Es ist also sowohl danach zu fragen, was Gottes Option in dieser historischen Situation sein könnte, als auch danach, wozu eine bestimmte Gemeinschaft, ein bestimmter Mensch sich berufen weiß. Aus beidem kann schließlich eine in Reflexion und Gebet getroffene Option entspringen und somit eine Orientierung für das konkrete Tun.

Persönlich wie kirchlich krankt es oft daran, dass die Optionen zu vage und zu allgemein bleiben bzw. nicht bewusst getroffen werden. Umgekehrt führt es in vielen Gemeinden zu belebenden Erneuerungsprozessen, wenn gemeinsam um eine Option gerungen wird. Wer bewusst eine konkrete Option getroffen hat, kann klarer und ergebnisreicher den Weg des Sehen–Urteilen–Handeln gehen und so zu einer befreienden und auch befriedigenden christlichen Praxis gelangen. *Veronika Prüller-Jagenteufel*

() | *Verweise*

Nachfolge; Sehen – Urteilen – Handeln; Solidarität; Spiritualität

Organisationsformen von Seelsorge

AUFGRUND DES PRIESTERMANGELS haben viele Pfarrgemeinden keinen Priester mehr vor Ort. Unter dem Begriff „Organisationsformen von Seelsorge" werden all die verschiedenen Versuche und Modelle zusammengefasst, die das Ziel haben, trotz Priestermangel Seelsorge für alle zu ermöglichen.

Die Not-Lösungen, die gefunden werden, haben verschiedene Namen: „Kooperative Pastoral", „Seelsorgeräume", „Regionalisierungen", aber das gleiche Ziel: mit weniger Priestern die gleiche flächendeckende Seelsorge zu gewährleisten. Diese neuen Organisationsformen bedeuten in der Praxis eine große Herausforderung für alle Beteiligten: die betroffenen Gemeinden, für die Lai(inn)en, die Leitungsaufgaben wahrnehmen, und die Priester, die neue und zusätzliche Aufgaben übernehmen müssen. Es gibt viele verschiedene Konzepte, beinahe jede Diözese hat ihr eigenes. Letztlich sind sie aber alle auf drei Modelle zurückzuführen:

Seelsorgeteam: Ein oder mehrere Priester bilden gemeinsam mit hauptamtlichen Lai(inn)en ein Seelsorgeteam. Dieses Team ist zuständig für die Seelsorge in mehreren Gemeinden. Diese so zusammengeschlossenen Gemeinden haben meist eine unterschiedliche Leitungsstruktur; in der einen ist z. B. eine Pastoralassistentin hauptverantwortlich, in der anderen ein Priester und in einer dritten ein ehrenamtlicher Mitarbeiter. Aber die Gesamtverantwortung für die Seelsorge in allen Gemeinden trägt das Team.

Ein Pfarrer für mehrere Gemeinden: Ein Priester ist alleine zuständig für zwei oder mehrere Pfarren (als Pfarrer, als Provisor oder als Administrator). In den Gemeinden, in denen er nicht wohnt, kristallisieren sich meistens informell Verantwortliche heraus, die vor Ort die wichtige Funktion einer Ansprechperson haben und Verbindung herstellen zum Pfarrer. Oft ist das die Pfarrsekretärin, der Mesner oder die Vorsitzende des Pfarrgemeinderates. Offiziell hat hier jedoch keine dieser Personen Leitungsbefugnis.

Lai(inn)en als Gemeindeleiter/innen: Ein Laie/eine Laiin (ehren- oder hauptamtlich) wird als Gemeindeleiter/in eingesetzt und von der Diözesanleitung mit einer gewissen Leitungskompetenz (Kompetenzen, die nicht an die Weihe gebunden sind) ausgestattet. Ebenso wird dieser Gemeinde ein Priester zugewiesen, der entweder bereits in Pension ist oder andere Aufgaben innehat. Dieser Priester übernimmt – je nach Möglichkeit – die sonntäglichen Eucharistiefeiern und die Spendung der anderen Sakramente, er hat jedoch nicht die Hauptverantwortung für die Seelsorge in der Gemeinde.

Die große Herausforderung in allen diesen Modellen lautet „Kooperation". Kooperation zwischen Priestern und Lai(inn)en ist notwendig, ebenso zwischen Priestern und Priestern und zwischen Lai(inn)en untereinander. So banal diese Forderung klingt, ist sie doch keine Selbstverständlichkeit. Pfarrgemeindeseelsorge wurde und wird an vielen Orten als Einzelkämpfertum betrieben. Zusammenarbeit wurde häufig so verstanden, dass einer vorgibt und delegiert. Echte Teamarbeit, echte Kooperation zu lernen, ist eine Chance für alle Beteiligten, die diese neuen Formen mit sich bringen.

Allen diesen Modellen haftet der Geruch der „Übergangslösung" an. Mit Übergangslösungen zu leben ist besonders dann schwierig, wenn das Woraufhin des Übergangs nicht bekannt ist. Sollen irgendwoher viele Priester kommen, sodass für jede Gemeinde wieder einer verfügbar ist, oder ist absehbar, dass Frauen und Männer, die de facto das Leitungsamt innehaben, auch die Weihe bekommen werden? Beide Möglichkeiten scheinen nicht realistisch in naher Zukunft. So wird es wohl notwendig sein, diesen Lösungen den Geruch des Provisorischen zu nehmen und die positiven Möglichkeiten darin zu entdecken. Gelingt das nicht, bedeutet es großes Leid für viele Beteiligte: für die Gemeinden, die Priester und für die verantwortlichen Lai(inn)en.

Anna Findl-Ludescher

Verweise

Gemeinde / Koinonia; Gemeindeleitung; Geld; Leiten; Pastorale Berufe; Seelsorge

Pastorale Berufe

ÜBER JAHRHUNDERTE war *der* pastorale Beruf in der Kirche der des Priesters. Ihm oblag die Seelsorge, die Leitung der Gemeinde, die Verkündigung, die Feier der Sakramente. Erst im 20. Jahrhundert hat sich das Feld der pastoralen Berufe aufgefächert und sind nach und nach mehrere unterschiedliche Berufe dazugekommen.

Triebfeder dieser Auffächerung war zum einen der Wandel im (Selbst-)Verständnis der Lai(inn)en von versorgten zu mitsorgenden Mitgliedern der Kirche und zum anderen die Notwendigkeit, angesichts einer immer weniger selbstverständlich christlichen Gesellschaft immer mehr in Seelsorge und Pastoral zu investieren. Bereits um 1900 wird in Überlegungen zur Großstadtpastoral davon gesprochen, dass die Kirche zu den Menschen hingehen und sich auch um ihre konkreten Nöte sorgen sollte. Mit einer solchen, auch die caritativen Aufgaben betonenden Seelsorge waren aber schon damals die Priester allein überfordert. Einige begannen daher in ihren Pfarren Frauen anzustellen, die so genannte Seelsorgehilfe leisteten. Ab den 1920er-Jahren festigte sich dieser neue pastorale Beruf der Seelsorgehelferinnen, den bis etwa 1970 nur Frauen ausübten. In Deutschland wurde aus dieser Wurzel der Berufszweig der Gemeindereferent(inn)en, in Österreich werden sie Pastoralassistent(inn)en genannt, in der Schweiz entsprechen ihnen die Katechet(inn)en.

Nach 1950 mehrte sich langsam die Zahl der Lai(inn)en, die an Universitäten Theologie studierten. Ab den 1960er-Jahren begannen sie vereinzelt und schließlich in immer größerer Anzahl in den hauptamtlichen kirchlichen Dienst einzutreten. Sie arbeiten bis heute z. T. in Gemeinden, z. T. in übergeordneten Bereichen. Ihre Berufsbezeichnung ist in Österreich Pastoralassistent/in, in Deutschland Pastoralreferent/in und in der Schweiz zumeist Seelsorger/in. In diesem vom Ausbildungsgrad und oft auch vom Einsatzgebiet her „höherwertigen" Berufszweig finden sich zu etwa 2/3 Männer und zu 1/3 Frauen, bei den Gemeindereferent(inn)en ist es umgekehrt.

Nach dem Zweiten Vatikanischen Konzil kam als weiterer pastoraler Beruf der Ständige Diakon hinzu. Mittlerweile sind wohl auch diejenigen Lai(inn)en, die priesterlose Gemeinden leiten, als eigener Berufszweig anzusehen. In einem weiteren Sinn haben auch die Pfarrsekretäre und -sekretärinnen einen pastoralen Beruf, ebenso Sozialpädagog(inn)en im kirchlichen Dienst.

Eine klare Abgrenzung der Berufsbilder von Priestern, Diakonen, Pastoral- und Gemeindereferent(inn)en ist bis heute nicht gelungen. Manche Lai(inn)en leiden an der immer noch anzutreffenden Auffassung, sie wären nicht nötig, wenn es genügend Priester gäbe. Weit verbreitet ist aber auch die Auffassung, dass Lai(inn)en im hauptamtlichen pastoralen Dienst de facto ein kirchliches Amt ausüben und daher auch die Weihe erhalten sollten. Andere wollen die laikalen pastoralen Dienste vom Weltcharakter der Lai(inn)en herleiten und sehen deren Aufgaben vornehmlich an den Schnittstellen zwischen Gemeinde und Gesellschaft.

In der Praxis bilden Lai(inn)en und Kleriker im pastoralen Beruf zumeist gemeinsam die Leitungsteams von Pfarren, Pfarrverbänden, Seelsorgeeinheiten etc. und teilen die anfallenden Tätigkeiten bis auf die Sakramentenspendung und manches mit der Leitung Verbundene, was den Priestern vorbehalten bleibt.

In jüngster Zeit geraten die pastoralen Berufe der Lai(inn)en durch die steigenden Finanzsorgen der Kirche unter Druck, mancherorts droht der Rückschritt in eine wieder rein klerikale Pastoral. Doch die Auffächerung des pastoralen Berufsfeldes im 20. Jahrhundert ist Ausdruck der Vielfalt und Lebendigkeit des kirchlichen Lebens, und die starke Präsenz von Lai(inn)en im pastoralen Dienst hat deren Selbstbewusstsein insgesamt gestärkt. Beides sollte nicht aufs Spiel gesetzt werden.

Veronika Prüller-Jagenteufel

() | *Verweise*

Amt / Ämter; Lai(inn)en / Kleriker; Laienapostolat; Gemeindeleitung

Pastoralpsychologie

WIE DER NAME SCHON zum Ausdruck bringt,
stellt die Pastoralpsychologie für die Theologie einen Begeg-
nungsort mit Psychologie(en) und verschiedenen Richtungen
der Psychotherapie dar. Was ihren Diskussions- und Forschungs-
gegenstand betrifft, so ist sie im Vergleich zu den anderen theologischen Disziplinen eine relativ junge Wissenschaft. Sie ist
noch im Begriff sich zu formieren und zu etablieren, bildet an
den jeweiligen Orten unterschiedliche Profile aus und fand in der
Seelsorgeausbildung bis heute ihren Platz nicht immer selbstverständlich und unwidersprochen.

Pastoralpsychologie ist entstanden, weil der Theologie (vornehmlich der Pastoraltheologie) klar wurde, dass sie theoretisch
und praktisch im Umgang mit Menschen ohne die Erkenntnisse der humanwissenschaftlichen Fächer nicht mehr auskommen
kann. Gerade wo es um die seelsorgliche Begleitung von Menschen in diversen Lebensphasen und im Speziellen in Krisensituationen geht, sind die Verantwortlichen in theologischen und
pastoralen Kontexten gefordert, das psychologische und psy-
chotherapeutische Wissen, Können und Know-how in ihre Arbeit
miteinzubeziehen. Die direkte oder indirekte Berücksichtigung
solcher Erkenntnisse im Aufgabenbereich von Seelsorge geht
aber bereits bis zu den Ursprüngen der missionarischen Praxis
der frühen christlichen Gemeinden zurück. Die Wahrnehmung der
psychischen Beschaffenheit der Menschen findet dort bereits in
einer erstaunlich differenzierten Art und Weise Eingang in seelsorgliche Handlungsbereiche.

Heute gilt die Pastoralpsychologie in der Theologie als „jüngs-
tes Kind" innerhalb der theologischen Disziplinen, an welche
die Zuständigkeit, für den Lebensbezug der Theologie zu sorgen,
gerne delegiert wird. Sie teilt diese Zuschreibung mit den prak-
tisch-theologischen Wissenschaften insgesamt und wehrt sich
so wie diese, auf eine reine „Anwendungswissenschaft" redu-
ziert zu werden. Auch wenn die Pastoralpsychologie durchaus
als Anwendungswissenschaft Hilfestellungen leistet, das zur
Anwendung zu bringen, was in den Bereichen Pastoraltheologie, Psychologie und Psychotherapie theoretisch erarbeitet

wurde (also z. B. Modelle der Gesprächsführung, Trauerbegleitung, Krisenintervention und dgl. zu liefern, die in der Seelsorge
angewandt werden können), so versteht sie sich dennoch als
eigenständige theologische Disziplin. Als solche lehnt sie eine
voreilige Übernahme fertiger Theorieelemente oder praktischer
Fertigkeiten (so genannter „Skills") ab und begibt sich vielmehr
reflektiert im ebenbürtigen Gespräch mit ihren Nachbardisziplinen auf die Suche danach, wie theologische Theorie und Praxis
sich gegenseitig bereichern und im wechselseitigen Bezug für
Menschen und deren Lebensbedingungen befreiende Veränderung bewirken können.

Im Bereich von Theologie und Seelsorge kommt der pastoralpsychologischen Arbeit in Theorie und Praxis durchaus eine
patriarchatskritische Funktion zu. Sie konfrontiert die traditionell überlieferte, herkömmliche Theologie mit der Erfahrung
der Menschen und stellt beides auf den gegenseitigen Prüfstand.
Als praktisch-theologische Disziplin fühlt sie sich einerseits der
pastoralen Praxis – insbesondere der die Menschen zu ihrem Heil
befreienden Handlungsmacht – gegenüber verpflichtet. Andererseits versteht sie sich als Stachel im Fleisch jener männlich
geprägten Theologie, die ihren Wirkungsbereich ausschließlich
an den vergangenen Ereignissen des Volkes Gottes festmacht
und sich nicht um dessen Sorgen, Nöte und Ängste in Gegenwart
und Zukunft kümmert.   *Maria Elisabeth Aigner*

○ | *Verweise*

*Diakonie; Pastoraltheologie feministisch; Seelsorge; Seelsorgegespräch;
Theorie – Praxis*

Pastoraltheologie feministisch

PASTORALTHEOLOGIE ZU BETREIBEN bedeutet, über die Praxis des Volkes Gottes nachzudenken. Dieses Volk ist nicht nur die Kirche: Prinzipiell sind alle Menschen von Gott zu diesem Volk berufen. Daher lässt sich der Gegenstand, mit dem sich die Pastoraltheologie beschäftigt, nicht so leicht eingrenzen. Sie interessiert sich für das Leben der Menschen und die gesellschaftlichen Entwicklungen der Gegenwart und versucht beides im Licht des Glaubens zu deuten. Dieses Interesse und diese Deutung sind sowohl davon inspiriert als auch darauf hingeordnet, Hilfestellung dafür zu geben, als Christ/in bzw. als christliche Gemeinschaft in der Welt von heute zu leben. Oft wird daher die Arbeit der Pastoraltheologie in dem Dreischritt Sehen – Urteilen – Handeln beschrieben. Als eine theologische Disziplin, die sich also in besonderer Weise der konkreten Praxis verpflichtet weiß, erinnert sie alle anderen Fächer daran, dass Theologie ohne konkreten Bezug auf die Menschen und die Welt sinnlos wird.

Dabei gibt es zwei typische Gefahren der Pastoraltheologie: Die eine ist, bloß Fakten zu sammeln. Das ist aber noch nicht Theologie. Aus theologischen Gründen geht es darum, genau und aufmerksam wahrzunehmen, wobei entscheidend ist, mit welchem Vorverständnis an Fakten und Geschehnisse herangegangen wird. Pastoraltheologie nimmt menschliches Leben und Handeln als einen Teil der von Gottes Geist durchwehten Wirklichkeit wahr und fragt nach dem, was sie so gesehen bedeutet. Die Wirklichkeit kommt dabei als ein Ort der Gottesoffenbarung in den Blick. Hier kann Wesentliches dafür gefunden werden, um neu zu verstehen, was Menschsein, Christsein und Kirchesein heute heißt. Es geht also nicht nur um Herstellung von Wissen, es geht um das Fragen nach Wahrheit.

Die zweite Gefahr der Pastoraltheologie ist der erhobene Zeigefinger: Oft wird gemahnt und gefordert, von der Kirchenleitung, von den Gemeinden, von den Theolog(inn)en, und das zuweilen in einer Haltung des (Besser-)Wissens, die so manche/n, die/der sich um die Weiterentwicklung kirchlichen Handelns müht, auch verdrießen kann. Kreativ wird Pastoraltheologie eher da, wo sie hilft, vor Ort Praxis zu reflektieren: wo sie also dazu beiträgt, dass Menschen einen Schritt zurücktreten, schauen und wahrnehmen, dass sie ihre Urteile überdenken und Neues versuchen, Veränderungen wagen. Dabei wird es nicht immer darauf ankommen, etwas anderes zu tun, aber das, was getan wird, bewusster und theologisch begründet zu tun. Ziel ist eine Praxis, die den Horizont für die Erwartung des geschenkten Reiches Gottes offen- und die Aufmerksamkeit für seine Ankünfte wach hält. Wissenschaftlich arbeitende Pastoraltheolog(inn)en wollen mit ihrer Arbeit diesen Reflexionsprozessen im Volk Gottes dienen, dazu anstoßen und ermutigen. Denn pastoraltheologisches Reflektieren ist in allen Praxisbereichen notwendig, nicht nur an Universitäten; es ist Aufgabe aller, die in der Pastoral Verantwortung tragen.

Die Pastoraltheologie als Fach, das an theologischen Hochschulen gelehrt wird, ist relativ jung, entstanden zur Zeit der Aufklärung im 18. Jahrhundert, als die Kirche sich gezwungen sah, ihre Praxis unter den modernen Verhältnissen neu zu gestalten, und ihre Pfarrer dafür Handlungsorientierungen brauchten. Zugleich war damals aber das philosophische und dogmatische Theologisieren höher angesehen und der Pastoraltheologie wurde die Aufgabe zugeschrieben, sich um die Umsetzung der in den anderen Fächern gewonnenen theologischen Erkenntnisse in die Praxis zu kümmern. Spätestens im 20. Jahrhundert hat sich die Pastoraltheologie von diesem Verständnis als „Anwendungswissenschaft" gelöst, weil erkannt wurde, dass die Praxis des Volkes Gottes selbst eine Quelle der Theologie ist, eine Offenbarungsquelle, die für das, was heute als Wille Gottes für uns Menschen erkannt werden kann, ebenso bedeutsam ist wie die Botschaft der Bibel und die Weisheit der kirchlichen Tradition. So möchte Pastoraltheologie heute nicht mehr bloß anwenden, sondern wahrnehmen, fragen, bedenken, suchen und – so Gott will – entdecken.

Lange Zeit ist bei diesem Wahrnehmen und Deuten von Erfahrungen übersehen worden, dass es „menschliche" Erfahrungen in dieser Allgemeinheit im Grunde nicht gibt – das ist immer schon eine Abstraktion –, sondern immer nur konkrete Erfahrungen von konkreten Menschen, und die sind in einer wesentlichen Differenzierung immer entweder Frauen oder Männer. Feministische Pastoraltheologie versucht diese Differenz in der Reflexion der Volk-Gottes-Praxis bewusst aufzugreifen. Dabei wurde zunächst kritisch wahrgenommen, dass auch in der Pastoraltheologie das Reden von Erfahrungs- oder Praxisbezug oft sehr allgemein bleibt. Nicht nur die mangelnde Berücksichtigung der Geschlechterdifferenz wurde als Ursache dafür sichtbar, sondern auch, dass manche Pastoraltheologen zu wenig eigene Erfahrungen im Ringen um eine verantwortbare Praxis einbrachten. Für Frauen, die sich auf die eine oder andere Weise der feministischen Bewegung zurechnen, ist zumeist diese Bewegung auch ein Ort ihrer Praxis des Evangeliums. Gemeinsam mit befreiungstheologisch inspirierten Pastoraltheolog(inn)en (insbesondere solchen, die selbst in diakonischen Handlungsfeldern tätig sind) verweisen feministische Theologinnen darauf, dass auch wissenschaftliche Pastoraltheologie immer wieder den Ortswechsel zu den Sorgen und Hoffnungen, Freuden und Ängsten konkreter Menschen braucht. Wer nicht bereit ist, sich einzulassen, einzutauchen „in das Leben", sei es das eigene oder fremdes, versteht nicht, worum es bei Gottesrede letztlich geht.

Feministische Pastoraltheologinnen haben nun aus ihrem Eingetauchtsein in die Befreiungsbewegungen von Frauen neue Themen in die Pastoraltheologie eingebracht. Da kam z. B. in den Blick, dass Frauen nach wie vor im Durchschnitt andere biografische Verläufe erfahren als Männer und u. a. die Sorge um Vereinbarkeit von Beruf und Familie hauptsächlich zu ihren Lasten geht. Da wurde vor allem sichtbar, dass kirchliche Praxis in Gruppen und Gemeinden sowie religiöse Praxis in den Familien in einem hohen Ausmaß weibliche Praxis ist, selten aber unter dieser Perspektive reflektiert wird. Ins Bewusstsein kam z. B. auch, dass Frauen, die von patriarchaler Unterdrückung verletzt wurden, eine besondere, behutsame, solidarische seelsorgliche Begleitung brauchen. Und auch die spezifischen Erfahrungen von Frauen in pastoralen Berufen wurden Thema der Pastoraltheologie.

Feministische Pastoraltheologie hat aber noch auf einen anderen, bedeutsamen Bereich der Praxis des weiblichen Volkes Gottes aufmerksam gemacht, der in der herkömmlichen Pastoraltheologie kaum gesehen wird: die Praxis der Frauenkirche, also derjenigen Gruppen und Kreise von Frauen, die sich quer durch alle Konfessionen auf die Suche nach einer nach-patriarchalen Praxis des Christentums machen. Insbesondere die Frauenliturgiebewegung oder die Frauensynoden sind hier als spannende Orte einer Weiterentwicklung der christlichen Tradition anzusehen und zu reflektieren.

Pastoraltheologie ist – besonders wenn sie aus einer feministischen Perspektive heraus betrieben wird – geprägt von einer Vielfalt von Themen und Anliegen. Es ist aufregend, anregend und herausfordernd, der Praxis des Volkes Gottes nachzugehen, erst recht dann, wenn es dabei Aufmerksamkeit gibt für die Blicke, Erfahrungen und Erlebnisse von Frauen.

Maria Elisabeth Aigner, Anna Findl-Ludescher, Veronika Prüller-Jagenteufel

() | Verweise

Erfahrung; Frauenkirche / Frauensynode; Geschlecht / Frauen / Männer; Sehen – Urteilen – Handeln; Zeichen der Zeit

Pfarrgemeinderat

Der Pfarrgemeinderat (PGR) ist eine kirchliche Einrichtung, die es im deutschen Sprachraum gibt. Im Anschluss an das Zweite Vatikanische Konzil wurden in allen kirchlichen Gemeinden Pfarrgemeinderäte eingeführt. In der Idee des PGR ist ein zentrales Grundanliegen dieses Konzils verkörpert: Seelsorge ist Aufgabe und Berufung des gesamten Volkes Gottes, nicht nur der Priester (vgl. z. B. LG 32). Zwei wesentliche Funktionen hat ein PGR: Zum einen werden hier alle anstehenden pastoralen Fragen der Pfarrgemeinde besprochen und diskutiert – der PGR ist das Leitungsgremium einer Pfarre –, zum anderen ist der PGR der Ort, wo, über die anstehenden Dinge hinaus, aktives Engagement der Lai(inn)en, deren Interessen und Gestaltungswille Platz haben und gefragt sind.

Aufgaben: Der PGR hat die Aufgabe, Anliegen der Pfarrgemeinde zu *beraten*, Maßnahmen zu *beschließen* und für deren *Durchführung* Sorge zu tragen. Es gibt dabei keine Beschränkung auf bestimmte Fragen und Anliegen; alles, was die vier Grundfunktionen der Gemeinde betrifft – Verkündigung, Liturgie, Diakonie und Gemeindeaufbau – soll Thema im PGR sein. Aufgrund dieses großen Aufgabenfeldes wird es meistens so gehandhabt, dass Arbeitskreise oder Sachausschüsse eingerichtet werden, die sich mit besonderer Aufmerksamkeit einem Themenbereich widmen.

Struktur: Mitglieder sind die amtlich bestellten Seelsorger/innen einer Gemeinde und gewählte oder berufene Gemeindemitglieder. Der Vorsitz wird meist von Lai(inn)en übernommen. Gewissermaßen hat jedoch immer der Pfarrer den verdeckten Vorsitz, da ihm ein Vetorecht zukommt. Ein PGR kann also nie gegen den zuständigen Pfarrer einen Beschluss fassen und diesen durchführen. Dieses Vetorecht des Pfarrers führte vielerorts zu Diskussionen und Frustrationen. „Es entlarvt die Einrichtung des PGR als halbherzige Initiative einer eben doch klar hierarchisch strukturierten Kirche", lautet eine Anklage, und es gibt viele ähnliche. Grund für dieses Vetorecht ist die große und letztlich alleinige Verantwortung, die ein Pfarrer kirchenrechtlich für „seine" Gemeinde hat. Im Idealfall eines PGRs spielt dieses Vetorecht kaum eine Rolle, nämlich dann, wenn Entscheidungen nicht nach dem Prinzip demokratischer Abstimmungen getroffen werden, sondern nach dem Prinzip der Einmütigkeit: Entscheidungen in wichtigen Fragen werden so lange auf den verschiedensten Ebenen besprochen und diskutiert, bis sich eine einmütige Meinung bei (fast) allen herausbildet. Eine solche Entscheidungsfindung ist ein lange dauernder, oft mühsamer Prozess, der einer kompetenten Leitung bedarf. Es lohnt sich aber auf alle Fälle, dies anzustreben, weil so Spaltung in der Gemeinde vermieden werden kann.

In vielen Gemeinden und Diözesen herrscht gegenwärtig große Verunsicherung, was den PGR anbelangt. Die Bereitschaft, sich in der Kirche ehrenamtlich zu engagieren, nimmt ab. Es finden sich häufig gar nicht genügend Kandidat(inn)en, um eine sinnvolle Wahl abhalten zu können. Auch die Bereitschaft, sich an der Wahl zu beteiligen, sinkt. Manche fragen sich, ob die Zeit des PGR schon wieder abgelaufen ist. Die Krise des PGR hat aber noch andere Wurzeln. Zum einen sind es insgesamt wesentlich weniger Menschen, denen die Kirche ein „Herzensanliegen" ist, zum anderen gibt es einen nicht gelösten Strukturkonflikt im PGR selber: Die Bereitschaft, als Pfarrgemeinderat/-rätin zu kandidieren, erwächst für viele Menschen aus einem *spirituellen Prozess* heraus. Sie erfahren es als Anruf Gottes für ihr Leben. Dann werden diese Menschen auf eine Liste gesetzt und *gewählt oder auch nicht*. Dieser Wahlvorgang hat zu vielen Missverständnissen und Kränkungen geführt. Die Zukunft des PGRs ist offen und unklar. Ein ehrlicher Blick auf die kurze Bestehenszeit dieses Gremiums ist notwendig für sinnvolle Reformen und Neuorientierungen.

Anna Findl-Ludescher

() | *Verweise*

Charismen; Ehrenamt; Gemeinde/Koinonia; Gemeindeleitung; Synodale Kirche

Predigt

DAS WORT „PREDIGEN" stammt aus dem Lateinischen und heißt so viel wie „öffentlich bekannt machen", „laut sagen". Predigt wird in erster Linie mit gottesdienstlichen Feiern im Kirchenraum und als solche mit Priestern in Verbindung gebracht. Die Predigt hat aber nicht nur ihren Ort im eucharistischen Gottesdienst, sondern stellt auch bei anderen kirchlichen Feiern, z. B. bei den so genannten „Kasualien" (Taufe, Trauung, Begräbnis etc.), eine wesentliche Form der Verkündigung dar.

Die gegenwärtige Situation, die von permanenten kulturellen und gesellschaftlichen Veränderungsprozessen geprägt ist, bedeutet für die Menschen eine massive Verunsicherung in ihren alltäglichen lebensweltlichen Strukturen. Kirchliche Verkündigung steht vor der Herausforderung, das Leben der Menschen existenziell, d. h. mit seinen ganzen psycho-sozialen, kulturellen und religiös-spirituellen Dimensionen wahrzunehmen und in das Licht des Evangeliums zu tauchen. Ganz gleich, ob es sich um die Auslegung der Schrift handelt oder ob zu einem spezifischen Anlass gepredigt wird: Der Prediger/die Predigerin gibt dabei immer Zeugnis davon, wie er oder sie menschliche Lebensrealität vor dem Hintergrund der Heilszusage Gottes wahrnimmt und beurteilt.

Predigen hat mit der Kunst der gesprochenen Sprache und des Erzählens zu tun. Dabei geht es um Ausdruck – nicht nur um den verbalen, sondern ebenso um jenen des Körpers und des Herzens. Die Predigt lebt von der Präsenz, der achtsamen Aufmerksamkeit für das, was gegenwärtig ist. Diese Aufmerksamkeit ist sowohl seitens der Predigerin/des Predigers als auch seitens der Hörerinnen und Hörer notwendig, wenn eine Predigt nicht belanglos oder beliebig sein soll und die Menschen sich vom Wort ergreifen lassen wollen. Predigen heißt verkündigen, was bedeutet, dass es sich bei der Predigt weder um eine exegetische Vorlesung noch um einen theologischen Vortrag handelt. Es geht auch nicht darum, seine eigenen Lieblingsideen oder biografischen Vorlieben zu erzählen. Predigen heißt vielmehr, Theologie zu treiben in dem Sinne, dass sich dabei jemand selber vom Wort Gottes berühren lässt und anderen – Hörer(inne)n

– davon erzählt, was das für sie/ihn bedeutet. In diesem Sinne heißt predigen, sich in das Spannungsdreieck zwischen Prediger/in, Hörer(inne)n und dem Wort Gottes zu begeben.

Das, was dem Prediger/der Predigerin in Form einer tradierten Botschaft gegenübertritt, muss erst einmal sickern, wirken und bewegen. Das bedeutet gleichzeitig, diese Botschaft in Resonanz mit dem eigenen biografischen Erleben zu bringen und innerlich zu hören, was diese Begegnung auslöst. Von daher ist Predigen immer ein intensiver Prozess der Selbst- und Gotteserfahrung zugleich und somit „Ernstfall". Was Gott und ihre/seine Heilszusage an die Menschen in ihrer Suche nach einem sinnvollen, geglückten Leben thematisiert, darf weder banal und langweilig noch moralisierend oder gar eine Drohbotschaft sein. Authentische Verkündigung trifft ins Herz, bewegt und rüttelt auf – lässt zumindest aufhorchen. Zugleich geht sie davon aus, dass Gott immer bereits bei den Menschen ist, bevor jemand beginnt, vom göttlichen Wirken zu sprechen.

Predigt braucht auch eine spielerische und kreative Dimension. Neue Formen der Verkündigung werden zunehmend gesucht, um diesem Element Rechnung zu tragen. Das gemeinsame Predigtgespräch, bei dem auch die Hörer/innen miteinbezogen werden, ist ein solcher Versuch, aber auch verschiedene Formen des Bibliodramas. Jedenfalls stellt die Predigt als Ort der Verkündigung auf den Prüfstein, ob und wie die christliche Botschaft dem Volk Gottes dient, seinen Weg inmitten der gegenwärtigen kulturellen und gesellschaftlichen Herausforderungen zu finden und ihn als Heilsweg zu begreifen. *Maria Elisabeth Aigner*

○) | *Verweise*

Bibliodrama; Gottesbilder; Liturgie; Martyria / Bekennen / Verkündigung

Priestertum

IM GRUNDE KENNT der christliche Glaube kein Priestertum in dem Sinne, dass eine kultische Mittlergestalt zwischen Gott und Menschen nötig und fähig wäre, die himmlische und irdische Sphäre miteinander zu verbinden, weil Gott ihr näher ist als den anderen. Christliche Lehre ist, dass Gott in Jesus Christus durch Menschwerdung, Tod und Auferstehung sowie im Wirken des Heiligen Geistes uns so nahe gekommen ist, dass jeder Mensch in unmittelbarer Beziehung zu Gott lebt (auch wenn ihr/ihm das selbst nicht immer bewusst ist). Jesus Christus ist der einzige Mittler. Im Glauben an Jesus Christus ist das ganze Volk Gottes hineingenommen in diese existenzielle Nähe zu Gott und in die lebenspraktische Bindung an Gottes Willen und Heilsverheißungen. So wird in der Folge von der Kirche als priesterlichem Volk gesprochen bzw. vom gemeinsamen Priestertum aller Gläubigen. Alle haben Anteil an dem einzigen Priestertum Christi und so ist auch die Feier der Sakramente nicht ein für die Gemeinde zelebrierter Kult, sondern Vollzug der Gemeinde selbst. Innerhalb dieser Gemeinde sowie ihr gegenüber hat das kirchliche Amt dann seine eigene Funktion.

Nach einer langen Phase der einseitigen Betonung des Priestertums der Amtsträger hat das Zweite Vatikanische Konzil wieder die ursprüngliche Lehre des gemeinsamen Priestertums aufgegriffen und von der „wahren Gleichheit in der allen Gläubigen gemeinsamen Würde und Tätigkeit zum Aufbau des Leibes Christi" (LG 32) gesprochen. Der Unterschied zwischen dem gemeinsamen und dem besonderen Priestertum kann am besten so beschrieben werden, dass das besondere Priestertum sakramentales Zeichen und Werkzeug des gemeinsamen Priestertums ist, also im Dienst der Gottesunmittelbarkeit aller und der gemeinsamen Sendung aller steht.

Eine solche christliche Deutung des Priestertums hat sich allerdings in den Köpfen und Herzen der Menschen erst anfanghaft festgesetzt. Viele sehen im Priester nach wie vor den, der die Gnade Gottes auf die übrigen Gläubigen verteilt, und suchen ihn als „heiligen Außenseiter" auf. Hier mischen sich oft uralte religiöse Vorstellungen mit einer traditionellen Autoritätsgläubigkeit. Die Wirksamkeit dieser Vermittlung zwischen göttlicher und menschlicher Sphäre wird dabei vor allem am Status des Geweihtseins sowie am Vollzug bestimmter Riten festgemacht, teilweise auch an einer besonderen spirituellen Ausstrahlung der betreffenden Person.

Dieses Bedürfnis vieler Menschen, bestimmten Personen und Riten zu begegnen, die ihnen verlässlich die Nähe Gottes vermitteln, ist ernst zu nehmen, auch wenn es quer zu einem eher an den Leitungsaufgaben orientierten Verständnis von kirchlichem Amt liegt. Die Antwort darauf kann aber nicht in einer Rückkehr zu einem kultischen Priestertum liegen, sondern in einer Seelsorge, die Menschen hilft, diese Nähe Gottes im eigenen Leben zu entdecken. So brauchen die Gemeinden Amtsträger/innen, die das „priesterliche" Bewusstsein der ganzen Gemeinde stärken, und Menschen, die nur punktuell mit Kirche in Berührung kommen, brauchen glaubwürdige Zeug(inn)en dafür, dass Christentum wesentlich Zugehörigkeit zu einer Glaubens- und Sendungsgemeinschaft bedeutet, in der Menschen aus einer unmittelbaren Beziehung zu Gott leben.

Wie das Sakrament der Priesterweihe zu gestalten wäre, dass es nicht mehr als Initiation in einen elitären Kreis weniger Auserwählter erscheint, sondern als Heilszeichen eines priesterlichen Volkes Kraft entwickeln kann, ist eine offene Frage. In Überlegungen zur Sakramentenpastoral kommt die Priesterweihe jedenfalls nicht vor. Ihre Eigentümlichkeiten kennen bereits Kinder, so wie jene Schülerin, die auf die Frage nach der Anzahl der Sakramente meinte: „Sieben für die Buben und sechs für die Mädchen."

Veronika Prüller-Jagenteufel

() | *Verweise*

Amt/Ämter; Lai(inn)en/Kleriker; Sakramente/Sakramentalität

Randgruppen

MIT „RANDGRUPPEN" wird in der Regel Negatives wie beispielsweise Ausgrenzung, Außenseitertum oder Benachteiligung assoziiert. Gesellschaftlich gesehen haben Randgruppen einen niedrigen Anerkennungsstatus und stellen häufig eine Projektionsfläche für Vorurteile dar. Diese festgefahrenen Zuschreibungen bewirken, dass Menschen, die am Rande der gesellschaftlichen Norm stehen, ein negatives Selbstbild entwickeln. Gerade dort, wo gesellschaftliche Sanktionen oder Formen sozialer Kontrolle einsetzen, ist ihre Identitätsentwicklung im Sinne von Reifung und Wachstum gefährdet.

Das Thema der Randgruppen ist für alle Beteiligten emotional hoch besetzt. Am Rande zu stehen, nicht dazuzugehören und deshalb womöglich benachteiligt zu sein, ist eine zutiefst menschliche Erfahrung. Damit einher gehen Gefühle der Einsamkeit, Verlassenheit und Angst. Mit dem Thema der Marginalisierung in Kontakt zu kommen, löst unweigerlich eigene Fantasien und Projektionen aus. Das bewusste oder unbewusste empathische Verhalten, d. h. die Fähigkeit, sich einfühlen zu können in eine Frau/einen Mann, die/der einer Randgruppe zugeordnet wird, geht meist mit Angst und Abwehr einher. Randgruppen erinnern an sozialen Abstieg, den Verlust von Ansehen und Status, Arbeitslosigkeit oder Obdachlosigkeit – und daran, wie schnell man unter Umständen ins „schlechte Licht oder Milieu" geraten kann.

Die emotional diffus gefärbten Negativzuschreibungen in Bezug auf die Randgruppen unserer Gesellschaft bewirken eine problematische Identitätszuschreibung in einem doppelten Sinn. Einerseits verleihen sie denjenigen, die sich „draußen" – d. h. am Rande, an der Peripherie – befinden, ein relativ klares und deutlich identifizierbares Profil. Andererseits machen sie auch deutlich, wer oder wie diejenigen sind, die „im Zentrum" stehen und der so genannten „Normalität" angehören. Eigenständiges Wachsen und Reifen verlangt aber Bedingungen, unter denen beides sein kann und fließen darf: gegen den Strom schwimmen ebenso wie sich anpassen, dazugehören ebenso wie alleine gehen. In diesem Sinne sind gesellschaftlich institutionalisierte Sozialprogramme oder im Sinne der Unterstützung von „Menschen am Rande" errichtete öffentliche Einrichtungen und Organisationen immer mit Ambivalenz befrachtet. Sie sind auf der einen Seite wichtige Maßnahmen im Sinne der Integration, auf der anderen Seite fördern sie Abhängigkeiten und Gettoisierungstendenzen und vermindern somit Möglichkeiten der Konfrontation zwischen denjenigen, die „am Rande stehen" mit denjenigen, die sich „in der Mitte" befinden.

Theologie und Kirche kommen ohne das „Abgeschobene", das „Fremde", ohne den „Rand" nicht aus. Kirche wird erst dort Kirche, wo sie „für andere" da ist, und kann selber überhaupt erst in der Begegnung und Konfrontation mit dem „Anderssein" echte Gestalt annehmen. Das gelingt aber niemals dort, wo Bevormundung oder Vereinnahmung vorherrschend sind, sondern nur da, wo das Fremde oder Ausgegrenzte in seinem Anderssein selbstständig und autonom sein darf und in seiner Andersartigkeit wahrgenommen, gesehen und gewürdigt wird. Erst wenn Theologie und Kirche begreifen, dass die Erfahrungen am Rande, an der Grenze oder am Abgrund zur eigenen Existenz und deren Berechtigung notwendig sind, können sie ihre eigene Kraft und Unabhängigkeit im Hinblick auf ein solidarisches Engagement mit und für Menschen, die am Rand stehen, entfalten. Neues, befreites Leben hat dort eine Chance, wo die Grenzen zwischen „Innen" und „Außen" zu fließen beginnen, wo gegenseitiges Geben und Nehmen gelebt wird, wo die helle Seite des Lebens sich auch die dunkle präsent hält und umgekehrt.

Maria Elisabeth Aigner

( ) | *Verweise*

Behinderung / Menschen mit Behinderung; Beziehung / Bezogensein; Diakonie; Grenze; Helfen; Option; Solidarität

Reich Gottes

„JESUS HAT DAS REICH GOTTES verkündet und gekommen ist die Kirche." (Alfred de Loisy) Dieser Spruch gibt nicht nur Kirchenfrust wieder, sondern weiß auch, dass die Verwirklichung des Reiches Gottes noch aussteht. Bis dahin haben wir es mit einer Gemeinschaft zu tun, die sich in der Nachfolge Jesu um dieses Gottesreich so recht und schlecht bemüht.

Für Jesus selbst war die Gottesherrschaft wohl das Zentrum seiner Botschaft und seiner Hoffnung. Er kündigt sie nicht nur an, sondern macht durch sein Reden und Handeln erfahrbar, was damit gemeint ist: Menschen werden heil, unter ihnen entsteht Gemeinschaft, Gerechtigkeit wird geübt, barmherzige Beziehungen wachsen, ... Dabei werden immer wieder Bilder aufgegriffen, die schon im Alten Testament die Hoffnung auf eine neue Erde und einen neuen Himmel ausdrückten als Hoffnung der Unterdrückten, Armen, kleinen Leute auf eine friedliche und gerechte Welt, in der alle die Früchte ihrer Arbeit genießen und miteinander feiern können (vgl. z. B. Jes 65). Das Fest ist ein besonderer Erfahrungsraum des Reiches Gottes.

Auch heute ist vom Reich Gottes dann die Rede, wenn ins Bild gebracht werden soll, worauf Christ(inn)en hoffen und wofür sie sich einsetzen. Dabei haben manche, gerade auch manche Frauen, Probleme mit diesem Ausdruck, weil es ihnen nicht mehr passend erscheint, die Hoffnung auf Gerechtigkeit in Begriffen auszusprechen, die mit Herrschaft und Königtum zu tun haben. Positiv an der Rede von der Herrschaft Gottes ist, dass sie deutlich machen kann, dass damit jede Herrschaft von Menschen über Menschen außer Kraft gesetzt ist und ihr Recht verloren hat. Zugleich ist klar zu stellen, dass es Gott nicht um Herrschen im Sinne von Unterdrücken geht und auch nicht um ein entrücktes Sein als Souverän, sondern um heilende Zuwendung. Das Reich Gottes ist wohl weniger einer alten Monarchie vergleichbar als einer von gegenseitiger Anerkennung und Wertschätzung geprägten Gemeinschaft. Wo aus gerechten und füreinander förderlichen Beziehungen gelebt wird bzw. ein ehrliches Bemühen darum vorhanden ist, dort kann Reich Gottes aufblitzen und erfahren werden.

„Gemacht" werden kann das jedoch nicht, solche Erfahrungen sind nicht herstellbar. Sie ereignen sich. Eine Gemeinschaft kann nur versuchen, wach zu sein, um den geschenkten Augenblick nicht zu versäumen. Insofern kann auch die Kirche das Reich Gottes eigentlich gar nicht von sich aus aufbauen. Die Menschen in der Nachfolgegemeinschaft Jesu Christi können dem von ihm verkündeten Reich des Friedens und der Gerechtigkeit nur den Raum frei machen. Das Reich Gottes ist daher auch nicht in den Griff zu bekommen und nicht einzugrenzen oder festzulegen. Keine Gemeinschaft hat es ausschließlich und keine hat es ganz. Es ist erfahrbar und bleibt doch immer auch Verheißung.

So ist das Reich Gottes auch ein Bild für das, was uns „in der Fülle der Zeiten" erwartet. Sich für dieses Reich einzusetzen bringt dann mit sich, aus dieser Verheißung zu leben, also eine Perspektive über das Jetzt hinaus zu haben. Sinnvoll ist das jedoch nur, wenn dieses Leben aus der Verheißung Kraft und Hoffnung für das Hier und Jetzt gibt, wenn es Mut und Lust macht, in der gegebenen konkreten Situation der Gerechtigkeit, der Barmherzigkeit, der Gegenseitigkeit Raum zu geben. Einer der möglichen Räume dafür ist auch die Kirche – dazu ist sie als Gemeinschaft in Jesu Nachfolge berufen.

Biblische Verheißungen beginnen zuweilen mit den Worten „am Ende der Tage" – man kann das auch so übersetzen: auf der Rückseite der Tage. Das, was verheißen ist, ist gar nicht weit weg. Es ist bloß auf der Rückseite dessen, was wir jetzt vorfinden, d. h. es kann jederzeit hervorbrechen. Es ist heute schon erfahrbar als neue Möglichkeit, die heute schon Leben zu verändern vermag. Jesus sagt: Das Reich Gottes ist nahe; es ist mitten unter euch; es ist in euch (vgl. z. B. Lk 17,20).

Veronika Prüller-Jagenteufel

() | *Verweise*

Gottesbilder; Kirchenbilder; Lust; Nachfolge; Schönheit; Segen

Rituale

R ITUALE ZU FEIERN ist modern. Zum Teil findet sich ein Wiederentdecken und -beleben von Ritualen in der Kirche, zum wesentlich größeren Teil jedoch außerhalb der Kirche. Der Begriff „Ritual" ist in unserem Sprachgebrauch sehr weit gefasst. Das allmorgendliche Zeitunglesen wird ebenso als Ritual bezeichnet wie eine Feier, die anlässlich der Geburt eines Kindes sorgfältig gestaltet wird.

Religiöse Rituale zeichnen sich dadurch aus, dass sie das Leben ordnen, Halt und Orientierung geben. Sie stärken die Identität und helfen, mit Angst umzugehen. Ein Ritual ist eine gut geplante Abfolge von verschiedenen (symbolischen) Handlungen. Es gibt einen klaren Anfang und ein klares Ende, und es wird meist in einem besonderen Raum gefeiert. Sinnliche Elemente wie Berührung mit Wasser, Entzünden von Feuer, Salben mit Öl etc. gehören dazu, meistens auch symbolische Gegenstände (Ring, Kelch, ...). Die Feier eines Rituals verbindet die Menschen untereinander und sie verbindet die Feiernden mit dem Segen des Göttlichen.

Die gegenwärtige Ritualbegeisterung, die sich bei vielen Menschen, insbesondere bei Frauen findet, ist Ausdruck einer großen Sehnsucht. Es ist die Sehnsucht, anlässlich besonderer Ereignisse, Lebensabschnitte etc. innezuhalten, sie ernst zu nehmen, auch andere daran teilhaben zu lassen, und all dies in einen größeren Sinnzusammenhang zu stellen, um beispielsweise ein Abschiednehmen oder ein Neugestalten zu ermöglichen.

Die Kirche hat kein „Ritualmonopol". Viele suchen schon gar nicht mehr innerhalb der Kirche, weil die gebotenen Rituale an Lebensübergängen oft zu wenig die individuellen Lebenssituationen in den Blick nehmen oder weil sie fremd und unverständlich scheinen. Außerdem gibt es viele Anlässe in einem Leben, bei denen Rituale ersehnt werden, von der Kirche aber keine vorgesehen sind (z. B. Auszug der Kinder, überstandene Krankheit, ...). Wenn Frauen und Männer in diesen und vielen anderen Situationen Sehnsucht nach einem Ritual haben, dann sind sie auf Eigeninitiative angewiesen oder sie wenden sich an Ritualistinnen und Ritualisten – ein Beruf, der sich seit kurzer Zeit in deutschsprachigen Gebieten etabliert. Professionelle Ritualist(inn)en sind bereit, für jede individuelle Situation ein Ritual vorzubereiten und zu leiten.

Für die Kirche ist das in vielfältiger Hinsicht eine Anfrage. Über lange Zeiten hinweg hatte sie die fast ausschließliche Zuständigkeit für das Feiern von Ritualen. Dieses Monopol ist gefallen. Manche Kirchenvertreter/innen nehmen das sehr ernst und bemühen sich um gut gestaltete Liturgien, um individuelle Vorbereitungen von Feiern und insgesamt um ein Wahr- und Ernstnehmen der jeweiligen Lebensgeschichten. Andere Kirchenvertreter/innen werten die Ritualsehnsucht und die entsprechende Praxis vieler Menschen ab und ziehen sich auf ihr Sakramentenmonopol zurück. Sie glauben sich sicher in der Annahme, dass die meisten Menschen anlässlich von Lebenswenden doch zu ihnen kommen werden.

Viele Frauen finden sich auch innerhalb der Kirche in Gruppen zusammen, um miteinander Rituale zu gestalten – anlässlich eines Lebensüberganges, um eine Gewalterfahrung zu verarbeiten etc. Dieselben Frauen – und auch andere – feiern aber auch gemeinsam Liturgie. Hier ist Unterscheidung gefordert: Zum einen geht es nicht an, liturgisches Feiern von Frauengruppen kurzerhand als „Ritual" zu bezeichnen und es damit aus den Grundvollzügen der Kirche herauszunehmen, andererseits kann auch nicht der Anspruch gelten, dass jedes gemeinsam begangene Ritual „Liturgie" ist.   *Anna Findl-Ludescher*

() | *Verweise*

Alltag; Frauenliturgien; Liturgie; Segen; Spiritualität; Volksfrömmigkeit

Sakramente / Sakramentalität

Sakramente sind im Bereich der Liturgie, in der sich Kirche ebenso wie in der Diakonie oder Verkündigung selbst vollzieht, eine Form kirchlicher Praxis. Kirche versteht sich und ihr Handeln als Zeichen und Werkzeug des Heiles, das von Gott kommt. In den sieben Sakramenten teilt sich nach kirchlicher Lehre die Gnade Gottes in besonders intensiver Form mit. Wenn die Sakramente nicht nur in einem systematisch-theologischen Sinn als heilsame kirchliche Praxis verstanden, sondern als eine solche auch erfahren und erlebt werden sollen, dann stellt sich die Frage, welche Verbindung sie zum konkreten Leben der Menschen aufweisen. Wenn Sakramentalität heißt, in eine spezifische kirchliche Praxis einzutauchen, dann muss sie in Verbindung stehen mit den Biografien der Menschen: mit ihren Erfahrungen der Freude und Hoffnung ebenso wie mit ihrer Trauer, Angst und Verzweiflung.

In der Bibel gibt es keine Sakramente, so wie sie die Kirche heute kennt. Wohl aber gibt es biblisch gesehen bestimmte Grundlegungen, die einer sakramentalen Deutung menschlicher Realität gleichkommen. Eine solche Wahrnehmung und Deutung von Wirklichkeit bedeutet, sich zu vergewissern, dass das, was geschieht, auf etwas hinweist, das größer ist, als wir es zu fassen vermögen, und dass in den nicht durchschaubaren Lebenszusammenhängen etwas Heilsames verborgen liegt. Über Sinnlichkeit und Körperlichkeit, die unmittelbar mit Sakramentalität in Zusammenhang stehen, wird Nähe erfahren und deutlicher spürbar, was mit Heilszusage und Vollendung gemeint ist. Sakramente vermitteln sehr eindeutig, dass an unseren Handlungen die entsprechende Wirkung und Wirkmächtigkeit das primär Entscheidende sind.

Sakramentale Handlungen spiegeln wider, dass wir Bilder, Symbole und Riten in unserem Leben brauchen. Sie sind in ihren vielfältigen Formen Brücken zur Transzendenz, die uns Boden unter den Füßen und somit Halt geben. Sie lassen uns eintauchen in eine Welt der Wirklichkeit und Wirklichkeitswahrnehmung, in der Gottes Gnade spürbar wird. Sakramente verbinden uns immer mit dem Konkreten – dem Leiblichen und sinnlich Erfahrbaren

– ebenso wie mit unseren Gefühlen und damit einhergehend mit dem Unbewussten und verleihen diesen die ihnen gebührende Berechtigung und ihren Wert. Sie vermitteln Hoffnung, aber nicht im Sinne einer Vertröstung, sondern als Erfahrung verdichteter Zuwendung. In Riten und symbolischen Handlungen können Aufbruch und Erneuerung, Trost und Zuversicht empfunden werden. Es gibt aber auch die Erfahrung, dass all dies erst Gestalt annehmen muss und vorerst nur die äußere Form bleibt, die jedoch als solche Halt und Schutz bietet. Sakramentalität macht sehr deutlich, dass Gottes Nähe und Zuwendung nicht durch Menschenhand gemacht werden kann. Sie entzieht sich immer wieder und kann schon gar nicht festgemacht werden. Niemand kann darüber verfügen und keine Menschenseele hat darüber Macht.

Eine zeitgemäße Sakramentenpastoral muss sich an den Biografien der Menschen orientieren. Wer nicht eintaucht in die lebensgeschichtlichen Frage- und Suchprozesse, kann schwer hinführen zu jenen zeichenhaften Handlungen der Kirche, die diese als Geschenke der Heilszuwendung zu leben und zu feiern versucht. Sakramentalität verlangt das gegenseitige Bemühen um eine intensivere Wahrnehmungssensibilität in Bezug auf Zeit und Raum. Ganzheitliche Erfahrungsprozesse, in denen der Ausdruck von Gefühlen und leibhaftes Handeln eingeübt werden, sind Voraussetzung dafür, dass Sakramente und Sakramentalität als besondere Schätze der Kirche erfahren und gelebt werden können.   *Maria Elisabeth Aigner*

( ) | *Verweise*

Buße / Beichte; Ehe / Ehepastoral / Geschiedenenpastoral; Eucharistie / Erstkommunion; Krankensalbung; Liturgie; Priestertum; Rituale; Segen; Taufe

Schönheit

„MAMA, BIN ICH SCHLANK?", fragt die Sechsjährige vor dem Spiegel. Die Ausrichtung am plakatierten Schönheitsideal nimmt sehr früh Besitz vom (Selbst)Bewusstsein. Schon Mädchen lernen, sich selbst bzw. den eigenen Körper von außen anzuschauen; sie lernen, sich selbst als Angeschaute zu verstehen und verinnerlichen den Druck, den Bedürfnissen des fremden Blicks zu genügen. Sie werden zum Objekt; Entfremdung findet statt. Ein unmittelbarer, lustvoller Zugang zum eigenen (Frauen)Körper bleibt vielen in unserer Gesellschaft ein Leben lang verstellt. Zugleich wird denen, die nach den gängigen Normen schön sind, Großartiges verheißen: Wer schön ist, ist glücklich; wer schön ist, wird geliebt; wer schön ist, ist gesund. Auch in der Werbung für Wellness- und Gesundheitsprodukte tauchen fast nur „schöne" Körper auf; die Durchschnittsmenschen und erst recht Kranke und Hinfällige bleiben im öffentlichen Bilderkanon unsichtbar.

„Wenn Du mich anblickst, werd' ich schön", lautet eine Zeile aus einem Gedicht der chilenischen Literaturnobelpreisträgerin Gabriela Mistral. Auch hier ist Schönheit mit dem Blick verknüpft, doch nicht als Normvorstellung des taxierenden Blicks, sondern als Folge des liebenden Blicks. Schönheit ist nicht mehr etwas, das durch Fastenkuren, Fitnesstrainings oder Ähnliches zu erreichen wäre. Schönheit ist in einem Beziehungsgeschehen verortet. In der zärtlichen Begegnung werden Menschen füreinander schön. In der Bibel erzählt das Hohelied von solcher Schönheit: In immer neuen Worten drücken die Liebenden ihre Begeisterung füreinander und ihre Freude aneinander aus. Dabei wird die/der andere zärtlich beschrieben, ohne dass es je zu einem Vergleich zwischen beiden käme. Wahrscheinlich liegt hierin das Geheimnis der Schönheit: Wo im eigenen Blick oder im Blick der/des anderen die Schönheit der einen Person mit der anderen Person oder mit einem anerzogenen Ideal verglichen wird, wird die unmittelbar in der Begegnung erfahrbare Schönheit zerstört. Wo umgekehrt der eigene Körper sowie der Körper einer/eines anderen annehmend und wohlwollend angeschaut wird, ohne ihn verändern zu wollen, ohne ihn zu vergleichen, zu messen oder zu wägen, kann die Schönheit entstehen, die dann auch zur Lust führen und dankbar machen kann für das leibliche Leben. Vielleicht könnte eine andere Gedichtzeile einmal lauten: „Wo ich sein darf, wie ich bin, werd' ich schön."

Für die griechischen Philosophen lag Schön-Sein auf derselben Ebene wie Gut-Sein und Wahr-Sein. Sie hatten dabei nicht nur die physische Schönheit im Blick, sondern alles, wovon man sagen kann: Das ist schön. In dieser Sicht ist Schönheit allgemein ethisch bestimmt. Für viele heutige Menschen ist Schönheit eher eine Frage des Stylings und des Designs; Ästhetik scheint die Ethik zu ersetzen. Dabei brauchten diese beiden weder in Gegensatz zu geraten, noch muss das Bedürfnis, sich mit schönen Dingen zu umgeben, vorschnell verdächtigt werden. Obwohl auch hiermit oft entfremdende Interessen der Konsumgesellschaft verwoben sind, ist der Wunsch nach Schönheit im Leben etwas Urmenschliches, etwas, das das Menschsein fördern kann. Wenn die Tagelöhnerin auf den Philippinen in ihrer Hütte eine alte Blechdose als Blumentopf aufstellt, liegt in dieser Sorge um Schönes auch etwas Widerständiges, das als Behauptung der eigenen Menschenwürde verstanden werden kann. Die Sorge um schöne Dinge oder eine schöne Gestaltung des Lebens, des Alltags wie der Feste, des Gemeindehauses wie der Gottesdienste zu vernachlässigen, ist ein Zeichen der Missachtung gegenüber anderen und sich selbst. Auch für die verschiedenen Lebensbereiche gilt, dass sie schön werden, wenn sie von Aufmerksamkeit und Zuwendung geprägt sind. *Veronika Prüller-Jagenteufel*

○) **Verweise**

Genießen / Glück / Wellness; Gewalt gegen Frauen; Liturgie; Lust; Mädchen

Schuld

DIE ERFAHRUNG, schuldig zu sein und immer wieder schuldig werden zu können, ist eine besondere Dimension des Menschseins. Sie gibt unseren Beziehungen, unserem „In-der-Welt-sein" Entschiedenheit und Ernsthaftigkeit.

Spricht man von Schuld, so sind damit zum einen konkrete Verstöße gegen Gebote und Verbote gemeint, zum anderen drückt dieser Begriff aber auch eine Verstrickung und Verwicklung in schuldhaftes Geschehen aus, das nicht in Einzeltaten fassbar ist. Die Aussage „Ich bin schuldig geworden" meint – in diesem zweiten Sinn – eine ganze Summe von beabsichtigten und unbeabsichtigten Taten, Worten und Unterlassungen.

Der verwandte Begriff „Sünde" ist zu definieren als „Schuldigwerden vor Gott". „Schuld" ist der Überbegriff, dieser steht im Zentrum der folgenden Ausführungen.

Die Erfahrung, schuldig zu sein, ist die untrennbare Kehrseite des Bemühens um ein verantwortliches Leben. Je mehr jemand Verantwortung für sich und das eigene Leben übernimmt, Gestaltungsmöglichkeiten sieht und wahrnimmt, desto mehr wird er oder sie auch die Erfahrung machen, schuldig zu sein. Die Frage nach Schuld ist also auch eine Frage danach, wie sehr jemand seine/ihre Weltverantwortung wahrnimmt. Das Bemühen um ein welt- und gottverantwortetes Leben wird uns nicht freier machen von Schuld, sondern ungekehrt uns immer sensibler machen für die eigenen Verstrickungen und schuldhaften Mitverantwortlichkeiten.

Wichtig ist die Unterscheidung von Schuld und Schuldgefühlen. Viele Menschen leiden unter Schuldgefühlen, die sich bei genauerem Hinsehen auf das, was geschehen ist, als unangemessen herausstellen. Es ist ein schwieriger Prozess, zu lernen, fremde Schuld, die aufgeladen wurde bzw. selbst übernommen wurde, zu entflechten und wieder zurückzuweisen. Meist gelingt eine Befreiung, ein Finden zum eigenen Kern und zur Mitte zurück nur langsam; es ist aber die notwendige Voraussetzung, um frei zu werden für das Sehen eigener „echter" Schuld und Schuldverwicklung.

Für christlich sozialisierte Frauen ist das Sprechen von „Schuld" oft ein sehr sensibles Thema. Besonders die Bereiche Sexualität und Macht sind für sie „Minenfelder". Hier werden sie mit so vielen Rollenerwartungen und „Stoppschildern" konfrontiert, dass sie eigentlich fast nur Fehler machen können. Wehrt sich eine Frau gegen Rollenklischees, so erzeugt das bei ihr selbst oft heftige Schuldgefühle, spielt sie mit und erfüllt die Erwartungen entgegen ihrem Wissen und ihrer Überzeugung, lädt sie tatsächlich Schuld auf sich. Dieser Zusammenhang von Rollenzuweisung und Schuld ist noch kaum bedacht. Auch ein anderes Defizit weist die christliche Religion bei der Rede von Schuld auf: Im Aufzählen von Sünden und im Beschreiben des Schuldigwerdens wird offensichtlich, dass Männer „männliches" Schuldempfinden beschrieben haben und es „menschliches" Schuldempfinden genannt haben. „Stolz" ist z. B. eine Sünde, die bei Frauen sicher auch vorkommt, aber anders ausgeprägt als bei Männern. Die Neigung, sich wichtig zu nehmen, sich darzustellen, die eigenen Vorzüge und Leistungen stets ins rechte Licht zu rücken, ist bei Frauen seltener. Dafür kennen sie häufig das gegenteilige Verhalten des Sich-klein-Machens, des Duckens – vielleicht sollte auch das als Sünde ausdrücklich benannt werden.

Viele Frauen wollen nichts mehr wissen über die Rede von Schuld in christlichen Zusammenhängen. Zu tief sitzen alte Bilder und Entwertungen. Die Aussagen der Kirche, ihr Nachdenken über Schuld, all das hat Relevanz für Menschen heute, auch für Frauen. Um aber wieder gehört zu werden, braucht es von Seiten der Kirche ein Wertschätzen konkreter Lebenserfahrungen und Lebensweisen, ohne Entwertung und ohne Idealisierung.

Anna Findl-Ludescher

○ | *Verweise*

Beziehung/Bezogensein; Buße/Beichte; Gewalt gegen Frauen; Pastoralpsychologie; Seelsorgegespräch

Seelsorge

„SEELSORGE" IST ein viel gebrauchter Begriff im Raum der christlichen Kirchen. Aber: Wer sorgt sich um wessen Seele und was genau ist eigentlich mit Seele gemeint?

Mit dem Wort *„Seele"* können sich verschiedene Vorstellungen verbinden. Aus der neuplatonischen Philosophie rührt ein Verständnis, das die Seele als Gegenstück zum „Leib" versteht. Alles, was den Leib betrifft, materielle Bedürftigkeit, Schmerz und Krankheit, Triebe etc., hat nichts mit der Seele zu tun. Seele meint hier das Nicht-Leibliche, das Eigentliche, Gute und Reine. Dieses Verständnis von Seele und damit einhergehend ein entsprechendes Verständnis von Seelsorge war lange Zeit in der Kirche vorherrschend. Noch am Beginn des 20. Jahrhunderts war der Ruf „Rette deine Seele" ein Motto der Volksmissionen. Im Laufe der letzten Jahrzehnte hat sich jedoch ein anderes Verständnis von "Seele" durchgesetzt. Seele meint heute das Zentrum des *ganzen* Menschen, seine/ihre Daseinsmitte, den Ort, wo der Mensch die wesentlichsten Lebenserfahrungen verarbeitet. In der Seele bilden sich grundlegende Lebenseinstellungen, hier geht es um die Frage nach Gott. Dieses ganzheitliche Verständnis von Seele hat sich heute allgemein durchgesetzt, auch im nichtkirchlichen Sprachgebrauch.

Auch das Wort *„Sorge"* ist klärungsbedürftig. Es soll nicht ein „über-für-sorg-liches" Helfen gemeint sein, sondern eine gegenseitige Sorge um einander, ein Anteilnehmen aneinander. *„Seelsorge"* ist ein Beziehungsgeschehen, Beistehen in den verschiedensten Lebensphasen, Anteilnehmen an Freud und Leid, gemeinsames Suchen nach Sinnperspektiven. Es ist eine ganzheitliche Sorge, die sich nicht auf geistliche Angelegenheiten beschränkt, sondern den Menschen in seinen physischen, psychischen, sozialen und geistlichen Bezügen sieht. Seelsorge findet ihren Ausdruck in Gesprächen, materiellen und sozialen Hilfeleistungen, im gemeinsamen Beten, Sakramentenspendungen, Gruppentreffen, gemeinsamen Unternehmungen etc.

Das traditionelle Verständnis von Seelsorge, das über Jahrhunderte hinweg in der katholischen Kirche gegolten hat, meinte das gesamte Tun eines Priesters an dem ihm zugewiesenen

Wirkungsort und an den ihm zugewiesenen Menschen. Seit dem Zweiten Vatikanischen Konzil ist Bewegung in das Seelsorgeverständnis gekommen. Mit dem dort dargelegten veränderten Kirchenbild hat sich auch das Verständnis von Seelsorge verändert. Seelsorge ist jetzt nicht mehr nur eine Aufgabe der Priester, sondern des gesamten Volkes Gottes. Alle Gläubigen haben den Auftrag, einander Seelsorgerin oder Seelsorger zu sein. Das erfordert ein solch grundlegendes Umdenken, dass es auch heute noch nicht in das Bewusstsein aller eingedrungen ist.

Dieses weite Verständnis von Seelsorge lässt sich unterteilen in drei verschiedene Arten von Seelsorge:

1. Die hauptamtliche Seelsorge umfasst das Tun der kirchlich angestellten Seelsorgerinnen und Seelsorger, Pastoral- und Gemeindereferent(inn)en, Diakone oder Priester. Hier sollte – im Idealfall – die „professionelle Seelsorge" angesiedelt sein. „Professionelle Seelsorge" meint, dass aufgrund von reflektierter Erfahrung und Ausbildung therapeutische und theologische Kompetenz zusammenkommen. Diesen Seelsorger(inne)n ist es möglich, den allgemeinen Dienst am Menschsein der Menschen (das „allgemeine naturale Hirtentum" [H. Stenger]) zu verbinden mit dem jeweils situationsangemessenen Trost und Anspruch des Evangeliums (dem „spezifisch christlichen Hirtentum" [H. Stenger]).

2. „Ehrenamtliche Seelsorge" meint all jenes seelsorgliche Geschehen, das sich im Bereich der Kirche abspielt, aber nicht von Hauptamtlichen getragen ist. Der erste Blick richtet sich auf die ehrenamtlichen Mitarbeiter/innen in Gemeinde, Caritas, Telefonseelsorge, Klinikseelsorge usw. Im Weiteren sind aber auch alltägliche Begegnungen gemeint, in denen die Sorge um einander zum Ausdruck kommt: das Anteilnehmen am Leben, an den Hoffnungen und Freuden, an der Trauer und den Ängsten. In diesen Begegnungen wird Deutungshilfe im Horizont des Glaubens gesucht und gegeben. Viel „professionelle Seelsorge" findet sich hier, sie ist nicht an die Hauptamtlichkeit geknüpft.

3. Im dritten Bereich der Seelsorge geht es um hilfreiche menschliche Begegnungen, die sich außerhalb oder nicht ausdrücklich innerhalb der Kirche und des christlichen Glaubens abspielen. Hermann Stenger spricht hier vom allgemeinen

naturalen Hirtentum. Für viele Menschen ist das z. B. ein Termin bei einer guten Masseurin, einem Arzt oder einer Therapeutin, oder ein wohltuendes Gespräch mit einem Freund/ einer Freundin. Tragen solche Begegnungen die Bezeichnung „Seelsorge" zu Recht? Der Pastoraltheologe Stefan Knobloch schreibt, dass „prinzipiell jeder Mensch in der Lage ist, sich als Ort des Wirkens Gottes zu erfahren; von daher kann er zu einem ‚erfahrenen' Subjekt einer sowohl auf ihn selbst wie auf andere bezogenen Seelsorge werden."

Im Kreis der Pastoraltheolog(inn)en herrscht keine Einigkeit darüber, was „Seelsorge" ist und welches Tun als „Seelsorge" bezeichnet werden soll. Es wird diskutiert, ob es sinnvoll ist, die nicht kirchlich gebundene Seelsorge als „Seelsorge" zu bezeichnen. Gewinnt der Begriff nicht an Präzision, wenn er auf den innerkirchlichen Bereich beschränkt bleibt? Dennoch plädiere ich für dieses weite Seelsorgeverständnis und begründe es folgendermaßen: 1. Im Zweiten Vatikanischen Konzil wurde ausdrücklich betont, dass die Seelsorge Aufgabe des gesamten Volkes Gottes sei. Das Volk Gottes aber ist größer als die Kirche. Also ist es richtig, diese Menschen und ihr seelsorgliches Tun und Wirken auch ausdrücklich zu nennen. 2. Es ist die Erfahrung vieler Menschen, dass sie in Begegnungen mit nicht-kirchlichen Menschen „Seelsorge" erfahren, also Hilfe, Stärkung und Trost im umfassenden – physischen, psychischen, sozialen und geistlichen – Sinn. 3. Es hält sich in weiten Teilen der Kirche hartnäckig ein vorkonziliares Seelsorgeverständnis. Seelsorge wird immer noch mit priesterlichem Tun gleichgesetzt, die Bezeichnung „Seelsorger/in" für Lai(inn)en bleibt für viele fremd. Gerade deshalb erscheint es sinnvoll, das Seelsorgeverständnis bewusst zu weiten, die Augen zu öffnen für das viele heilende und helfende Handeln, das im Volk Gottes geschieht.

Dieses weite Verständnis von Seelsorge entbindet das professionelle seelsorgliche Handeln nicht von seiner Verantwortung. Professionelle Seelsorge hat Vorbild- und Zeichencharakter. In ihr kann und soll das zentrale Anliegen christlichen Glaubens für alle Menschen sichtbar werden: der Einsatz für ein menschenwürdiges Leben und die Ermöglichung des Hineinwachsens in den christlichen Glauben. *Anna Findl-Ludescher*

 Verweise

Beziehung/Bezogensein; Neue Formen von Seelsorge; Organisationsformen von Seelsorge; Seelsorgegespräch; Spiritualität; Zweites Vatikanisches Konzil

Seelsorgegespräch

Das Angebot bzw. die Möglichkeit eines Seelsorgegesprächs gehört zu den zentralen Aufgaben der Seelsorge. Es ist ein tief eingeprägtes Bild, das auch in Literatur oder
Film oft aufgegriffen wird: Ein Seelsorger bzw. eine Seelsorgerin hat immer offene Ohren und auch Zeit für ein Gespräch mit
Menschen in Not. Es sind die unterschiedlichsten Menschen, die
ein solches Gespräch suchen. Wenn sich Seelsorger/innen heute
darüber Gedanken machen, was denn nun die besonderen Chancen und Aufgaben eines Seelsorgegesprächs sind, so sind sie
häufig verunsichert, weil es so viele andere, professionalisierte
Beratungs- und Therapieangebote gibt. Und diese professionel-
len Lebenshilfeangebote haben meist ein sehr klares Profil: Es
gibt eine klare Vorstellung vom Ziel und Ablauf einer Beratung,
die Rolle der Therapeutin/des Therapeuten ist geregelt, die Zeit
wird genau eingehalten, der Ort ist immer derselbe, und außerdem muss man für dieses Angebot meist bezahlen. Gegenüber
einer solch klaren Struktur fühlen sich Seelsorger/innen mit
ihrem „Angebot" oft verunsichert. Bei genauerem Nachdenken
wird aber bewusst, welche besonderen Chancen und Möglichkeiten dem seelsorglichen Gespräch innewohnen:

Das Seelsorgegespräch ist *offen für alle Menschen*, für gesun-
de und kranke, für seelisch stabile und weniger gefestigte. Ein
solches Gespräch wird gesucht von Zweifelnden, Fragenden und
auch von im Glauben Gefestigten.

Ein Seelsorgegespräch ist auf *keine bestimmte Form und Zeit*
festgelegt. Häufig wird ein solches Gespräch im Büro oder Sprech-
zimmer des Seelsorgers/der Seelsorgerin stattfinden, ebenso ist
es aber auch am Kaffeetisch möglich, bei einem Spaziergang, am
Kirchplatz oder auch in der privaten Wohnung, weil die Seelsorgerin z.B. jemandem nachgeht, um den sie sich Sorgen macht.

Seelsorgegespräche sind *nicht nur problemorientiert*. Thema ist
das, was den Menschen bewegt, der das Gespräch sucht. Es kann
um Glaubensfragen gehen, um materielle Nöte, um Erziehungs-
schwierigkeiten, aber auch um freudige Ereignisse, Schönes
oder einfach nur um Alltägliches. Sucht jemand ein Seelsorgegespräch, so rechnet er oder sie mit der Dimension des Glaubens.

Wie diese Dimension im Gespräch da ist, ob ausdrücklich, mit Worten oder ohne, hängt von der Person der Seelsorgerin/des Seelsorgers ab.

Vielleicht gerade weil Form, Inhalt und Struktur des Seelsorgegesprächs relativ offen sind, ist es umso wichtiger, auf Grenzen und Gefahren zu achten. Die Grenzen liegen zum einen darin, was die Seelsorgerin/der Seelsorger an Kompetenzen hat und sich zutraut. Manchmal wird es notwendig sein, jemanden an eine entsprechende Fachperson weiterzuvermitteln. Zum anderen ist es auch wichtig, die Grenzen der Beziehung zu beachten. Menschen in Not sind oft sehr empfänglich für Zeichen der Nähe, des Verständnisses, der Zuneigung. Diese Gefahr zu sehen, die eigene Verführbarkeit wahrzunehmen und schon erste Ansätze von Übergriffen und Missbrauch zu verhindern, liegt ganz in der Verantwortung der Seelsorgerin/des Seelsorgers.

Spontan suchen die meisten Menschen für ein Seelsorgegespräch heute immer noch einen Priester. Dabei ist es aber so, dass immer mehr nicht geweihte Frauen und Männer darin ihr besonderes Charisma entdecken; sie finden auch Orte, dieses Charisma zu leben: in der Krankenhausseelsorge, in der Telefonseelsorge oder auch in pfarrlichen Strukturen (Sakramentenvorbereitung, Trauerbegleitung etc.).

Außerhalb der vertrauten Seelsorgestrukturen gibt es mancherorts Seelsorgezentren oder andere Zusammenschlüsse, wo Nicht-Priester einen Ort für diese Arbeit finden. Viele Ordensgemeinschaften bieten dafür Raum und Zusammenarbeit an. Die Zukunft lässt hier manches erhoffen, was an Ideen und Initiativen jetzt schon anfanghaft keimt. *Anna Findl-Ludescher*

() | **Verweise**

Exerzitien im Alltag; Krank sein/Krankenhausseelsorge; Seelsorge; Schuld; Pastoralpsychologie

Segen

Nach der biblischen Schöpfungsgeschichte steht am Beginn: „Gott sah, dass es gut war." (Gen 1,10f) Biblische Botschaft ist, dass ursprünglicher Segen auf der Welt und allen Menschen liegt, denn Gott hat sie „gutgeheißen" – so kann das lateinische Wort für Segnen, „benedicere", übersetzt werden.

Die eigene Existenz als gewollt und bejaht zu erfahren, ist eine der stärksten Ressourcen für gelingendes Leben. Wer diese Grundsignatur des Wohlwollens im eigenen Lebensbuch liest, wird auch in widrigen Umständen aus dieser Kraftquelle schöpfen können. Doch es gibt nicht allzu viele Menschen, die ungebrochen auf eine solche gute Mitgift zurückgreifen können. Kränkungen dieses positiven Zugangs zum Leben gehören zum Alltag in vielen Familien, Berufen, Cliquen. Sie sind Teil des gesellschaftlichen Systems, das auf wertenden Hierarchien aufbaut und vielen Frauen nach wie vor nahe legt, sich als Menschen zweiter Klasse vorzukommen. Nicht umsonst sind es gerade auch die Frauenliturgien, die das Segnen neu kultiviert haben. Hier segnen Frauen einander, bitten gemeinsam um Segen, legen Hände auf, salben einander. Das sind Riten, die Kraft geben, die das Gute und Heile stärken, die sagen, dass das Leben Sinn hat, dass es gut ist, auf dem Weg zu bleiben, dass göttliche Kraft in unserer Mitte ist. Solches Segnen bringt auch die Überzeugung zum Ausdruck, dass Frauen zum Heil berufen sind und dass das Frauenleben gesegnet ist. Gegen die gesellschaftliche Ausgrenzung, gegen den vermeintlichen Makel, eine Frau zu sein, wird Gottes Zuspruch gesetzt, das Gut-Heißen der Existenz als Frau.

Dabei geht es hier wie in allen Segensgesten oder Segnungsgottesdiensten nicht darum, allem eine Art Schlagobershäubchen aufzusetzen, damit es etwas mehr Glanz hat. Es geht nicht um ein schulterklopfendes „Ist schon in Ordnung" oder „Du bist okay". Gottes grundsätzliche Zusage gilt ohne Einschränkung allem Lebendigen, doch sie ist kein billiger Sanctus zu allem und jedem. Wer sich selbst, die Partnerschaft, die Wohnung etc. gesegnet weiß, bleibt doch auch weiter Teil einer Welt, in der oft nicht der Segen, sondern sein Fehlen oder sein Gegenteil mit

Händen zu greifen ist. Wenn Christ(inn)en mit dem Zeichen des Kreuzes segnen, dem Zeichen von Tod und Auferstehung Jesu Christi, erinnern sie damit sowohl an den ursprünglichen Segen der Schöpfung als auch daran, dass wir in diesem Segen immer als solche stehen, die Erlösung nötig haben.

Mitten in einer zerrissenen Welt von Gottes Segen zu sprechen, ihn zu erbitten und zu teilen, stellt auch die menschengemachten Behinderungen des von Gott gesegneten Lebens bloß. Segen auszusprechen kann zur subversiven Tat werden, die z. B. einer Frau Mut macht, gegen Bevormundung aufzustehen, oder die dem auf besetztem Land erbauten Gemeinschaftshaus der Campesinos festeren Stand gibt. Selbstverständlich nimmt das auch in die Pflicht, genau hinzusehen, was da gesegnet werden soll: Im Grunde ist das nur dort sinnvoll, wo das Vertrauen berechtigt erscheint, dass Gott den Segen längst gegeben hat.

Segnen als anspruchsvolle Erinnerung an das Ja Gottes zu allem Lebendigen spornt zum Handeln an. Sich gesegnet zu wissen, beinhaltet auch die Sendung, hinauszugehen, um Gerechtigkeit zu schaffen, Frieden zu stiften, die Schöpfung zu bewahren, kurz: den Segen, der schon in allem liegt, erneut hervorkommen zu lassen. Denn der Zuspruch Gottes gilt nie nur einer oder einem; das Gesegnet-Sein ist nichts, was die einen den anderen voraus hätten. Segen ist kein Besitz und keine Anerkennungsmedaille für Wohlverhalten oder besondere Leistungen. Segen ist ein Geschenk, das sich ausbreiten und weiterwirken möchte. Als Gesegnete sind wir Segen für andere und für die Welt.

Veronika Prüller-Jagenteufel

 Verweise

Frauenliturgien; Genießen/Glück/Wellness; Krankensalbung; Rituale; Sakramente/Sakramentalität; Schuld

Sehen – Urteilen – Handeln

DER DREISCHRITT Sehen – Urteilen – Handeln findet sich heute als methodisches Grundschema in den meisten pastoraltheologischen Werken. Demnach ist es Aufgabe praktischer Theologie, die Wirklichkeit bzw. eine bestimmte Praxis in den Blick zu nehmen, sie mit Kriterien zu konfrontieren, die aus dem Evangelium bzw. der theologischen Tradition gewonnen sind, und sodann zu einer veränderten, verbesserten Praxis hinzuführen.

Seinen Ursprung hat diese Methode bei Josef Cardijn (1883 – 1967) bzw. in der von ihm gegründeten Christlichen Arbeiterjugend (CAJ). Hier etablierte sich diese Trias als Richtschnur für engagierte Christ(inn)en, die ihren Glauben als Auftrag verstanden, ihre Welt im Sinne der Botschaft vom Reich Gottes zu verändern. Sehen – Urteilen – Handeln wurde von hier aus zur Grundfigur der gläubigen Reflexion der gesellschaftlichen Gegenwart in den Basisgemeinden und prägte die Befreiungstheologie.

Was heute vielleicht wenig spektakulär klingt, hatte einen durchaus revolutionären Anspruch: Die Wirklichkeit darf zunächst einmal für sich selbst sprechen, frei von kirchlicher oder theologischer Zensur. Zudem ist die Kompetenz jeder/jedes Einzelnen gefragt, denn jeder Mensch ist zunächst der/die berufene Experte / Expertin für die eigene Lebenssituation. Erst in einem zweiten Schritt kommt als Dialogpartner das Evangelium dazu, um die Wirklichkeit in seinem Licht zu deuten. Dabei geht es nicht um Belehrung, sondern darum, eine Situation zu erhellen und sie sozusagen mit den Augen Gottes zu betrachten. Die entscheidende Frage ist dann die nach dem sich daraus ergebenden konkreten Handeln. In der CAJ führte das zum Einsatz für die Rechte der Arbeiter / innen, in den Basisgemeinden zum Kampf gegen Ausbeutung und Unterdrückung.

Ein wesentlicher Unterscheidungspunkt zu anderen Herangehensweisen liegt darin, dass hier nicht zuerst gefragt wird, wie Kirche z. B. mehr Mitglieder bekommt, sondern danach, wie die Menschen leben und welche Aufgaben sich für die Kirche ergeben, wenn sie die Lebenssituation der Menschen mit den Augen Gottes ansieht.

In manchen Gruppen wird heute von einem erweiterten Fünf-schritt gesprochen: Sehen – Urteilen – Handeln – Reflektieren – Feiern. Dahinter steht die Überzeugung, dass keine Aktion abgeschlossen ist, solange sie nicht reflektiert und ihr Ergeb-nis gefeiert wurde. Das Handeln will noch einmal miteinander betrachtet werden, wobei die gemeinsam gegangenen Schritte nicht nur intellektuell bedacht, sondern auch in (liturgischen) Feiern verdichtet werden. Daraus erwächst Kraft, weiterzugehen, sich neu der Wirklichkeit zuzuwenden, neu zu schauen, weiter zu fragen, wieder zu agieren ...

In der Pastoraltheologie wird Sehen – Urteilen – Handeln als wissenschaftliche Methode verwendet, dabei aber unterschied-lich verstanden. Den einen liefert es ein eher formales Schema zum Aufbau einer pastoraltheologischen Arbeit (Situationsbe-schreibung, theologische Grundlagen, Praxismodelle). Hier kann die Theologie in die Gefahr geraten, zwischen sozial- und human-wissenschaftlicher Faktensammlung und strategischer Handlungs-orientierung zum Fremdkörper zu verkommen. Andere treffen die Entscheidung für dieses Vorgehen als selbst bereits theologisch begründete Option, denn nicht mit theologischen Aussagen zu beginnen, sondern mit engagiertem Interesse an der Wirklich-keit der Menschen, folgt der inkarnatorischen Zuwendung Gottes zu uns; die kritische Kraft des Evangeliums einzubringen, deutet jede Wirklichkeit als Gottes Wirklichkeit und eröffnet zugleich eine Perspektive über das Faktische hinaus; und nach dem Wil-len Gottes für heute und hier zu fragen, nimmt schließlich auch Wissenschaftler/innen in die Pflicht und verlangt mehr als (nur) den Versuch, eine bessere Kirchenpraxis zu entwerfen. Sehen – Urteilen – Handeln verlangt nach Entscheidung.

Veronika Prüller-Jagenteufel

() | *Verweise*

Option; Pastoraltheologie feministisch; Spiritualität; Zeichen der Zeit

Solidarität

IN DER PASTORALTHEOLOGIE kommt Solidarität immer wieder als wichtiger Wert vor, der durch christliche und kirchliche Praxis zu verwirklichen bzw. zu vermitteln ist. Die so genannte Sozialpastoral sieht die „Alphabetisierung in Sachen Solidarität" (Hermann Steinkamp) sogar als Zentrum der Aufgaben von Gemeinden. Zugleich scheint Solidarität gesellschaftlich derzeit keine gute Konjunktur zu haben. Die europäischen Sozialsysteme, die auf solidarischen Umlageverfahren basierten, werden immer mehr zu Versicherungssystemen umgebaut, in denen das Risiko verstärkt von den Einzelnen getragen werden muss. Soziale Bewegungen, die stark vom Wert der Solidarität gelebt haben, sind heute fast verschwunden (Arbeiterbewegung) oder wirken geschwächt und zersplittert (Frauenbewegung). Auch für viele Zeitgenoss(inn)en hat das Reden von Solidarität einen eher lästigen Grundton. Dürfen wir unseren Wohlstand, unsere Möglichkeiten nicht einfach einmal genießen – ohne an die armen Kinder in Afrika denken zu müssen oder an den Bettler an der Ecke? Wellness ist mehr en vogue als Solidarität, die gerade im kirchlichen Kontext schnell nach Aufopferung für andere klingen kann.

Das Wort Solidarität kommt aus dem römischen Recht und meint die gemeinsame Haftung: einer für alle – alle für einen. Von seiner indogermanischen Wurzel her hat es mit Begriffen wie „ganz", „heil" (solidus, salus) zu tun. Zu einem politischen Begriff wurde Solidarität im 19. Jahrhundert vor allem in der marxistisch-sozialistischen Bewegung. In der kirchlichen Verkündigung findet sich Solidarität meist umschrieben als Einsatz für soziale Gerechtigkeit, explizit im Zweiten Vatikanum und bei Johannes Paul II. Er bezeichnet Solidarität als christliche Tugend, also als grundlegende Haltung jeder Christin/jedes Christen.

Allgemein lassen sich zwei Grundformen unterscheiden: In Con-Solidarität schließen sich von Unrecht in gleicher Weise Betroffene zusammen, um gemeinsam für eine Verbesserung ihrer Situation einzutreten. Pro-Solidarität übt dagegen eine/r, die/der sich für andere aus einer Position eigener Stärke engagiert.

Dabei ist es irreführend, jeden Zusammenschluss zur Durchsetzung gemeinsamer Interessen und jede Hilfestellung für andere schon Solidarität zu nennen. Das weitet den Begriff zu sehr aus und er wird schwammig. Sinnvoller erscheint es, von Solidarität dort zu sprechen, wo es um den Einsatz für Einzelne oder eine Gruppe von Menschen geht, die in ihrer Menschenwürde oder ihren Menschenrechten bedroht oder diskriminiert sind. Solidarität fordert dazu heraus, Stellung zu beziehen und eine Option zu treffen.

Theologisch ist die Forderung nach Solidarität gut begründbar: Schon das christliche Gottesbild zeigt keinen monolithischen Block, sondern dreifaltigen Beziehungsreichtum. Aufeinander angewiesen zu sein ist so gesehen kein Mangel, sondern göttliche Qualität, die im Menschsein als Bezogensein zum Ausdruck kommt. Solidarität ist in der Menschwerdung Gottes grundgelegt, durch die sich Gott mit jedem Menschen solidarisiert hat. Die Kirche als Gemeinschaft ist ebenso auf solidarisches Miteinander hin angelegt, wie sich ihre Sendung auch als Auftrag verstehen lässt, im Namen Gottes soziale Gerechtigkeit in dieser Welt zu fördern.

Dabei wird Solidarität nicht zuerst durch die Forderung wachgerufen, sondern sie entspringt einerseits aus dem unmittelbaren Betroffensein von Unrecht – auch dem, das einer/einem anderen geschieht –, und andererseits aus der eigenen Freude am Leben und aus dem Vertrauen auf die unerschöpfliche Fülle Gottes. Solidarität erwächst eher aus dem Bewusstsein: Es ist genug für alle da!, als aus dem Verdacht, es könnte nicht reichen und man müsste um den eigenen Anteil raufen.

Veronika Prüller-Jagenteufel

( ) | *Verweise*

Beziehung / Bezogensein; Diakonie; Gemeinde / Koinonia; Gewalt gegen Frauen; Gottesbilder; Reich Gottes

Spiritualität

„SPIRITUALITÄT" KLINGT nach Atem und Weite, nach Stille und Tiefe. Es ist ein Begriff, der viele verschiedene Sehnsüchte zu bündeln vermag. Menschen auf der Suche nach Ruhe, nach Abstand, nach Klarheit und nach Gott nennen wir spirituell suchende Menschen. Eine sehr schlichte Definition von Spiritualität lautet: ein Leben, das sich formen lässt vom Geist. Ein spirituelles Leben zu führen meint also, offen zu sein für die Gaben und auch Anforderungen des Geistes, und das Leben konkret danach auszurichten und zu gestalten. Spiritualität ist der Baustil meines Lebenshauses.

Der Begriff „Spiritualität" ist nicht auf den christlichen Glauben beschränkt. Je nachdem, ob jemand im Christentum, in anderen Religionen oder in der Esoterik beheimatet ist, wird es verschiedene Beschreibungen von Spiritualität geben, weil die Vorstellungen dessen, was der „Geist" ist, nach dem das Leben ausgerichtet wird, unterschiedlich sind. Kommt jemand in Kontakt mit einer spirituellen Bewegung oder einem faszinierenden „Guru", ist er oder sie herausgefordert, zu klären und zu prüfen, welcher Geist hier herrscht, welche Ausrichtung, welche Lebensgestaltung angezielt ist. Das biblische Wort „An ihren Früchten werdet ihr sie erkennen" kann zu einer wichtigen Klärungshilfe werden. Das „Ausprobieren" und „In-Anspruch-Nehmen" verschiedener spiritueller Angebote sollte nicht leichtfertig geschehen. Man kommt mit Kräften in Kontakt, die wirken und nicht immer steuerbar sind.

Diese notwendige Vorsicht soll aber nicht davon abhalten, die Sehnsucht nach dem je eigenen Weg konkret werden zu lassen. Es fordert ein gewisses Maß an Ausprobieren – mehr aber noch, wenn man sich auf etwas eingelassen hat, Treue und Beharrlichkeit. Spiritualität wird tatsächlich zum Baustil meines Lebenshauses, wenn die Erfahrung der Gottesnähe, Klarheit und Freude einhergeht mit den Mühen um Konsequenz und Verbindlichkeit.

Viele Frauen sehnen sich nach einem spirituellen Leben, in dem sie vorgegebene Formen nicht übernehmen, sondern alleine oder gemeinsam mit anderen ihre individuellen, gesellschaftlichen und religiösen Lebensbedingungen wahr und ernst nehmen.

Daraus erwachsen neue Formen der Lebensgestaltung, neue Weisen des Betens und liturgischen Feierns. Neue Prioritäten werden gesetzt beim Leben, Lieben, Beten und Arbeiten.

In der Kirche entdecken Frauen Benachteiligungen, sie erkennen, dass ihnen religiöse Ausdrucksformen vorgegeben wurden, die ihnen nicht zusagen. Damit einher geht bei vielen das Bewusstsein, dass sie auch mitspielen in diesem System und durchaus davon profitieren.

Das Bild vom „Exodus", vom Auszug des israelitischen Volkes aus der Herrschaft Ägyptens, wird dabei oft zum Sinnbild. Den Israelit(inn)en ging es nicht schlecht, sie hatten Arbeit und zu essen, ihr Leben war nicht bedroht. Wenn sie sich arrangierten mit dem System, konnten sie davon profitieren. Aber sie hatten kaum Gestaltungsfreiraum für ihr Leben und sie konnten ihre Religion nicht frei leben. Es ist ein langer und schwieriger Prozess, die Israelit(inn)en von der Notwendigkeit des Auszugs aus Ägypten zu überzeugen. Ähnlich geht es heute vielen Frauen: Das Gegebene wird als nicht schlecht erlebt, jedenfalls gibt es Sicherheit. Aber doch lockt immer mehr die Verheißung des gelobten Landes, die Verheißung einer Gemeinschaft und eines Raumes, in dem ihr Lebenswissen, ihre Erfahrung mit Gott und die Sehnsucht nach ihr/ihm ernst genommen werden und dem Leben Gestalt geben. *Anna Findl-Ludescher*

○ | *Verweise*

Alltag; Beten; Diakonie; Frauenliturgien; Nachfolge; Rituale; Segen

Subjektsein / Subjektwerdung

DAS SUBJEKTSEIN zu thematisieren und Menschen als eigenständige Subjekte wahrzunehmen, war in der Theologiegeschichte keineswegs selbstverständlich. Im Vordergrund stand die Gemeinschaft der Gläubigen, und der Mensch als fehlbares und sündiges Wesen lief Gefahr, verobjektiviert zu werden. Die Betonung des Subjekts wurde häufig mit einer zu großen Selbstbezogenheit in Verbindung gebracht, die einer aktiv gelebten Nächstenliebe vermeintlich im Weg stand. Christliche Tradition mit ihren Geschichten der Bibel, Riten und Symbolen konkretisiert sich aber in den Erfahrungen einzelner Subjekte, deren Subjektsein Grundvoraussetzung jeder gelebten Glaubensgemeinschaft ist.

In seinen unausweichlichen Implikationen für die Theologie sowie seiner Bedeutsamkeit für die Ausbildung seelsorglicher Kompetenz wurde das Subjektsein des Menschen vornehmlich in der Pastoralpsychologie zum Mittelpunkt des Interesses gemacht. Subjektwerdung ist hier maßgebend für die Identitätsentwicklung von Menschen und die damit in Zusammenhang stehende Entwicklung von Beziehungs- und Empathiefähigkeit. Selbst- und Identitätsfindung kann immer nur im wechselseitigen Miteinander von Subjekten geschehen und bedeutet die grundsätzliche Angewiesenheit von Menschen auf ihre Mitmenschen. Die Erfahrung von Subjekthaftigkeit gelingt durch Bezogenheit zu anderen Subjekten. Dabei sind menschliche Individuen ständig in einem Prozess wechselnder Bewegung zwischen Symbiose, Bindung und Verschmelzung einerseits und dem Einüben in Selbstständigkeit, Autonomie und Unabhängigkeit andererseits.

Für Frauen hat das Thema der Subjektwerdung durch die Emanzipationsbewegung und die Betonung von weiblicher Kraft und Autonomie jenseits männlicher Prägung neue Bedeutung erfahren. Frauen betonen ihr Frausein in ihrer je unverwechselbaren Eigenständigkeit und gewinnen Handlungsfreiheit und -fähigkeit aus ihrem individuellen Subjektsein, das neben dem eigenen Denken und Fühlen auch die eigene Körperlichkeit mit einbezieht. Subjektsein heißt für Frauen, ganz Frau zu sein – auf der solidarischen Suche gemeinsam mit Frauen, die ganz unterschiedlich sind, ebenso wie in der Öffnung und Abgrenzung zu männlichen Subjekten.

Menschwerdung geschieht dort, wo Menschen sich als Frau oder Mann als Subjekte freien Handelns erleben, und das beinhaltet immer auch die Notwendigkeit, schuldfähig zu werden. Die Erfahrung von Schuld heißt, sich persönlichen Lern- und Reifungsprozessen zu stellen und nach neuen Gestaltungsmöglichkeiten zu suchen. Dabei wird deutlich, dass ein respektvoller Umgang mit den Fehlern und Irrwegen, der weder sich selbst noch andere entwürdigt, eine der wesentlichsten Voraussetzungen dafür ist, dass Männern und Frauen gelebtes Subjektsein in ihrer je eigenen Individualität gelingen kann.

Maria Elisabeth Aigner

( ) | **Verweise**

Autorität / Mentoring; Beziehung / Bezogensein; Buße / Beichte; Erfahrung; Geschlecht / Frauen / Männer; Pastoralpsychologie; Schuld

Suizid

Beim Suizid – der Selbsttötung – führen Menschen den eigenen Tod durch eine bestimmte Handlung bewusst herbei. Mit Selbstmordhandlungen gehen zumeist psychodynamische Prozesse einher, die sich durch eine Einengung der Gedanken- und Gefühlswelt, innere Kämpfe und Todesfantasien bemerkbar machen. Menschen, die suizidgefährdet sind, kündigen ihre Absicht meistens direkt oder indirekt an; solche Ankündigungen müssen in jedem Fall ernst genommen werden.

Suizidgefährdete Menschen suchen nicht selten Seelsorger oder Seelsorgerinnen auf. Erste Hilfe – im wahrsten Sinn des Wortes – stellt immer ein Gesprächsangebot dar, das vor allem eine sehr intensive Form der Aufmerksamkeit vom anwesenden Gegenüber verlangt. Bei akuter sowie beständiger Suizidgefahr ist ärztliche Hilfe anzufordern. Suizid kann nicht grundsätzlich verhindert werden. Oft ist und bleibt dieser Akt der Selbsttötung für Menschen die einzige ihnen noch mögliche Handlung, in der sie Freiheit, Autonomie und Selbstbestimmung leben und erleben können. Trotzdem müssen bei allem Respekt in Bezug auf diese Entscheidung und trotz aller Grenzen der Hilfsmöglichkeiten unmittelbar Betroffene (Angehörige, Seelsorger/innen) alles Notwendige tun, um dieses Leben zu retten.

Gründe, warum Menschen sich das Leben nehmen, können in Zusammenhang mit schweren psychischen Erkrankungen oder mit schwierigen Lebensbedingungen (Krisen, Krankheit, schwere Schicksalsschläge und dergleichen) stehen, in der gewohnte und erlernte Bewältigungsstrategien nicht mehr ausreichen, um diesen Zustand zu kompensieren. Suizidgefährdung besteht, wenn Menschen aus Verzweiflung und Hoffnungslosigkeit keinen Ausweg mehr sehen.

Hilfestellungen sind nur durch emotionellen Kontakt und Beziehung möglich. In einer Krisensituation, die von Selbstmordabsichten geprägt ist, gilt es in erster Linie körperlich anwesend und geistig präsent zu sein. Dazu sind vorerst nicht so sehr professionelle Schritte der Hilfestellung vonnöten, sondern ein verlässliches Dasein und Aushalten, das auch das Erreichen der eigenen Grenzen wahr- und ernst nimmt und entsprechend auch für eigene Unterstützung und Entlastung sorgt.

Im Umgang mit suizidgefährdeten Menschen ist vor allem zweierlei wichtig: Kontakt und Beziehung anzubieten sowie über den geplanten Suizid zu reden, d. h. ihn bewusst zu thematisieren. Allein die Möglichkeit, das auszusprechen, was in Zusammenhang mit den eigenen Selbstmordgedanken und -absichten quält, kann Erleichterung und Entlastung bedeuten, weil die betreffende Person durch das Mitteilen nicht mehr alleine damit ist.

Zutiefst verzweifelte Menschen brauchen jemanden, der oder die darauf verzichten kann, Trost spenden zu wollen. Durch ein Kontakt- und Beziehungsangebot, das sich durch absichtsloses Mitgefühl und Verständnis auszeichnet, kann Menschen im Leid und Elend geholfen werden. Auch wenn alles sinnlos erscheint, kann das Gegenüber durch Dasein und Mitfühlen Sinn vermitteln. Dies geschieht durch das Loslassen der eigenen Fantasien von Hilfestellungen sowie das Vertrauen, dass Sinn sich auch trotz aller Hoffnungslosigkeit alleine durch die gegenseitige Verbundenheit zeigen kann.   *Maria Elisabeth Aigner*

() | *Verweise*

Grenze; Krise; Seelsorge; Seelsorgegespräch; Tod / Sterben; Trauer

Supervision

SUPERVISION IST EINE FORM der berufsbegleitenden Beratung, die es Menschen ermöglicht, sich selbst im Rahmen ihrer Tätigkeit und in ihrem Arbeitsumfeld besser zu verstehen. Sie kann sich auf die Arbeit mit Einzelnen oder auf berufliche Teams beziehen. Auslöser dafür, warum Supervision in Anspruch genommen wird, sind häufig Unzufriedenheit, Konflikte oder Krisen. Im Kontext pastoraler Handlungsfelder, in denen Männer und Frauen seelsorglich tätig sind oder eine Leitungsaufgabe innehaben, sollte Supervision selbstverständlich sein.

In einem Supervisionsprozess geht es in erster Linie um eine Schulung der Wahrnehmung, bei der durch die Ausweitung der eigenen Sichtweise auf bestimmte Menschen, Inhalte und Zusammenhänge hin ein größerer persönlicher Handlungsspielraum erzielt werden kann. Die umfassendere Wahrnehmung und die damit verbundene Erweiterung der eigenen Perspektive ermöglicht ein besseres Erkennen der persönlichen Involviertheit, lässt Leerstellen und Unklarheiten sichtbar werden und verleiht den am Arbeitsprozess beteiligten Personen und Kontexten ein prägnanteres und damit klarer zuzuordnendes Profil.

Ein anderer wichtiger Aspekt ist in der Supervision die Deutung von Sachverhalten. Diese Deutungskompetenz – d. h. das zu beurteilen, was wahrgenommen wird – liegt keinesfalls bei der Supervisorin/dem Supervisor alleine. Gemeinsam – in gegenseitiger Kommunikation und Interaktion – soll das gefunden werden, was für die entsprechende Situation im Moment am zutreffendsten ist. Das eigentliche Ziel jeder Supervision stellt der dritte Schritt dar, bei dem es um die Erweiterung der Handlungsmöglichkeiten geht. Der/Die Supervisand/in, also der oder die Supervision in Anspruch nimmt, lernt durch einen Supervisionsprozess in der Regel die eigenen Handlungen zu verstehen und zu überprüfen sowie festgefahrene Muster zu erkennen, die den Arbeitsablauf stören oder gar blockieren können. Berufsbegleitung in Form von Supervision ist dann erfolgreich, wenn sie zu einem neuen, anders gearteten Selbstbewusstsein in Bezug auf die eigene Berufsrolle führt und auch die realistischen Grenzen, notwendigen Konsequenzen und Machbarkeiten in den Blick gerückt sind.

Supervision ist keine Therapie. Letztere hat klarer mit Erkrankung zu tun und zum Ziel, den betroffenen Menschen zu einer Besserung oder Heilung zu verhelfen. Sie ist meist ein länger andauernder Prozess. Bei der Supervision steht der berufliche Kontext im Mittelpunkt und nicht die eigene Biografie. Trotzdem können therapeutische Interventionen im Kontext von Supervision notwendig sein, um beruflich zu mehr Klarheit zu kommen. Supervision ist deshalb immer auch methodisch an therapeutische Schulen angelehnt.

Im kirchlichen Kontext kommen im Zuge der Wahrnehmung der pastoralen Realität vor Ort auch die damit in Zusammenhang stehenden pastoraltheologischen Fragestellungen und theologischen Grundorientierungen und -positionierungen mit ins Spiel. Supervisor(inn)en im Bereich kirchlicher Arbeitskontexte sind daher gefordert, sich nicht nur mit ihrer beraterischen, sondern auch in ihrer theologischen Kompetenz einzubringen. Sie sind nach dem Zweiten Vatikanischen Konzil ebenfalls Subjekte einer je eigenen Theologie, weil dort die Kirche auf die Basis des Volkes Gottes gestellt wurde. Wer Menschen gerade in seelsorglichen Berufen supervisorisch begleitet, wird nicht umhin können, neben der Konzentration auf Person und System auch aufmerksam zu sein auf die theologischen Grundthemen, die sich exemplarisch hinter den anstehenden Problemstellungen verbergen.

Maria Elisabeth Aigner

() | *Verweise*

Arbeit / Muße; Konflikt; Krise; Seelsorge; Subjektsein / Subjektwerdung; Zeit

Synodale Kirche

IM 20. JAHRHUNDERT wuchs ein neues Bewusstsein dafür, dass in der Kirche alle dieselbe Würde haben, weil alle vom Heiligen Geist Begabte sind. Um dem Ausdruck zu geben, wurden nach dem Zweiten Vatikanischen Konzil mehr Möglichkeiten der Mitbestimmung auf verschiedenen Ebenen eröffnet, z. B. in National- bzw. Diözesansynoden sowie in den Pastoralräten und im Pfarrgemeinderat. Solche Gremien bilden so genannte synodale Elemente in der Struktur der Kirche, die die hierarchische Organisation ergänzen bzw. zu ihr in Spannung stehen.

Synoden (griechisch für „zusammen" und „Weg") sind seit alters her Kirchenversammlungen, bei denen über inhaltliche und organisatorische Fragen diskutiert und abgestimmt wird. In evangelischen und orthodoxen Kirchen gibt es Synoden als Leitungsgremien. In der römisch-katholischen Kirche wird von nötigen synodalen Strukturen vor allem dann gesprochen, wenn nach dem gefragt wird, was man alltagssprachlich Demokratisierung nennt. Gewünscht ist die Beteiligung all derer, die von einer Entscheidung betroffen sind, an der Entscheidungsfindung.

Derzeit sind die bestehenden synodalen Gremien der Hierarchie unterstellt, ein Ausgleich zwischen beiden Prinzipien ist noch nicht gefunden. Manchen Gremien wurden Befugnisse wieder entzogen. So wurden in letzter Zeit Diözesanforen oder Dialogprozesse durchgeführt, die nicht den kirchenrechtlichen Status von Diözesansynoden hatten – z. T. um Spannungen zwischen Hierarchie und synodalem Gremium von vornherein zu vermeiden. Dennoch sind diese Prozesse in manchen Diözesen Orte ehrlicher Auseinandersetzung um die Zukunft der Kirche auf der Basis breiter Beteiligung und somit Übungsfelder für eine synodale Kirche.

Synoden anderer Art sind die Frauensynoden: Veranstaltungen, die ohne Anbindung an kirchliche Strukturen Frauen zu Gespräch und Aktion im eigenen Namen versammeln. In ihrem Selbstverständnis ereignet sich auch dabei Kirche.

Veronika Prüller-Jagenteufel

 | *Verweise*

Frauenkirche / Frauensynode; Gemeindeberatung, Laienapostolat / Laienorganisationen; Pfarrgemeinderat; Volk Gottes; Zweites Vatikanisches Konzil

Taufe

ELTERN, DIE EIN KIND bekommen haben, sind in einer besonderen Lebenssituation. Sie sind sowohl glücklich als auch überfordert, wollen nur das Beste für ihr Kind und spüren doch schon ganz am Anfang ihre Grenzen. Sie sind in einem hohen Ausmaß „segensbedürftig".

Um das Sakrament der Taufe – und es handelt sich hier meist um die Kindertaufe – gibt es weit weniger Diskussionen als um andere Sakramente. Vermutlich hängt das mit eben dieser besonderen Lebenssituation zusammen. Eltern und andere Angehörige übernehmen oft fraglos und dankbar den gewohnten Taufritus, weil allein die Tatsache, dass ein solcher Ritus stattfindet, für sie sehr große entlastende Bedeutung hat.

Dennoch sind auch rund um dieses Sakrament viele Fragen virulent, z. B.: Ist es recht, dass Eltern eine solch weitreichende Entscheidung für ihr Kind treffen? Ist es redlich, das Sakrament zu spenden, wenn deutlich sichtbar ist, dass Eltern und Pat(inn)en kaum eine Verbindung zur Kirche haben und wenig explizites Interesse zeigen, ihr Kind im christlichen Glauben zu erziehen?

Im Sakrament der Taufe geschieht Eingliederung in die Kirche, Befreiung von der Erbsünde und Besiegelung der Gotteskindschaft. Nimmt man diese Bedeutung ernst, wird bei der Taufe gefeiert, dass Gott einen Menschen als sein/ihr Kind angenommen hat, dass die Kirche mit diesem Tag ein neues Mitglied hat und dass für dieses Kind und für alle Getauften die Macht der Sünde und des Bösen grundsätzlich gebrochen ist.

Meistens wird eine Diskrepanz erlebt zwischen der Bedeutung des Sakraments und der konkreten Einstellung der Eltern. Diese Diskrepanz wird nicht aufzulösen sein. Sie auszuhalten gehört zum pastoralen Auftrag. Will man in dieser Spannung eine stimmige Taufpastoral und Taufpraxis gewährleisten, kommt der Vorbereitung eine große Bedeutung zu. Das Ziel der Taufgespräche soll sein, dass Eltern spüren: Die Kirche hat ein Interesse an uns und unserer Lebenssituation. Sie sollen einen Einblick bekommen in das, was das Sakrament bedeutet, und dem zustimmen können. Außerdem sollte die anstehende Feier vorbereitet werden. Gerade wenn es im Gespräch um die Bedeutung der Taufe geht, bleiben oft die schon angesprochenen Ungereimtheiten. Wie deutlich und umfassend muss die Zustimmung der Eltern sein, damit das Sakrament gespendet werden kann und darf? Sollte man Eltern dahingehend beraten, dass sie „nur" eine Segensfeier für ihr Kind abhalten ohne Sakramentenspendung? Solche Fragen zu entscheiden, erfordert ein hohes Maß an seelsorglicher Aufmerksamkeit. Sowohl die Situation der Familie ist im Auge zu behalten als auch die Gepflogenheiten der Gesellschaft (wie stark ist die volkskirchliche Prägung?) und natürlich auch die Bedeutung und Kraft des Sakraments, des Glaubens und der Kirche. Insgesamt sollte nie übersehen werden, welch große Chance es für die Kirche bedeutet, dass sie in dieser so besonderen Lebenssituation von den Menschen angefragt ist.

Immer häufiger werden im pastoralen Alltag neben der Kindertaufe zwei andere Formen: die Taufe im Schulalter und die Erwachsenentaufe. Zur Taufe im Schulalter kommt es meist im Zusammenhang mit der Erstkommunion. In diesem Alter ist es möglich, dass das Kind selbst einen Vorbereitungsweg geht. Die Einbeziehung der Eltern bleibt aber wichtig.

Wenn Erwachsene um die Taufe bitten, hält man sich üblicherweise an den im Katechumenat vorgesehenen Vorbereitungsweg. Dieser ist inhaltlich am Kirchenjahr ausgerichtet. Im Laufe dieses Prozesses geht es sowohl um ein Hineinwachsen in eine Gemeinde als auch um die Aneignung christlichen Glaubenswissens und -bewusstseins. Eine solche Erwachsenentaufe kann zur großen Chance für alle Beteiligten werden, für Freundinnen und Freunde, Angehörige und für die ganze Gemeinde.

Anna Findl-Ludescher

( ) **Verweise**

Gebären; Kinder / Kinderlosigkeit; Sakramente / Sakramentalität

Telefonseelsorge

DIE TELEFONSEELSORGE ist ein Beratungs- und Seelsorgeangebot unter Wahrung der Verschwiegenheitspflicht und Anonymität beider Gesprächspartner. Der telefonische Kontakt bedeutet, dass dabei nur über die menschliche Stimme kommuniziert wird. Jede/r kann sich zu jeder Zeit kostenlos von jedem Ort aus mit jedem Problem oder Anliegen an die Telefonseelsorge wenden. Ausgebildete Telefonseelsorgerinnen und -seelsorger bieten Beratung, Krisenbegleitung und Seelsorge – gelegentlich kommt es auch zu einem Begleitungsprozess, der über längere Zeit dauert. Hauptamtlich tätige Männer und Frauen sind für die fachliche Qualität dieser Beratungstätigkeit verantwortlich. Sie sind auch für die Auswahl, Ausbildung und Begleitung bzw. Weiterbildung der ehrenamtlich Tätigen zuständig, die den Großteil der Beratungsarbeit verrichten.

Thematisiert werden häufig Beziehungskonflikte, Krankheiten, aber auch Einsamkeit, Sinn- und Orientierungsfragen. Besonders bedeutsam ist die Telefonseelsorge für die Bewältigung suizidaler Krisen geworden. Gerade hier ist die Erreichbarkeit zu jeder Tages- und Nachtzeit von ganz besonderer Bedeutung.

Notwendig sind eine spezifische Ausbildung und Schulung in Gesprächsführung und Krisenintervention. Der Dienst besteht im konzentrierten Zuhören und empathischen Verstehen, was vorwiegend absichtsloses Da- und Anwesendsein „am anderen Ende der Leitung" verlangt. Darüber hinaus kann es auch um Ermutigung und Unterstützung gehen, um Begleitung eigener Entscheidungsfindungen oder um Schaffen von Klarheit durch Nachfragen, Analyse und Information.

Es geht um telefonisch vermittelte Kommunikation, bei der die Begegnung nicht von körperlichem Ausdruck, Gestik und Mimik bestimmt wird. Paradoxerweise kann gerade dadurch große Nähe entstehen. Da das Kontaktangebot zwar klar geregelt und somit auch begrenzt ist, es jedoch jederzeit möglich ist, den Kontakt wieder aufzunehmen, braucht es erhöhte Aufmerksamkeit in Bezug auf Abhängigkeiten bzw. das Thema von Nähe und Distanz.

Maria Elisabeth Aigner

○ | *Verweise*

Beziehung / Bezogensein; Grenze; Helfen; Konflikt; Krise; Trauer; Seelsorgegespräch; Suizid; Supervision

Theorie – Praxis

DAS VERHÄLTNIS VON Theorie und Praxis zueinander wird meist als Kluft beschrieben, die auf einen Mangel hinweist. In der Theorie wird versucht, sich der menschlichen Wirklichkeit mit Hilfe des Verstandes in Form von Denken und Analysieren bzw. mittels Strukturierung anzunähern. Praxis hingehen meint schlicht das Handeln von Menschen. Theorie ist immer zugleich Praxis insofern, als sie Wirklichkeit konstruiert und unser Denken immer unser Handeln beeinflusst. Umgekehrt lebt unsere Praxis von der Kraft theoretischer Entwürfe und Konzeptionen.

Das Verhältnis von Theorie und Praxis ist zum einen ein Thema jenes Bereiches, dem es in erster Linie um Theoriebildung geht, nämlich der Wissenschaft. Die Frage nach der Praxisrelevanz von Wissenschaft wird meist von außen – seitens der Gesellschaft bzw. im Kontext von Theologie im Speziellen seitens der Kirche – an sie herangetragen. Zum anderen ist dieser Zusammenhang in praktischen Kontexten dort relevant, wo bestehende Praxis im Begriff ist, sich zu verändern, oder verändert werden muss und theoretische Konzepte Lösungshilfen bieten sollen.

Der Pastoraltheologie ist das Theorie-Praxis-Verhältnis in mehrfacher Hinsicht ein zentrales Anliegen. Erst einmal ist die Praxis – in erster Linie jene des Volkes Gottes – ihr eigentlicher Reflexionsgegenstand. In ihrer Nachdenkarbeit über diese Praxis steht sie in der permanenten Spannung, sich einerseits nicht rein in eine Theorie jenseits der Praxis zu flüchten, andererseits es zu vermeiden, ihre Reflexionen einzig und allein an den Handlungen der Praxis auszurichten. Die Pastoraltheologie „mahnt" ihre theologischen Nachbardisziplinen, die Notwendigkeit ihres Praxisbezuges nicht zu vergessen. Sie erinnert daran, dass die Theologie selbst eine Alltagspraxis (im universitären Alltags- und Lebensbereich) besitzt und dass sie darüber hinaus – direkt oder indirekt – ebenso in viele andere Praxiskontexte verstrickt ist. Es gibt für sie keinen „praxisfreien Theorieraum", in dem oder von dem aus sie ihre Analysen anstellen könnte. Erst wenn die Theologie sich dessen bewusst ist, dass sie mit diversen Praxisfeldern in Verbindung steht, kann sie befreiend wirksam werden.

Dass es in Bezug auf den Befreiungsaspekt für die wissenschaftliche Theologie notwendig ist, sich mit dem Theorie-Praxis-Verhältnis auseinander zu setzen, darauf haben auch die Befreiungstheologie in Lateinamerika, die Politische Theologie in Europa sowie die Feministische Theologie hingewiesen. Sie betonen, dass die gesamte Theologie praktisch ist in dem Sinne, dass es ihr im Letzten um das von Gott gewirkte Leben der Menschen und deren Glauben geht und dabei von einem Gott die Rede ist, der/die auf der Seite der Notleidenden und Unterdrückten steht.

Theorie und Praxis sind und bleiben untrennbar miteinander verbunden und aufeinander verwiesen. An den „Stätten der Theoriebildung" mahnt die Praxis zur Praxisrelevanz und erinnert daran, die Alltagspraxis auch im Kontext von Theorie nicht zu vergessen. In der Praxis – gerade in den pastoralen Handlungszusammenhängen, in denen Seelsorge geschieht – darf nicht vergessen werden, dass in den oftmals komplex erscheinenden theoretischen Einsichtszusammenhängen Kraftpotenziale zu neuen, veränderten Handlungsschritten und Befreiungsaspekten stecken. Es gehört zur spezifisch pastoralen und pastoralpsychologischen Kompetenz von Seelsorgerinnen und Seelsorgern, sich nicht von der Intensität praktisch-seelsorglicher Alltagserfahrung aufsaugen zu lassen, sondern kontinuierlich den Rückzug auch in Form von reflexiver Distanz zu suchen. Dabei sind sie als Theologinnen und Theologen gefragt, ihre eigene pastorale Praxis kritisch zu reflektieren und begründen zu können.

Maria Elisabeth Aigner

( ) | *Verweise*

Erfahrung; Pastoralpsychologie; Pastoraltheologie feministisch; Seelsorge; Sehen – Urteilen – Handeln

Tod / Sterben

TOD UND STERBEN erinnern uns daran, dass das Leben nur begrenzt zu haben ist und der Lebensweg aller Menschen früher oder später zu einem Ende geführt wird. Die Auseinandersetzung mit dem Tod bedeutet einerseits, sich der klaren Erkenntnis und damit dem Schrecken auszusetzen, dass jedem Leben ein Bruch widerfährt, der nicht mehr rückgängig gemacht werden kann und bei dem nicht absehbar ist, was danach kommt. Andererseits bringt der Tod in seiner Unbekanntheit und Ungewissheit auch eine bestimmte Faszination mit sich, die anziehend ist und nachdenklich werden lässt.

Sterben ist ein aktiver Vorgang, der von den Menschen individuell verschieden und einzigartig erlebt wird. Tod und Sterben haben ähnlich wie das sexuelle Erleben oder die Erfahrung des Gebärens etwas mit einer Grenzüberschreitung zu tun, die sehr stark von Körperlichkeit geprägt ist und damit mit den Tiefen der menschlichen Seele zu tun hat. Beim Tod ist diese Grenzüberschreitung für den Körper so massiv, dass er unwiederbringlich dem Zerfall preisgegeben ist. Dies ist jedoch im christlichen Verständnis zugleich der Moment, wo wir unentrinnbar Gott schauen.

Feministisch-theologische Ansätze kritisieren am christlichen Umgang mit dem Tod vorwiegend die damit verbundene dominante Jenseitsbezogenheit und sehen darin ein Zeichen patriarchaler Weltflucht. Tatsächlich kann die vertröstende Orientierung auf „ein Leben danach" dazu führen, das Leben im Hier und Jetzt gering zu schätzen. So erhalten aber auch Kampf, Schmerz und Leid keinen gebührenden würdigen Platz, an welchem dem irdischen Erleben in all seinen Facetten entsprechende Aufmerksamkeit zukommen würde. Die Angst vor dem Körper und seinen je eigenen Gesetzmäßigkeiten der Veränderbarkeit wird damit zum Spiegel für die Angst vor Vergänglichkeit und Tod und dem Verfall schlechthin.

Der Tod und das Sterben lehren uns, dem Leben im Hier und Jetzt des Augenblicks und in seiner Verletzbarkeit seine Aufmerksamkeit zu schenken – mit allen Hoffnungen und Sehnsüchten ebenso wie mit allen Zweifeln und Ängsten. Wenn das irdische

Dasein Würde erfährt, kommt auch dem sterbenden Menschen Segen zu. Die Berührung mit dem Tod und die damit einhergehende Schwellenerfahrung lassen Gott zugleich transzendent und immanent erscheinen und vermitteln uns etwas von der Tiefe und Relevanz des Göttlichen hier auf Erden. Sterben und damit dem Tod entgegengehen heißt für Menschen auch, sich mit der Scham und der Schuld auseinander zu setzen und sich mit Verdrängung und Verleugnung zu konfrontieren. Der Tod schafft mehr Fragen als Antworten – und zwar für alle Beteiligten – und darf schon allein deshalb keinesfalls bagatellisiert werden. Eine Haltung voll Ehrfurcht dem menschlichen Leben und seinem irdischen Begehren ebenso wie dem sterbenden Dasein gegenüber ist notwendig, damit sich die Erkenntnis Raum verschaffen kann, dass Leben und Tod miteinander verwoben sind und dass es das eine nicht ohne das andere geben kann. Die kontinuierliche Suche nach entsprechend notwendigen pastoralen Ansätzen in den Bereichen Sterbebegleitung und Palliativbetreuung sind aus diesem Grunde unerlässlich und Zeichen dafür, dass die Kirche sich in diesem Bereich nicht aus der Verantwortung zieht.

Maria Elisabeth Aigner

Verweise

Begräbnis; Grenze; Krise; Seelsorgegespräch; Suizid; Supervision; Trauer

Trauer

Trauern gehört zum Menschsein. Menschen aller Kulturen und Gesellschaftsformen trauern jedoch unterschiedlich und verleihen ihrer Trauer einen je anderen, spezifischen Ausdruck. Trauer betrifft nie nur einzelne Individuen, sondern tangiert immer auch gemeinschaftliche Strukturen. Obwohl der Bedeutung gelebter Trauerprozesse hinsichtlich der psychischen Gesundheit und Stabilität in Psychotherapie und Seelsorge in den letzten Jahrzehnten vermehrt und intensiv Rechnung getragen wurde, gilt die Thematik in westlicher Gesellschaft nach wie vor weitgehend als Tabu. Noch immer lauert die Gefahr, dass trauernde Menschen medizinisch, therapeutisch oder seelsorglich „ruhig gestellt" werden, anstatt ermutigt zu werden, sich diesem so vielschichtigen Prozess zu stellen.

Verdrängte, nicht bewusst gelebte und gestaltete Trauerprozesse können krank machen und schlimmstenfalls zu schweren psychischen Störungen führen. Mit eigener oder anderer Trauer konfrontiert zu werden, gehört zum menschlichen Leben wie das Erleben von Glück und Freude. In den Prozessen von Wachsen und Reifen werden häufig vor allem Lebensübergänge von Trauer begleitet. Unabhängig davon erleben wir eine tiefere Auseinandersetzung mit Formen von Trauer bei Verlust, Krankheit und Tod sowie bei verschiedenen anderen Formen von Krisen und Scheitern.

Wer selber einen mehr oder weniger intensiven Trauerprozess erlebt hat, weiß, dass dieser sich in Phasen abzeichnen kann, zugleich aber auch unabhängig von jeglicher normierter Regelmäßigkeit ganz individuell abläuft. In der Regel steht am Beginn eines Trauerweges der Schock, die Verweigerung von Realität. In der Folge kann es sein, dass Emotionen unterschiedlichster Art auftauchen: Wut, Aggression, Rache, Verzweiflung, auch Gefühle der Depression wie Niedergeschlagenheit und Einsamkeit oder eine große innere Leere. Die Arten und Weisen, wie aus der Trauer heraus oder mit ihr wieder in ein lebbareres Leben hinein gefunden wird, sind ganz und gar unterschiedlich.

Aktive Trauer verlangt nach Ausdruck. Oft hilft alleine die absichtslose Nähe eines anderen Menschen, um erzählen, sich artikulieren zu können. Dieser Raum des Sich-Mitteilens ist von ganz entscheidender Bedeutung und verlangt vom Gegenüber vor allem achtsame, respektvolle Präsenz, keinesfalls jedoch Ratschläge oder thematische Ablenkungsversuche. Trotzdem kann es durchaus wichtig oder angebracht sein, Menschen, die zu nahe am Schmerz sind, „auf andere Gedanken" zu bringen. Die Begleitung von trauernden Menschen gestaltet sich demnach als Gratwanderung, die eine gute Selbstwahrnehmung erfordert. Wichtig ist, dass die/der Trauernde ihre/seine Gefühle teilen und mitteilen kann. Meist sind dabei Träume, innere Bilder und Vorstellungen wesentlich auf der gemeinsamen Suche nach Bewältigung. Auch Rituale und die Arbeit begleitende Symbole können entscheidende Hilfestellungen bieten.

Trauer, die durch die Herausforderungen des Lebens Einzug in unser Dasein hält, sucht nach Annahme und hat zum Ziel, verwandelt zu werden. Im pastoralen Umfeld bedarf es einer besonders sensiblen Wahrnehmung auf die Trauer von Menschen hin. Das allmähliche Lernen, die Phase der Trauer bewusst anzunehmen und zu gestalten, bleibt ein Thema für alle Frauen und Männer, die im Zuspruch Jesu: „Selig sind die Trauernden, denn sie werden getröstet werden", eine Herausforderung sehen.

Maria Elisabeth Aigner

( ) | *Verweise*

Grenze; Krise; Seelsorgegespräch; Tod/Sterben

Volk Gottes

Das Zweite Vatikanische Konzil hat einen neuen Begriff für die Kirche entworfen: Kirche ist das Volk Gottes. Sie ist nicht zuerst die klerikale Hierarchie oder die Institution der Priester, die religiös in dieser Welt wirken. Kirche wird vielmehr in einem ganz grundlegenden Sinn von ihrer Aufgabe her verstanden, das Volk Gottes auf seinem Weg zu Gott zu sein. Sie hat den Auftrag, das Geheimnis der Liebe Gottes zu den Menschen zu verwirklichen und zu offenbaren (vgl. GS 45). Das heißt, dass alle Menschen von der gemeinsamen Basis dieses Auftrages aus Volk Gottes sind.

Der Begriff „Volk Gottes" hat in der katholischen Kirche seit dem Zweiten Vatikanischen Konzil deshalb eine ganz wesentliche Bedeutung. Mit ihm wurde deutlich gemacht, dass nicht nur die Priester, sondern alle in der Kirche dieselbe Aufgabe haben, nämlich die Berufung des Menschen durch Gott zu verkünden. Das Volk Gottes übt dort seinen kirchlichen Dienst aus, wo es den Menschen dient, wo Frauen und Männern neue Perspektiven und Handlungsmöglichkeiten eröffnet werden, wo sie ein Stück weit jetzt schon Heilung und Befreiung erleben können. Das Konzil betont somit nicht primär die institutionell-hierarchische Verfasstheit von der Kirche, sondern definiert sie von ihrem pastoralen Wirken her als aufgabenorientierte, den Menschen dienende Institution. Auch wenn dieser Auftrag in unterschiedlichen Ämtern wahrgenommen wird, so bleibt es doch für alle eine grundlegende Aufgabe, das berufene Volk Gottes zu sein. Dieses Volk hat die Welt, die Gesellschaft, die einzelnen Männer, Frauen und Kinder und vor allem die Armen, Ausgegrenzten und Leidenden im Blick. Um konkret diese Menschen – um ihre Sorgen, Hoffnungen und Ängste – geht es.

Das Zentrum der Kirche bilden fortan alle Menschen, die ihrer göttlichen Berufung folgen. In der Kirchenkonstitution „Lumen gentium" heißt es: „Zu dieser katholischen Einheit des Gottesvolkes, die den allumfassenden Frieden bezeichnet und fördert, sind alle Menschen berufen. Auf verschiedene Weise gehören ihr zu oder sind ihr zugeordnet die katholischen Gläubigen, die anderen an Christus Glaubenden und schließlich alle Menschen überhaupt, die durch die Gnade Gottes zum Heile berufen sind" (LG 13). Eine solche Sicht von Kirche kommt einer Revolution gleich – damit werden die Grenzen nach innen und außen gesprengt: Kirche ist also viel umfassender als das, was von ihr in ihrer realen institutionellen Verfasstheit sichtbar ist.

Auch die Theologie, insbesondere die Pastoraltheologie, beschäftigt sich mit dem Volk Gottes und seiner gegenwärtigen Situation. Theologietreibende sind selber ein Teil dieses Volkes und haben die Aufgabe, über die Menschen, ihre Anforderungen und Anfechtungen nachzudenken und ihre Lebens- und Glaubenserfahrungen zum Ausgangspunkt ihrer Reflexionen zu machen. Theologische Fakultäten beispielsweise stellen selber spezifische kirchliche Handlungsfelder dar, denen eine Dienstfunktion zukommt. Sie sind auch Kirche und gefordert, ihren eigenen pastoralen Charakter zu entdecken, damit sie einen Beitrag zur Gestaltung des Volkes Gottes auf seinem Weg leisten können.

Es ist ein Wesen von Kirche, dass sich darin Gottes Offenbarung unentwegt zeigt. Dabei geht es um diese Welt, die ganze Schöpfung und um die Lebensrealitäten von Frauen und Männern mit ihren je eigenen Problemen. Kirche als wandelndes Volk Gottes gibt es nicht ohne Versagen und Scheitern und ohne die auftauchenden Abgründe menschlicher Existenz. Trotzdem bleibt ihr inneres leitendes Motiv, in tiefer Solidarität mit allen Menschen Gottes Heil und Befreiung zu verkünden.

Maria Elisabeth Aigner

○ | *Verweise*

Gemeinde/Koinonia; Kirchenbilder; Nachfolge; Priestertum; Zweites Vatikanisches Konzil

Volksfrömmigkeit

EIN PRIESTER SPENDET am Ende eines Gottesdienstes im Sommer den „Wettersegen". Die Gläubigen beten darum, von Unwettern verschont zu bleiben und gutes Erntewetter zu haben.

Tausende Menschen gehen den Weg nach Santiago de Compostella. Sie gehen diesen uralten Pilgerweg in ganz verschiedenen Absichten, viele auf der Suche nach Lebensorientierung, auf der Suche nach dem je eigenen Weg.

Das sind zwei konkrete Beispiele von Volksfrömmigkeit. Wenn Menschen ihrem Glauben Ausdruck geben, dann tun sie das zum einen, indem sie an den offiziell geregelten Gottesdiensten der Kirche teilnehmen, sie erfinden aber zum anderen auch viele andere Formen, wie sie ihren Ängsten und Bitten, ihrer Sehnsucht nach Gott und nach gelingendem Leben Ausdruck geben können. Sie verehren Heilige, machen Bittprozessionen, pflegen bestimmte Rituale in den Raunächten (die Nächte vom Heiligen Abend bis Dreikönig) und vieles mehr. Bei all diesen Formen, die neben der offiziellen, von der Hierarchie geregelten Liturgie „wachsen", spricht man von „Volksfrömmigkeit". Dieser Prozess ist nie abgeschlossen. Es entsteht immer wieder Neues bzw. Altes wird wiederentdeckt, wie derzeit die alten Pilgerwege. Die Kirche greift in ihrer Liturgie solche Formen zum Teil auf, bestätigt sie und gestaltet sie mit. Der Ursprung und auch die Kraft liegen jedoch im Glauben der einfachen Menschen. Viele Menschen brauchen für ihren Glauben diese Formen, sie sind gewissermaßen das lebendige Fleisch zum starren Skelett der intellektuellen Glaubensauseinandersetzung und der oft nüchternen Liturgie. Intellektuelle Menschen – auch Theologinnen und Theologen – belächeln oft die Volksfrömmigkeit. Sie übersehen dabei vielleicht den intensiven und auch kreativen Glaubensausdruck in diesen Formen und die Glaubenskraft, die darin steckt.

Es gibt jedoch tatsächlich einige *Gefahren*, die anhand der Marienverehrung aufgezeigt werden sollen: Maria ist de facto für viele Menschen die zentrale Figur im Glauben, Titel wie „Himmelskönigin" oder „Gottesmutter" unterstützen diese Annahme.

Maria wird – nicht ausdrücklich, aber de facto – von manchen Gläubigen vergöttlicht. Gegen solche *Irrlehren* braucht es immer wieder ein korrigierendes „Eingreifen" von Seiten der Theologie und der Amtskirche. Auch viel *Aberglaube* sammelt sich bei dieser Frömmigkeit: Eine bestimmte Art und Anzahl von Bekreuzigungen vor der Marienstatue sollen Heilung bewirken, das Gebet am 13. jeden Monats soll wirksamer sein als sonst etc. Hier braucht es sicher immer wieder Klärung und Korrektur.

Eine andere Gefahr kommt aus einer anderen Richtung: Vertreter der Hierarchie „benutzen" diese Frömmigkeit und *instrumentalisieren* sie für ihre Zwecke. Die Marienverehrung wurde vielfach dazu missbraucht, Frauen innerhalb der Kirche klein zu halten; die demütige Magd war das Idealbild. Allfälliges Aufbegehren wurde mit dem Hinweis auf die innig verehrte Maria unterdrückt.

Volksfrömmigkeit wird im westlichen Europa meist in Verbindung gebracht mit älteren, politisch und kirchlich eher konservativ eingestellten Menschen. Es gibt jedoch auch viele junge, moderne Formen der Volksfrömmigkeit: Menschen erfinden kreativ neue Rituale zur Bewältigung des Alltags; neue gesellschaftliche Formen des Trauerns entstehen z. B. nach einem tragischen Unglück; in Phasen der Lebenskrisen und Lebensübergänge werden Pilgerwege und Wallfahrten neu entdeckt, usw. Wie die „alte Volksreligiosität", so sind auch neue, moderne volksreligiöse Formen ambivalent und mehrdeutig. Sie sind aber vitale Zeichen gelebten Glaubens und verdienen Aufmerksamkeit und Wertschätzung von Seiten der Kirche und der Theologie.

Anna Findl-Ludescher

( ) | *Verweise*

Beten; Inkulturation; Rituale; Spiritualität; Wallfahren

Wallfahren

BESTIMMTE ORTE aufzusuchen, um sich dort in spezifischer Weise dem Göttlichen und dessen Kraft zu öffnen, gehört zu vielen Religionen. Auch im Christentum hat dies eine lange Tradition. Im Mittelalter blühte das Wallfahrtswesen und verband oft uralte, vorchristliche Kultstätten mit Christus, der Dreifaltigkeit, Maria oder anderen Heiligen. Nachdem die Reformation Auswüchse kritisiert und Skepsis gegenüber Wallfahrten gezeigt hatte, wurde in der Gegenreformation das Wallfahren als etwas typisch Katholisches betont und gefördert.

Gegenwärtig erfreuen sich Wallfahrten wieder großer Beliebtheit und sind alte Pilgerwege wie etwa der nach Santiago de Compostella zu regelrechten Anziehungspunkten geworden. Heute treffen sich auf solchen Wegen Katholik(inn)en mit Christ(inn)en anderer Konfessionen sowie mit Menschen, deren Zugang irgendwo zwischen Tourismus, Sport, Selbsterfahrung und allgemein religiösen Vorstellungen liegt.

Wer bewusst eine Wallfahrt macht, macht sich im „Äußeren" auf denselben Weg, den Menschen antreten, die sich in Meditation oder Gebet auf die Reise nach „innen" machen. So führt der Weg ganz konkret weg aus dem Gewohnten, dem eigenen Haus und Ort. Das kann helfen, Distanz zu bekommen und neu zu schauen: auf das, was mich dankbar, glücklich, zufrieden macht, wie auf das, was mir Lebendigkeit nimmt, mich behindert.

Das Gehen zu einem Wallfahrtsort birgt die Chance, vom Tun zum Sein zu kommen. Vielen fällt es schwer, im Alltag Zeit und Ort zu finden, um in der Stille zu beten oder zu meditieren. Viele haben zudem nicht genug innere Ruhe für so etwas. Wallfahren kann da helfen, denn der/die Pilger/in auf einem Wallfahrtsweg ist nicht untätig, ist in Bewegung, kann Schritt um Schritt Stress ablegen – und ist einmal nicht dabei, etwas für den Haushalt oder den Job zu tun.

Auf Wallfahrt zu sein heißt auch, ausgerichtet zu sein auf ein Ziel: einen so genannten Gnadenort. Zur Stärke eines Wallfahrtsortes gehört seine meist schon lange Tradition. Oft seit Jahrhunderten kommen Menschen dorthin mit ihren Freuden und Sorgen, ihrer Hoffnung und ihrem Glauben, ihrer Verzweiflung

und ihrem Dank. Das prägt einen Ort. Wer betend an einen solchen Ort kommt, legt eigene Hoffnung, eigenen Glauben, eigene
Bitten und eigenen Dank zu dem vieler anderer Menschen, reiht
sich ein in einen kraftvollen Strom.

Die Aufmerksamkeit auf die Kraft dieses Platzes und vor allem
die Verbundenheit mit den vielen Dankenden und Hoffenden
kann helfen, selbst offen zu werden für Gottes Zuwendung zu
mir, meinem Leben, meinen Sorgen, meinen Freuden. So geht
es wohl nicht zuerst darum, durch eine Wallfahrt etwas ganz
Bestimmtes zu erbitten, sondern grundlegend darum, sich und
das eigene Leben Gott neu anzuvertrauen.

Von den so genannten heiligen drei Königen wird erzählt, dass
sie nach ihrer Begegnung mit Christus im Stall von Bethlehem
auf „einem anderen Weg" in ihr Land zurückkehrten. Wer Gott
nahe war, wen andere Menschen tief berührt haben, wer sich
von der Kraft eines Gnadenortes betreffen ließ – die/der wird
verändert heimkehren. Wieder in die gewohnte Welt zurückzu-
gehen, kann auch schwer fallen. Doch ich kann mich von der
Hoffnungskraft vieler tragen lassen und im Vertrauen auf Gottes
Wohlwollen meine Schritte setzen.

Immer wieder ist in der spirituellen Tradition unser ganzes
Leben mit einer Pilgerreise, einer Wallfahrt verglichen worden: Gehen als Kennzeichen unserer Existenz. Kein Ort unseres Lebens ist letzte Heimat, immer wieder ist neuer Aufbruch
nötig. Wir sind nur Gast auf Erden, sagt die christliche Tradition;
Frauen sind im Patriarchat heimatlos, erkannte die feministische Bewegung. Wallfahrten geben Gelegenheit, uns einzuüben
in Aufbrechen und Begegnen, Hoffen und Danken, Zurückkehren
und Unterwegssein.   *Veronika Prüller-Jagenteufel*

() | *Verweise*

Beten; Segen; Spiritualität; Volksfrömmigkeit

Weltkirche

BEIM SPRECHEN VON der katholischen Kirche erscheint es als Selbstverständlichkeit, von ihr als „Weltkirche" zu sprechen. Was aber macht die Kirche zur Weltkirche? Ist es das Faktum, dass sich in allen Erdteilen katholische Gemeinden und Diözesen finden? Ist es die Einrichtung des Vatikans, dass es einen Papst gibt, der Autorität ist für alle diese Ortskirchen? Ist es die gemeinsame Liturgie, die heute zwar nicht mehr in gemeinsamer Sprache, aber doch in erkennbarer, vertrauter Form überall gefeiert wird? Diese genannten Aspekte haben alle große Bedeutung für das Weltkirche-Sein, aber ihretwegen allein sollte man noch nicht von Weltkirche sprechen. „Weltkirche" ist mehr als nur eine Beschreibung von Kirche, es ist ein Auftrag, den sie sich selbst gibt (GS 1), eine ständige Herausforderung, im besten Falle ein „Qualitätszeichen" von Kirche. Folgende „Qualitätskriterien" gelten für eine solche Weltkirche:

Inkulturation vor Ort: Kirche soll nicht einfach „verstreut" sein über die ganze Erde, sondern dort, wo sie ist, wahrhaft eingewurzelt. Eine Kirche, deren Wurzeln im Erdreich einer bestimmten Kultur, Geschichte und Lebensweise wachsen, bringt eine Kirchengestalt zum Leben, die einzigartig ist und unverwechselbar. Auf diesem Boden wächst nicht das Gleiche wie 100 oder 1000 km weiter. „Einheit" in der Kirche muss immer „Einheit in Verschiedenheit" bedeuten.

Begegnung mit Fremdem: Wenn Verschiedenheit und Fremdheit kein Gegensatz sein sollen zur Einheit der Kirche, dann müssen Kontakte gepflegt werden zwischen Christ(inn)en, die sich fremd sind. Es braucht Zeit und Bereitschaft für Kommunikation, fremde Sprachen müssen gelernt werden, um fremde Lebenswelten kennen zu lernen. Es gibt heute ein großes Bemühen in der europäischen Kirche, aus ursprünglichen „Spendenbeziehungen" Partnerschaften zu machen. Verschiedenste Initiativen fördern gegenseitiges Kennenlernen, Austauschen und Helfen. Es geschehen Schritte in die richtige Richtung, und doch besteht in diesem Bereich noch großer Handlungsbedarf.

Kirche mit Option: Es genügt nicht, dass Kirche einfach da ist, sie muss tief eindringen in die Welt, d. h. in die politischen, wirtschaftlichen und gesellschaftlichen Vorgänge. Im Sinne des Evangeliums hat die Kirche hier eine deutliche Option zu vertreten für das Wohl der Menschen, insbesondere für das der Armen und Bedrängten. Menschen der Kirche haben den Auftrag, konstruktiv in den verschiedensten gesellschaftlichen Bereichen mitzuarbeiten und dort, wo es notwendig ist, zu widersprechen und zu widerstehen. Das unerschrockene Zeugnis vieler Christ(inn)en in sozialen und anderen Konflikten gibt der Kirche besondere Glaubwürdigkeit und Lebenskraft.

Das „Weltkirche-Sein" ist also zum einen eine Selbstverständlichkeit und zum anderen eine der größten Herausforderungen, mit der wir heute konfrontiert sind. Alle Menschen dieser Welt erleben im Alltag, wie Globalisierung gegenwärtig wirkt, was weltweites Vernetztsein bedeutet. Die Kirche ist erfahren in der weltweiten Vernetzung, und sie hätte die Chance zu zeigen, dass Globalisierung nicht zwangsläufig mit Ausbeutung und Machtmissbrauch einhergehen muss. Die Kirche ist kein positives Gegenbild zur Welt. Sie erfährt sich „mit der Menschheit und ihrer Geschichte wirklich engstens verbunden" (GS1). In ihr herrschen ähnliche Gesetze, und die Versuchungen der Macht kennt sie genauso. Es gibt jedoch den besonderen Anspruch der Kirche, die oben genannten Qualitätskriterien als Auftrag und gleichzeitig als Möglichkeit des Geistes immer wieder neu zu versuchen. *Anna Findl-Ludescher*

() | **Verweise**

Inkulturation; Kirchenbilder; Ökumene; Option; Volk Gottes

Zeichen der Zeit

NACH DEN ZEICHEN DER ZEIT zu forschen und sie im Licht des Evangeliums zu deuten, gehört nach einer der oft zitierten Aussagen des Zweiten Vatikanischen Konzils (GS 4) zu den Pflichten der Kirche, denen sie nachkommen muss, damit sie ihren Auftrag erfüllen kann. Unter diesen Zeichen der Zeit werden im Allgemeinen die Charakteristika verstanden, die die Gegenwart prägen, also das, was die Menschen umtreibt, was die gesellschaftlichen Entwicklungen kennzeichnet etc. Manchmal werden dabei auch Lebens- und Todeszeichen unterschieden. Diese Zeichen zu kennen ist für die Pastoral unerlässlich, denn es geht in der Seelsorge immer um die konkreten Menschen in einer konkreten Situation. „Es gilt also, die Welt, in der wir leben, ihre Erwartungen, Bestrebungen und ihren oft dramatischen Charakter zu erfassen und zu verstehen." (GS 4)

Verkündigung und Pastoral geben nicht „ewige" Wahrheiten weiter, sondern sind ein dialogisches Geschehen, in dem die Botschaft der Kirche und die gegenwärtige Realität einander begegnen. Von der Kirche ist in diesem Sinne „Zeitgenossenschaft" bzw. ein Leben „auf der Höhe der Zeit" gefordert. Das bedeutet, dass es beim Erforschen und Deuten der Zeichen der Zeit nicht bloß darum geht, den Rahmen für das kirchliche Handeln kennen zu lernen und abzustecken, um in Verkündigung und Pastoral gezielter agieren zu können. Im Erfassen unserer Welt mit ihren Erwartungen und Bestrebungen soll die Kirche vielmehr verstehen, was Gottes Anruf an eine konkrete Zeit ist. Wie Gottes Wort hier und heute konkret werden, „Fleisch werden" kann, ist im Dialog zwischen Kirche und Gesellschaft zu entdecken.

Die Rede von den Zeichen der Zeit wurde von Papst Johannes XXIII. geprägt und von Marie-Dominique Chenu OP theologisch durchdacht. Ihr Anliegen war es, nicht nur allgemein nach prägenden Entwicklungen zu fragen, sondern nach den in ihnen liegenden Möglichkeiten zur Humanisierung der Gesellschaft, zur Förderung des Menschseins und der Menschlichkeit. Die gesellschaftliche Wirklichkeit ist immer zugleich Ausdruck davon, dass Welt und Menschen erlösungsbedürftig sind, und davon, dass sie Gottes gute Schöpfung, Ort der Gegenwart und des Segens Gottes sind. Nach den Zeichen der Zeit zu forschen bedeutet also, durch alle Ambivalenzen hindurch nach *den* Orten und Entwicklungen zu suchen, in denen Menschen mehr zu Menschen im Sinne von „Ebenbild Gottes" werden. Zeichen der Zeit in diesem speziellen Sinn sind dann nicht mehr alle möglichen Vorkommnisse einer Gegenwart, sondern jene, die im Licht des Evangeliums als Hinweise auf solche „Menschwerdung" gedeutet werden können.

Nach diesen Zeichen soll die Kirche forschen, um zu entdecken, wie sie in einer bestimmten Gegenwart und Gesellschaft zur Mitarbeiterin Gottes werden kann. Zwischen den „inkarnatorischen" Möglichkeiten, den Aufbrüchen von mehr Menschlichkeit einerseits und dem Unheil und der Ungerechtigkeit der Gegenwart andererseits, besteht eine permanente Spannung. Diese fordert die Kirche dazu heraus, im Deuten der Zeichen der Zeit zu erkennen, wie sie als engagierte Zeitgenossin gesellschaftliche Entwicklungen solidarisch und zugleich kritisch begleiten und fördern kann. *Veronika Prüller-Jagenteufel* 218 **219**

( ) | **Verweise**

Erfahrung; Gesellschaftliche Trends; Pastoraltheologie feministisch; Sehen – Urteilen – Handeln

Zeit

Es gibt wohl wenige Phänomene, die Menschen philosophisch wie alltagspraktisch mehr beschäftigt haben als die Zeit. In zeitliche Rhythmen eingebunden zu sein – Tag und Nacht, Jahreslauf, Lebenslauf – prägt seit jeher unser Leben. Dass die Zeit, die ein Menschenleben dauert, endlich ist, hat spätestens seit der Moderne ein Bewusstsein dafür hervorgebracht, wie kostbar Zeit ist. Derzeit wird Beschleunigung gerne als ein Kennzeichen der „heutigen Zeit" angeführt und Entschleunigung von immer mehr Menschen als Zugewinn von Lebensqualität angestrebt.

Das Empfinden, dass Zeit ein wertvolles Gut ist, drückt sich u. a. in dem Sprichwort aus: „Zeit ist Geld." Als im 14. und 15. Jahrhundert die Marktwirtschaft entstand, wurde der Wert einer Ware immer mehr nach der Zeit bemessen, die für ihre Herstellung nötig war. Zugleich konnten die, die in derselben Zeit mehr herstellten, auch mehr verkaufen. Zeit wurde zu etwas, das man gut nutzen musste, und so wurde sie knapp. Eine ganz andere Zeiterfahrung machen Menschen im Glück. Dem Glücklichen schlägt keine Stunde, heißt es, denn Glück ist zeitlos. Wer glücklich ist, genießt den Augenblick, ohne ihn festzuhalten. Vielleicht ist ein glücklicher Mensch ja auch „zeitvoll".

„Zeit gewinnen" ist eine weitere sprechende Formulierung für den menschlichen Umgang mit Zeit. Dabei scheint es, als würden nicht die Eiligen Zeit gewinnen, sondern die, die Zeit als Preis für Gelassenheit und Langsamkeit entgegennehmen. Mit der Zeit zu leben und nicht gegen sie, ist hohe Lebenskunst. „Wenn du es eilig hast, dann geh langsam", rät wieder ein anderes Sprichwort. „Das Wesentliche ereignet sich in den Pausen", sagen erfahrene Trainer/innen, und immer mehr Menschen träumen von einer Auszeit, vom Sabbat, von einem Rhythmus von Arbeit und Muße, von Aussaat, Wachsen-Lassen und Ernte. Gesellschaftlich wird dieser Rhythmus immer mehr durchlöchert, der Sonntag als kollektiver Ruhetag wird in Frage gestellt. Wahrscheinlich wird in Zukunft jede/r selbst für den eigenen Rhythmus sorgen müssen.

Schon jetzt ist es wichtig, ein gutes „Zeitmanagement" zu beherrschen – sei es im Beruf oder in der Freizeit oder um die

Aktivitäten der Kinder zu koordinieren. Auch in der Seelsorge ist es notwendig, die Zeit gut einzuteilen und gut zu planen. Im antiken Griechenland gab es zwei Bezeichnungen für Zeit: Chronos, die Zeit, die stetig voranschreitet und nicht aufzuhalten ist, und Kairos, der günstige Augenblick, den man erhaschen und beim Schopf packen kann. (Als Gott dargestellt hatte Kairos tatsächlich einen Haarschopf am Hinterkopf.) Chronos ist organisierbar, für den Kairos braucht es Wachsamkeit und Bereitschaft. Gibt es zu viel geplante Chronos-Pastoral und zu wenig Kairos-Pastoral, die das Gespräch, das zwischendurch entsteht, *jetzt* führt und nicht aufschiebt, die *jetzt* eine offene Tür hat, die *jetzt* bereit ist, hinzugreifen?

„Jetzt": Darin liegt vielleicht das Geheimnis der Zeit: in der Präsenz. Wer hier und jetzt ganz da ist, hat Zeit, sozusagen alle Zeit der Welt, denn wo jemand wirklich präsent ist, versammeln sich Vergangenheit und Zukunft in der Gegenwart. Gegenwärtig sein, präsent, ganz da – das ermöglicht es auch dem Vergangenen, unverdrängt anwesend zu sein, und das eröffnet für das Kommende annehmende Bereitschaft. Deshalb ist ein/e Gesprächspartner/in, der/die ganz präsent ist, auch hilfreich, deshalb hat Gegenwärtigkeit etwas Heilsames.

Gott ist gegenwärtig: Gottes Gegenwart ist vielleicht weniger eine räumliche Angelegenheit als eine der Zeit (und Ewigkeit). Gott ist immer gegenwärtig – kann es sein, dass die, die im Bewusstsein der Gegenwart Gottes leben, an Gottes Zeit teil haben? *Veronika Prüller-Jagenteufel*

Verweise

Alt werden / Altenseelsorger/in; Arbeit / Muße; Genießen / Glück / Wellness; Gesellschaftliche Trends; Kirchenjahr; Spiritualität; Tod / Sterben

Zweites Vatikanisches Konzil

BEI INNERKIRCHLICHEN KONFLIKTEN
wird gerne auf das Zweite Vatikanische Konzil verwiesen und
es wird – um die Extrempunkte zu nennen – entweder für alle
heutigen Schwierigkeiten der Kirche verantwortlich gemacht,
weil sich die Kirche im Konzil zu sehr der modernen Welt ange-
passt habe, oder als Allheilmittel beschworen, als müssten die
Beschlüsse des Konzils nur endlich besser umgesetzt werden
und ein neues „goldenes Zeitalter" der Kirche würde anbrechen.
Für jüngere kirchliche Mitarbeiter/innen wird unterdessen das
Konzil immer mehr zu einem lang vergangenen historischen Faktum, dessen Bedeutung für heute sich nicht mehr unmittelbar
von selbst erklärt.

Das Zweite Vatikainische Konzil war für die römisch-katholische Kirche ein epochales Ereignis und hat für sie, wie es Papst
Johannes XXIII. wünschte, einen wirklichen Sprung nach vorne
gebracht, auch wenn die Kirche 40 Jahre nach dem Konzil noch
in vielerlei Hinsicht wie „im Sprung gehemmt" (Helmut Krätzl)
erscheint. In der Zeit von 11.10.1962 bis 8.12.1965 kamen in
Rom zu vier Sitzungsperioden 2540 stimmberechtigte Bischöfe
der römisch-katholischen Kirche und der mit ihr unierten Kirchen aus der ganzen Welt zusammen. Allein diese Erfahrung von
Vielfalt wurde für viele dieser so genannten Konzilsväter prägend. Sie verabschiedeten insgesamt 16 größere Konstitutionen,
Dekrete und Erklärungen, die jeweils nach den Anfangsbuchsta-
ben des lateinischen Textes zitiert werden. In ihnen wird versucht, wichtige Themen der Kirche in einem neuen theologischen
und pastoralen Verständnis darzulegen, z. B. über die Liturgie
(in der Konstitution „Sacrosanctum concilium" SC), über die
Kirche selbst (in der Konstitution „Lumen gentium" LG), über
den Ökumenismus etc. In eigenen Dekreten wurden Aussagen
zu allen kirchlichen Ständen gemacht: zur Aufgabe der Bischöfe,
der Ausbildung der Priester, der Erneuerung des Ordenslebens
und über das Laienapostolat. Starke Wirkung nach außen hatten die Erklärung zur Religionsfreiheit („Dignitatis humanae"),
in der erstmals das Recht auf freie Religionsausübung kirchlich
anerkannt wurde, und jene über das Verhältnis der Kirche zu den

nichtchristlichen Religionen („Nostra aetate"), in der insbesondere die Beziehung zwischen Christen und Juden behandelt und selbstkritisch christlichem Antisemitismus eine klare Absage erteilt wird.

Das Konzil verstand sich grundlegend als pastorale Versammlung, die nicht primär dogmatische Fragen klären wollte, sondern deren Anliegen es war, das Selbstverständnis der Kirche neu zu durchdenken im Blick auf die Herausforderungen der Zeit. So wurde u. a. die Kirche als Volk Gottes bzw. als Gemeinschaft, in der allen dieselbe Würde zukommt und alle Glieder ihre spezifischen unverzichtbaren Aufgaben haben, neu ins Bewusstsein gerufen.

Die Beschlüsse des Konzils brachten in vielen zentralen Bereichen eine Wende im lehramtlichen Denken, die u. a. als Öffnung zur Welt, als Weltkirche-Werden, als Entdeckung der Würde der Lai(inn)en, als ökumenischer Aufbruch etc. beschrieben wurde. In zahlreichen Gruppen aktiver Katholik(inn)en und von weitblickenden Theolog(inn)en waren diese Aufbrüche bereits vorausgedacht und praktiziert worden. Sie erlebten begeistert, dass das Konzil ihre Bemühungen bestätigte, viele waren aber nach dem Konzil bald enttäuscht, als die Entwicklungen nicht in derselben Offenheit weitergetrieben wurden. Manchen erscheint daher im Rückblick das Konzil eher als das Ende denn als der Anfang eines Prozesses. Ihnen ist ebenso Respekt und Verständnis entgegenzubringen wie jenen, denen die tatsächlich erfolgten Reformen zu schnell gingen.

In der Seelsorge hat sich zunächst vor allem die weitgehende Reform der Liturgie ausgewirkt, die nicht nur die Landessprache im Gottesdienst statt dem Lateinischen einführte, sondern die Feiern der Kirche insgesamt neu gestaltete, um sie besser verständlich zu machen und die aktive Teilnahme aller an der Liturgie zu fördern. Pastoral bedeutsam ist immer noch insbesondere die „Pastoralkonstitution über die Kirche in der Welt von heute" („Gaudium et spes" = Freude und Hoffnung, GS). In ihr kommt die Wende im lehramtlichen Denken sehr deutlich zum Ausdruck: Waren die Gläubigen zuvor oft eher als sündige, schwache und daher von der Kirche zu führende Menschen angesehen worden, wurde nun davon gesprochen, dass in allen Menschen der Geist Gottes wirkt, dass Menschen als Ebenbilder Gottes eine unverlierbare Würde besitzen, die sich in ihrer Vernunft, ihrer Freiheit, ihrem Gewissen zeigt. Mit der Gesellschaft kann und muss die Kirche daher in einen interessierten und respektvollen Dialog treten und sie entdeckt dabei ihre tiefe Solidarität mit den Menschen und mit deren Sehnsucht nach Gerechtigkeit und Einheit. Programmatisch ist das in dem Satz ausgedrückt: „Freude und Hoffnung, Trauer und Angst der Menschen von heute, besonders der Armen und Bedrängten aller Art, sind auch Freude und Hoffnung, Trauer und Angst der Jünger Christi." (GS 1)

Vieles in diesem und anderen Konzilstexten ist zeitgebunden, vieles ist aber auch noch lange nicht praktisch eingelöst. Geprägt hat das Konzil insbesondere ein Geist der Offenheit, des Dialoges und des Vertrauens. Neue theologische Entwicklungen wurden aufgegriffen, die Kirche bemühte sich um aktive Zeitgenossenschaft im Deuten der Zeichen der Zeit. Dieses Selbstverständnis der Kirche ist auch heute, 40 Jahre nach dem Konzil, ausgehend von den Konzilstexten und im Dialog mit nunmehr aktuellen Strömungen weiterzuentwickeln. So bleibt die Intention des Konzils lebendig und bringt für die Kirche immer wieder einen Neuanfang. *Veronika Prüller-Jagenteufel*

() | *Verweise*

Gemeinde / Koinonia; Kirchenbilder; Synodale Kirche; Volk Gottes; Zeichen der Zeit

Stichwortsuchliste –
Wo finde ich was?

Begriffe, die nicht unter den 99 Stichworten auftauchen, bezeichnen womöglich trotzdem Themen, die mit angesprochen wurden. Wo sie zu finden sind, verrät diese Liste:

Suchbegriff	Stichwort
Abdankung	Begräbnis
Apostolat	Laienapostolat/Laienorganisationen, Mission
Arbeiter(innen)pastoral	Arbeit/Muße, Betriebsseelsorge
Arbeitslosigkeit	Arbeit/Muße, Betriebsseelsorge
Armut	Diakonie, Geld
Askese	Spiritualität
Ästhetik	Schönheit
Basisgemeinde	Gemeinde/Koinonia
Befreiung	Pastoraltheologie feministisch, Reich Gottes, Schuld, Subjektsein/Subjektwerdung
Beichte	Buße/Beichte
Bekenntnis	Martyria/Bekennen/Verkündigung
Beratung	Konflikt, Krise, Pastoralpsychologie, Seelsorgegespräch, Suizid, Supervision, Telefonseelsorge
Berufung	Charismen, Nachfolge
Bestattung	Begräbnis
Bibelrunden	Bibelpastoral
Bibel-Teilen	Bibelpastoral
Bibliolog	Bibliodrama
Bußfeiern	Buße/Beichte
Caritasverband	Caritas
Christliche Lebenspraxis	Nachfolge
Citypastoral	Neue Formen der Seelsorge
Coaching	Autorität/Mentoring, Supervision
Communio	Gemeinde/Koinonia, Kirchenbilder
Demokratie	Pfarrgemeinderat, Synodale Kirche
Depression	Krise, Suizid
Diakon/in	Diakonat/Diakonin/Diakon
Dialog	Beziehung/Bezogensein, Synodale Kirche, Zeichen der Zeit
Dienst	Amt/Ämter, Caritas, Diakonie, Ehrenamt, Helfen, Solidarität
Diözesanforum	Synodale Kirche
Diözesansynoden	Synodale Kirche

Suchbegriff	Stichwort
Einheit – Vielfalt	Beziehung / Bezogensein, Inkulturation, Weltkirche
Einsegnung	Begräbnis
Einzelseelsorge	Seelsorgegespräch, Subjektsein / Subjektwerdung
Empirie	Erfahrung, Sehen – Urteilen – Handeln, Theorie – Praxis
Empowerment	Subjektsein / Subjektwerdung
Enttraditionalisierung	Gesellschaftliche Trends
Erotik	Lust
Erstkommunion	Eucharistie / Erstkommunion
Esoterik	Spiritualität
Exerzitien	Exerzitien im Alltag
Familie	Ehe / Ehepastoral / Geschiedenenpastoral, Gebären, Kinder / Kinderlosigkeit, Lebensformen
Feiern	Alltag, Genießen / Glück / Wellness, Kirchenjahr
Feministische Theologie	Frauenkirche / Frauensynode, Pastoraltheologie feministisch
Fernstehende	Beherbergen / Gastfreundschaft, Neue Formen der Seelsorge, Randgruppen
Fest	Alltag, Genießen / Glück / Wellness, Kirchenjahr
Frauen	Geschlecht / Frauen / Männer, Mädchen
Frauengottesdienste	Frauenliturgien
Frauensynode	Frauenkirche / Frauensynode
Freiwillige	Ehrenamt
Fremde	Randgruppen
Frömmigkeit	Beten, Volksfrömmigkeit, Wallfahren
Führen / Führung	Leiten
Gastfreundschaft	Beherbergen / Gastfreundschaft
Geburtsvorbereitung	Gebären
Geistliche Begleitung	Exerzitien im Alltag, Seelsorgegespräch, Spiritualität
Gemeindeleiter/in	Gemeindeleitung, Pastorale Berufe
Gemeindereferent/in	Pastorale Berufe
Gemeinsames / allgemeines Priestertum	Priestertum
Gender	Geschlecht / Frauen / Männer
Gender-Mainstreaming	Geschlecht / Frauen / Männer
Generationenvertrag	Generationen
Geschiedenenpastoral	Ehe / Ehepastoral / Geschiedenenpastoral
Geschwisterlichkeit	Gemeinde / Koinonia, Volk Gottes
Gesprächsführung	Seelsorgegespräch
Gewalt	Macht
Glaubenskurse	Neue Formen der Seelsorge
Globalisierung	Gesellschaftliche Trends

Suchbegriff	Stichwort
Glück	Genießen / Glück / Wellness
Gott	Gottesbilder
Gottesdienst	Liturgie
Gottesherrschaft	Reich Gottes
Gottesvorstellungen	Gottesbilder
Grenzgänger/innen	Grenze
Grundfunktionen	Grundvollzüge der Kirche
Gruppenleitung	Leiten
Helfersyndrom	Helfen
Herrschaft	Macht
Hierarchie	Lai(inn)en / Kleriker
Homiletik	Predigt
Homilie	Predigt
Homosexualität	Lebensformen
Hospiz	Beherbergen / Gastfreundschaft, Krankensalbung, Tod / Sterben
Individualisierung	Gesellschaftliche Trends
Interkulturelle Begegnung	Weltkirche
Jahreskreis	Kirchenjahr
Jugend	Mädchen
Jugendpastoral	Mädchen
Kairos	Zeit
Katechet/in	Pastorale Berufe
Kategoriale Seelsorge	Altwerden / Altenseelsorger/in, Behinderung / Menschen mit Behinderung, Betriebsseelsorge, Krank sein / Krankenhausseelsorge, Neue Formen der Seelsorge, Telefonseelsorge
Katholische Aktion	Laienapostolat / Laienorganisationen, Sehen – Urteilen – Handeln
Katholische Verbände	Laienapostolat / Laienorganisationen
Kirche	Frauenkirche / Frauensynode, Kirchenbilder, Volk Gottes, Weltkirche, Zweites Vatikanisches Konzil
Kleriker	Lai(inn)en / Kleriker
Klinikseelsorge	Krank sein / Krankenhausseelsorge
Koinonia	Gemeinde / Koinonia
Kommunikation	Beziehung / Bezogensein, Seelsorgegespräch, Subjektsein / Subjektwerdung
Kontext	Inkulturation, Theorie – Praxis, Weltkirche, Zeichen der Zeit
Kontingenz	Grenze
Kooperative Pastoral	Organisationsformen von Seelsorge
Körper	Heil / Heilung, Lust, Schönheit, Tod / Sterben
Krisenintervention	Krise, Suizid, Telefonseelsorge
Laienorganisationen	Laienapostolat / Laienorganisationen

Suchbegriff	Stichwort
Lebensgemeinschaften	Lebensformen
Lebenswenden	Alt werden / Altenseelsorger/in, Ehe / Ehepastoral / Geschiedenenpastoral, Firmung, Gebären, Krise, Sakramente / Sakramentalität, Taufe, Tod / Sterben
Leid	Diakonie, Gewalt gegen Frauen, Heil / Heilung, Krise, Suizid, Trauer
Leitbild	Option
Letzte Ölung	Krankensalbung
Männer	Geschlecht / Frauen / Männer
Marginalisierte	Randgruppen
Maria / Marienverehrung	Volksfrömmigkeit
Martyrium	Martyria / Bekennen / Verkündigung
Medien	Lust, Martyria / Bekennen / Verkündigung
Meditation	Beten, Spiritualität
Mentoring	Autorität / Mentoring
Messfeier	Eucharistie / Erstkommunion, Liturgie
Methodik der Pastoraltheologie	Sehen – Urteilen – Handeln, Theorie – Praxis
Migrant(inn)en	Beherbergen / Gastfreundschaft, Randgruppen
Missbrauch	Gewalt gegen Frauen
Mitbestimmung	Pfarrgemeinderat, Synodale Kirche
Movimenti	Erneuerungsbewegungen / Neue geistliche Bewegungen
Muße	Arbeit / Muße
Neue geistliche Bewegungen	Erneuerungsbewegungen / Neue geistliche Bewegungen
Notfallseelsorge	Krise, Neue Formen der Seelsorge
Ökumenischer Rat der Kirchen (World Council of Churches)	Ökumene
Opfer	Diakonie, Helfen, Randgruppen, Solidarität
Orden	Lebensformen
Ordination	Amt / Ämter, Priestertum
Organisationsentwicklung	Gemeindeberatung
Ortskirche	Gemeinde / Koinonia, Inkulturation, Weltkirche
Parteilichkeit	Option, Solidarität
Partnerschaft	Lebensformen
Passant(inn)enpastoral	Neue Formen der Seelsorge
Pastoral	Seelsorge, Volk Gottes
Pastoralassistent/in	Pastorale Berufe
Pastoralreferent/in	Pastorale Berufe
Personalgemeinde	Gemeinde / Koinonia
Pfarrei / Pfarre	Gemeinde / Koinonia
Pfarrer	Gemeinde / Koinonia, Lai(inn)en / Kleriker, Pastorale Berufe, Pfarrgemeinderat, Priestertum
Pfarrgemeinde	Gemeinde / Koinonia

Suchbegriff	Stichwort
Pfarrverband / Pfarrverbund	Organisationsformen von Seelsorge
Pluralisierung	Gesellschaftliche Trends
Politik	Diakonie, Nachfolge
Postmoderne	Gesellschaftliche Trends, Kirchenbilder
Praktische Theologie	Pastoralpsychologie, Pastoraltheologie feministisch
Praxisbegleitung	Supervision
Priester	Lai(inn)en / Kleriker, Volk Gottes
Priestertum aller Gläubigen	Priestertum
Priesterweihe	Amt / Ämter, Priestertum
Psychotherapie	Krise, Pastoralpsychologie, Supervision
Scheidung	Ehe / Ehepastoral / Geschiedenenpastoral
Scheitern	Grenze, Krise, Seelsorgegespräch
Schuldgefühl	Helfen, Schuld, Suizid
Schwangerschaft	Gebären
Seele	Seelsorge
Segensfeiern	Ehe / Ehepastoral / Geschiedenenpastoral, Rituale, Segen, Taufe
Selbstmord	Suizid
Sexualität	Ehe / Ehepastoral / Geschiedenenpastoral, Gebären, Geschlecht / Frauen / Männer, Lebensformen, Lust
Single	Lebensformen
Sterbebegleitung	Tod / Sterben
Sterben	Tod / Sterben
Stigmatisierung	Randgruppen
Sünde	Schuld
Symbole	Rituale, Sakramente / Sakramentalität
Tischmütter/-väter	Buße / Beichte, Eucharistie / Erstkommunion
Tourismuspastoral	Neue Formen der Seelsorge
Umkehr	Buße / Beichte, Schuld
Vergebung	Buße / Beichte
Verheißung	Reich Gottes
Verkündigung	Martyria / Bekennen / Verkündigung
Versöhnung	Buße / Beichte
Wellness	Genießen / Glück / Wellness
Weltgebetstag der Frauen	Ökumene
Wiederverheiratete	Ehe / Ehepastoral / Geschiedenenpastoral
Zeugnis	Martyria / Bekennen / Verkündigung, Nachfolge
Zukunft	siehe Stichworte 1–99

Literatur

Handbücher und Lexika

Haslinger Herbert (Hg.): Handbuch Praktische Theologie, Bd.1 Grundlegungen,
Mainz 1999; Bd.2 Durchführungen, Mainz 2000.
*Gössmann Elisabeth / Kuhlmann Helga / Moltmann-Wendel Elisabeth / Praetorius
Ina / Schottroff Luise / Schüngel-Straumann Helen / Strahm Doris / Wuckelt Agnes
(Hg.):* Wörterbuch der feministischen Theologie, 2. Auflage, Gütersloh 2002.
Baumgartner Konrad / Scheuchenpflug Peter (Hg.): Lexikon der Pastoral (Lexikon
für Theologie und Kirche kompakt), Bd.1+2, Freiburg 2002.
Baumgartner Isidor (Hg.): Handbuch der Pastoralpsychologie, Regensburg 1990.
Mette Norbert / Rickers Folkert (Hg.): Lexikon der Religionspädagogik, Bd.1+2,
Neunkirchen-Vluyn 2001.

Kirchliche Dokumente
Dokumente des Zweiten Vatikanischen Konzils:
Rahner Karl / Vorgrimler Herbert: Kleines Konzilskompendium. Sämtliche Texte des
Zweiten Vatikanums, Herder Verlag, Freiburg 2002.

Im Text werden folgende Dokumente mit Abkürzungen angeführt:
AA: Apostolicam actuositatem: Dekret über das Laienapostolat
AG: Ad gentes: Dekret über die Missionstätigkeit der Kirche
GS: Gaudium et spes: Pastorale Konstitution über die Kirche in der Welt von heute
LG: Lumen gentium: Dogmatische Konstitution über die Kirche

Weiters wird zitiert:
Paul VI. Apostolisches Schreiben Evangelii Nuntiandi (Über die Evangelisierung
in der Welt von heute), 8. Dezember 1975 (abgekürzt als EN); deutsch: Verlaut-
barungen des apostolischen Stuhls 2, hg. v. Sekretariat d. deutschen Bischofskonferenz, Bonn 1975.

Kirchliche Dokumente und pastorale Arbeitshilfen dazu sowie zu anderen Themen
sind über das Sekretariat der deutschen Bischofskonferenz erhältlich:
www.dbk.de

Werke, auf die in den Stichworten Bezug genommen wird
Bons-Storm Riet: Resident Alien. Theology Revisited, Feminism Revisited, in:
Günter Andrea / Wagener Ulrike (Hg.), Was bedeutet es heute, feministische
Theologin zu sein?, (Jahrbuch der Europäischen Gesellschaft für die theologische
Forschung von Frauen 4) Kampen-Mainz 1996, 7–16.
Klein Stephanie: Von den Erfahrungen von Frauen zu feministischer Theologie.
Hören und Erzählen als Ermächtigung zu neuem Sein von Frauen und zu einer
neuen Rede von Gott, in: Meyer-Wilmes / Troch / Bons-Storm (Hg.), Feministische
Perspektiven in der Pastoraltheologie 1998, 47–70.

Knobloch Stefan: Seelsorge – Sorge um das Menschsein in seiner Ganzheit, in: Haslinger Herbert (Hg.), Handbuch Praktische Theologie 2. Durchführungen, Mainz 2000, 35–46.
Klessmann Michael (Hg.): Handbuch der Krankenhausseelsorge, Göttingen 1996.
Krätzl Helmut: Im Sprung gehemmt. Was mir nach dem Konzil noch alles fehlt, Mödling 1998.
Mette Norbert: Weltkirche – Kirche in der Welt, in: Diakonia 33 (2002) 153–156.
Petzold Hilarion (Hg.): Die Begleitung Sterbender, Paderborn 1984.
Praetorius Ina: Skizzen zur feministischen Ethik, Mainz 1995.
Praetorius Ina/Pelkner Eva/Moser Michaela/Mauerer Gerlinde u.a.: Für eine Weltsicht der Bezogenheit. Salzburger Erklärung zur Bioethik, in: Moser Michaela/Praetorius Ina (Hg.), Welt gestalten im ausgehenden Patriarchat, Königstein/Taunus 2003, 152–156.
Prüller-Jagenteufel Gunter: Befreit zur Verantwortung. Sünde und Versöhnung in der Ethik Dietrich Bonhoeffers, (Ethik im theologischen Diskurs 7) Münster 2004.
Prüller-Jagenteufel Gunter: Solidarität – eine Option für die Opfer. Geschichtliche Entwicklung und aktuelle Bedeutung einer christlichen Tugend anhand der katholischen Sozialdokumente, (Forum interdisziplinäre Ethik 20) Frankfurt/M. 1998.
Schmidbauer Wolfgang: Die hilflosen Helfer. Über die seelische Problematik der helfenden Berufe, Reinbek bei Hamburg 1977; ders., Helfen als Beruf. Die Ware Nächstenliebe, Reinbek bei Hamburg 1983.
Steinkamp Hermann: Solidarität und Parteilichkeit. Für ein neue Praxis in Kirche und Gemeinde, Mainz 1994.
Wahl Heribert: Pastoralpsychologie – Teilgebiet und Grunddimension Praktischer Theologie, in: Baumgartner Isidor (Hg.), Handbuch der Pastoralpsychologie, Regensburg 1990, 41–61.

WEITERFÜHRENDE LITERATUR

Ammicht-Quinn Regina/Spendel Stefanie (Hg.): Kraftfelder. Sakramente in der Lebenswirklichkeit von Frauen, Regensburg 1998.
Bender Christiane/Graßl Hans/Motzkau Heidrun/Schuhmacher Jan: Machen Frauen Kirche? Erwerbsarbeit in der organisierten Religion, Mainz 1996.
Berlis Angela/Hopkins Julie/Meyer-Wilmes Hedwig/Vander Stichele Caroline (Hg.): Frauenkirchen: Vernetzung und Reflexion im europäischen Kontext, (Jahrbuch der Europäischen Gesellschaft für theologische Forschung von Frauen 3) Mainz 1995.
Bons-Storm Riet/Denise M. Ackermann (Hg.): Liberating Faith Practises. Feminist Practical Theology in Context, Leuven 1998.
Bucher Rainer (Hg.): Die Provokation der Krise. Zwölf Fragen und Antworten zur Lage der Kirche, Würzburg 2004.
Leicht Irene/Rakel Claudia/Rieger-Goertz (Hg.): Arbeitsbuch Feministische Theologie. Inhalte, Methoden und Materialien für Hochschule, Erwachsenenbildung und Gemeinde, Gütersloh 2003.
Meyer-Wilmes Hedwig/Troch Lieve/Bons-Storm Riet (Hg.): Feministische Perspektiven in Pastoraltheologie, (Jahrbuch der Europäischen Gesellschaft für theologische Forschung von Frauen 6) Leuven und Mainz 1998.
Pemsel-Maier Sabine (Hg.): Zwischen Alltag und Ausnahme: Seelsorgerinnen. Geschichte, Theologie und gegenwärtige Praxis, Ostfildern 2001.

Plattform „Wir sind Kirche" (Herdenbrief 3): Frauen schenken der Kirche Leben, „Frauen-Herdenbrief", Thaur / Wien / München 1999.

Prüller-Jagenteufel Veronika / Kampf Barbara / Mantler-Felnhofer Alexandra / Moser Michaela / Denz Hermann: Frauen-Kirche-Feminismus. Die Teilnehmerinnen der Ersten Europäischen Frauensynode als Avantgarde kirchlicher und gesellschaftlicher Erneuerung, (AfkS-Dossier 13) Graz-Wien 1998.

Riedel-Pfäfflin Ursula / Strecker Julia: Flügel trotz allem. Feministische Seelsorge und Beratung. Konzeption – Methoden – Beratung, Gütersloh 1998.

Weber Franz / Böhm Thomas / Findl-Ludescher Anna / Findl, Hubert (Hg.): Im Glauben Mensch werden. Impulse für eine Pastoral, die zur Welt kommt, (Tübinger Perspektiven zur Pastoraltheologie und Religionspädagogik Bd.7) Münster 2000.

Weber Franz / Marketz Josef / Schneider Sebastian (Hg.): Das Leben entfalten. Ein pastoraler Grundkurs in der Gemeinde, Innsbruck 1999.

Widl Maria: Kleine Pastoraltheologie, Realistische Seelsorge, Graz 1997.

Empfohlene Zeitschriften

Pastoraltheologie

Diakonia. Internationale Zeitschrift für die Praxis der Kirche, Freiburg / Mainz: Verlag Herder / Matthias-Grünewald-Verlag; www.diakonia-online.net

Lebendige Seelsorge. Zeitschrift für praktisch-theologisches Handeln, Würzburg: Echter Verlag.

Lernort Gemeinde. Zeitschrift für theologische Praxis, Hannover: Lutherisches Verlagshaus; roecher@lvh.de

TEXT RAUM. Bibliodrama Information, Gesellschaft für Bibliodrama e.V., Bielefeld; www.Bibliodrama-Gesellschaft.de

Wege zum Menschen. Zeitschrift für Seelsorge und Beratung, heilendes und soziales Handeln, Göttingen: Vandenhoeck&Ruprecht; info@v-r.de

Feministische Theologie

Der Apfel. Rundbrief des Österreichischen Frauenforums Feministische Theologie, Wien.

Fama. Die feministisch-theologische Zeitschrift der Schweiz, Luzern; www.fama.ch

Schlangenbrut. streitschrift für feministisch und religiös interessierte frauen, Münster; www.schlangenbrut.de